AF334436

RUHRKUNSTMUSEEN

DIE SAMMLUNG

RUHRARTMUSEUMS

THE COLLECTION

HERAUSGEBER

RUHRKUNSTMUSEEN

UND RUHR.2010

EDITOR

RUHRARTMUSEUMS

AND RUHR.2010

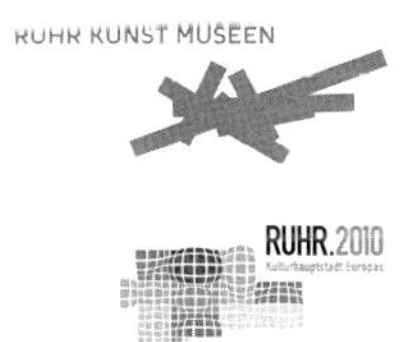

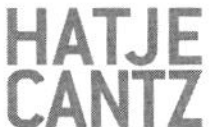

HATJE
CANTZ

RuhrKunstMuseen ❚ RuhrArtMuseums   Die Sammlung ❚ The Collection

Herausgeber ❚ Editor: RuhrKunstMuseen ❚ RuhrArtMuseums
RUHR.2010 GmbH

Sprecher der RuhrKunstMuseen ❚ Spokesmen RuhrArtMuseums:
Dr. Hartwig Fischer   Prof. Dr. Kurt Wettengl

Geschäftsführung RUHR.2010 GmbH ❚ Managing Directors RUHR.2010 GmbH:
Dr. h. c. Fritz Pleitgen (Vorsitz ❚ Chair)   Prof. Dr. Oliver Scheytt
Künstlerischer Direktor »Stadt der Möglichkeiten« ❚ Artistic Director
"City of Possibilities": Prof. Karl-Heinz Petzinka

Lektorat, grafische Gestaltung, Satz, Lithografie und Produktion ❚ Copyediting,
graphic design, typesetting, reproductions and production:
Reschke, Steffens & Kruse, Berlin/Köln
Übersetzungen ❚ Translations: Logan Kennedy und Leonard Unglaub
Kennedy Unglaub Translations
Druck ❚ Printing: Dr. Cantz'sche Druckerei, Ostfildern
Papier ❚ Paper: LumiSilk, 150 g/m²
Buchbinderei ❚ Binding: Druckhaus »Thomas Müntzer« GmbH,
Betriebsteil Buchbinderei, Bad Langensalza

© 2010 RuhrKunstMuseen, Hatje Cantz Verlag, Ostfildern, und Autoren
❚ and authors
Architekturfotografie ❚ Architectural photography: S. ❚ pp. 187–193,
199–249, 254–261 Werner J. Hannappel   S. ❚ pp. 183–185 Erik Jobs
S. ❚ pp. 251–253 Ferdinand Ullrich, Recklinghausen

Erschienen im ❚ Published by
Hatje Cantz Verlag   Zeppelinstrasse 32   73760 Ostfildern   Deutschland/Germany
Tel. +49 711 4405-200   Fax +49 711 4405-220   www.hatjecantz.com

Informationen zu diesem oder zu anderen Kulturevents finden Sie unter
www.kq-daily.de ❚ You can find information on this cultural event and many
others at www.kq-daily.de

Hatje Cantz books are available internationally at selected bookstores.
For more information about our distribution partners, please visit our homepage at
www.hatjecantz.com.
ISBN 978-3-7757-2617-7
Printed in Germany

Umschlaggestaltung ❚ Cover design: ENORM Agentur für Visuelle Kommunikation,
Köln, im Auftrag der ❚ commissioned by RUHR.2010 GmbH/RuhrKunstMuseen
❚ RuhrArtMuseums
Redaktion ❚ Editorial Services: Hendrik von Boxberg   Hans Günter Golinski
Alissa Krusch   Carolin Nüser   Kurt Wettengl

Team RuhrKunstMuseen RUHR.2010 GmbH ❚ Team RuhrArtMuseums
RUHR.2010 GmbH: Dr. Julia Frohne   Dr. Simone Koslowski   Julia Kulla
Carolin Nüser

Direktoren und Leiter der RuhrKunstMuseen ❚ Directors RuhrArtMuseums:
Dr. Tayfun Belgin   Dr. Oliver Doetzer-Berweger   Dr. Karl-Heinz Brosthaus
Dr. Hartwig Fischer   Dr. Hans Günter Golinski   Dr. Alexander Klar   Dirk Krämer
Jutta Laurinat   Dr. Heinz Liesbrock   Klaus Maas   Dr. Beate Reese
Leane Schäfer   Dr. Ellen Schwinzer   Prof. Dr. Ursula Sinnreich
Dr. h. c. Walter Smerling   Prof. Dr. Raimund Stecker   Dirk Steimann
Prof. Dr. Ferdinand Ullrich   Dr. Christine Vogt   Dr. Friederike Wappler
Prof. Dr. Kurt Wettengl

Projektsponsor RuhrKunstMuseen ❚ Project sponsor RuhrArtMuseums   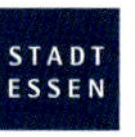

Gesellschafter und Öffentliche Förderer von ❚ Shareholders and Public Sponsors of
RUHR.2010 GmbH

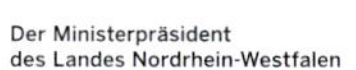
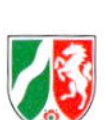
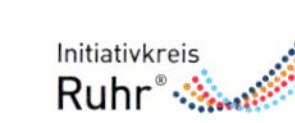
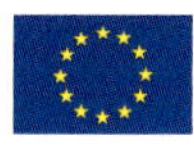
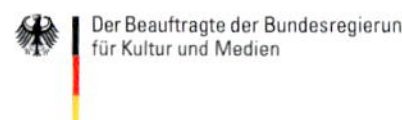

CONTENTS

Zwanzig Kunstmuseen aus fünfzehn Städten der Metropole Ruhr schließen sich zusammen. So etwas hat es noch nicht gegeben. Ein historisches Ereignis, ausgelöst durch die Kulturhauptstadt Europas RUHR.2010. Wir sind darüber sehr glücklich.

»Wandel durch Kultur – Kultur durch Wandel« – das Leitmotiv der Kulturhauptstadt RUHR.2010 lieferte der Hagener Kunstmäzen Karl Ernst Osthaus. Die Sammlung des ersten Museums für moderne Kunst in Deutschland, von ihm 1902 gegründet, prägt die Museumslandschaft des Ruhrgebiets bis heute. Seine Initiative führen wir nun mehr als hundert Jahre später fort.

Vor allem nach dem Zweiten Weltkrieg spielten Kunst und Kultur eine immer wichtigere Rolle »im Revier«. Die Geschichte des Ruhrgebiets spiegelt sich auch in der Museumsgeschichte wieder. Einhergehend mit der Gründung der ersten Universitäten in Bochum und Dortmund in den 1960er-Jahren eröffneten immer mehr Museen mit dem Schwerpunkt auf Kunst der Moderne und Gegenwart. Aber auch zu antiker und außereuropäischer Kunst sowie zu Kunstgewerbe sind Sammlungen entstanden. Kontinuierlich wuchs die Museumslandschaft des urbanen Geflechts entlang von Ruhr, Emscher und Lippe. Das jüngste Haus der RuhrKunstMuseen eröffnete im Jahr 2009.

Die RuhrKunstMuseen beweisen Vorbildcharakter: Sie präsentieren erstmals gemeinsam ihre Sammlungen, sie gestalten ein gemeinschaftliches Ausstellungsprojekt unter dem Titel *Mapping the Region* und bieten mit *Collection Tours* ein Vermittlungsprogramm, das alle Häuser miteinander verknüpft. Sie alle zusammen besitzen eine der größten Sammlungen moderner und zeitgenössischer Kunst überhaupt. In dieser einzigartigen Dichte hat sich eine solche Kooperation angeboten, um die Häuser der fünfzehn Städte auch für die Einwohner anderer Orte zu erschließen, die den Besuch ihres »Stammhauses« nunmehr auch mit der Besichtigung eines anderen Museums verknüpfen können. Die Sammlungen der Häuser ergänzen sich. Ein temporärer Austausch einzelner Werke ermöglicht zudem ganz neue Sichtweisen auf die Kunst. So lässt sich das eine oder andere bisher nicht gesehene Sammlungsjuwel entdecken.

So vielfältig die Sammlungen und Präsentationen der zwanzig Häuser sind, so unterschiedlich ist auch deren Architektur. Schlösser, damalige Industriebauten, herausragende Architekturen der Nachkriegsjahrzehnte, aber auch spektakuläre Neubauten ergeben ein Bild des Wandels. Kultur ist hier ein Motor der Stadtentwicklung. Die Architekten haben mit den Museumsbauten das neue Gesicht einer Metropole im Werden geprägt. Eine Reise zu den Museen ist zugleich ein repräsentativer Streifzug durch die Baukultur des Ruhrgebiets.

Das Projekt RuhrKunstMuseen kann sich zu einer Institution in der Kulturszene der Metropole Ruhr entwickeln. Dieses Kulturhauptstadtprojekt weist weit über das Jahr 2010 hinaus. Zugleich haben die Ruhrkunstmuseen das Potenzial, als Modell für Kulturinstitutionen in anderen Ballungsräumen weltweit zu dienen.

Wir sind den Museumsdirektorinnen und den Museumsdirektoren für die kluge Projektentwicklung und allen Akteuren und Partnern für ihre engagierte Mitwirkung außerordentlich dankbar, erfüllt sich doch in diesem großartigen und auf Zukunft angelegten Vorhaben der Sinn von RUHR.2010.

Bei der Lektüre wünschen wir anregende Einblicke in gut ein Jahrhundert Museumsgeschichte und eine spannende Entdeckungstour durch die Kunstgeschichte. Entdecken Sie die Bilder der Metropole Ruhr!

RUHR.2010 GmbH

Dr. h.c. Fritz Pleitgen
Prof. Dr. Oliver Scheytt
Prof. Karl-Heinz Petzinka

For the very first time, twenty art museums from fifteen cities in the Ruhr Metropolis have come together. This is a historic event, sparked by the European Capital of Culture RUHR.2010. We are thrilled about it.

"Change through culture—culture through change"—It was the art patron Karl Ernst Osthaus from Hagen who provided the Capital of Culture RUHR.2010 with its leitmotif. And the collection of the first German museum for modern art, which he founded in 1902, continues to shape the museum landscape of the Ruhr region. More than one hundred years later, we are furthering his initiative.

Particularly after the Second World War, art and culture played an increasingly significant role in the "Revier." The history of the Ruhr region, then, is reflected in the history of the museums. Accompanying the foundation of the first universities in Bochum and Dortmund in the 1960s, more and more museums with a focus on modern and contemporary art were established. In addition, there were now collections on ancient and non-European art, as well as on applied arts. Indeed, the museum landscape of the urban network grew steadily along the Ruhr, Emscher and Lippe rivers. The most recently founded member museum of the RuhrArtMuseums opened in 2009.

The RuhrArtMuseums can be seen as leading the way: they are presenting their collections together for the first time; they are engaging in a joint exhibition project with the title *Mapping the Region*; and, with the *Collection Tours*, are offering an art appreciation program that connects all the museums with one another. Taken together, the museums hold one of the largest collections on modern and contemporary art worldwide. Considering this unique richness, it only seemed fitting to cooperate and open the museums of the fifteen cities to residents from elsewhere in the region. Now visitors are able to combine a visit to their "home museum" with one to another museum in the region. The collections of the different museums complement each other. Also, the temporary exchange of individual artworks opens up entirely new perspectives on the art. Visitors will be able to discover some prized collection objects that had until then escaped their attention.

The architectures of the twenty museums are every bit as diverse as their collections and presentations. Evoking an image of change, there are palaces, former industrial structures, prominent architectures from the post-war decades, and some spectacular new buildings. Culture has acted as a motor of urban development. With their museum buildings, architects have shaped the new face of a nascent metropolis. A visit to the museums is also a visit to the building culture of the Ruhr region.

The RuhrArtMuseums project stands to become firmly established in the cultural scene of the Ruhr Metropolis. It is a project that points far beyond the year 2010 and may also very well serve as a model for cultural institutions in metropolitan areas worldwide.

We are extraordinarily grateful to the museum directors for their adept project development and would like to thank all participants and partners for their dedicated work—after all, the meaning of RUHR.2010 has come to life in this great and forward-thinking undertaking.

We hope this guide will give you exciting insights into well over a century of museum history and we invite you to go on an inspiring expedition through the history of art. The pictures of the Ruhr Metropolis—a world to discover!

RUHR.2010 GmbH

Dr. h.c. Fritz Pleitgen
Prof. Dr. Oliver Scheytt
Prof. Karl-Heinz Petzinka

Die zwanzig Kunstmuseen der Region Ruhr haben sich zu einem dichten Netzwerk zusammengeschlossen: Der überwiegende Teil der RuhrKunstMuseen hat seinen Schwerpunkt in der modernen Kunst – von der Antike über das 19. Jahrhundert und die Klassische Moderne bis zur Gegenwart. Die Museen verfügen teilweise über eine mehr als 100-jährige Geschichte und mussten nach 1945 einen Neuanfang machen; andere wurden nach dem Zweiten Weltkrieg gegründet, manche verdanken sich jüngsten privaten Stiftungen und Initiativen.

Keines der RuhrKunstMuseen ist fürstlichen oder kirchlichen Ursprungs. Die meisten entstanden – oft dank bürgerschaftlichen Engagements – als kommunale Sammlung, bereichert durch Schenkungen; einige Gründungen gehen auf die Leistung einzelner Sammlerpersönlichkeiten zurück: Die Museen in Hagen und Essen verdanken ihren Ursprung dem großen Mäzen Karl Ernst Osthaus, andere Museen profitierten von seinen Ideen unter Direktoren, die wie er Kunst und Alltag zu verbinden suchten, zeitgenössisch in ihrer Ausrichtung blieben, die Brücken zwischen Kunst und Design, Kunst, Architektur und Städtebau, europäischer und außereuropäischer Kunst schlugen. Die Vielzahl und Unterschiedlichkeit der Sammlungen resultiert aus dem Unabhängigkeitswillen der Städte, aus den Finanzierungsmöglichkeiten und -modellen, aus der lokalen Prägung durch herausragende Künstler und Künstlerverbände.

Gemeinsam treten die RuhrKunstMuseen erstmals im Kulturhauptstadtjahr RUHR.2010 auf. Im März 2010 starten die *Collection Tours*, ein außergewöhnliches Vermittlungskonzept für Kunst und Bildung, ermöglicht von der Deutschen Bank: Schüler aus rund 1 000 Schulen im Ruhrgebiet können kostenlos mit einer Busflotte an der Tour *Zweimal Kunst und zurück* teilnehmen, die den Besuch eines Kunstmuseums der jeweiligen Heimatstadt sowie eines weiteren RuhrKunstMuseums umfasst. Die Wochenendtouren *Reisegespräche* und *Ost/West* wenden sich an kunstinteressierte Erwachsene; sie führen zu unterschiedlichen Sammlungsschwerpunkten beziehungsweise zu den Sonderausstellungen von *Mapping the Region*.

Das Ausstellungsprojekt *Mapping the Region* wurde von den RuhrKunstMuseen für das Kulturhauptstadtjahr konzipiert. »Mapping« (das Kartografieren also) greift eine zeitgenössische Kunstpraxis auf: In der Verschränkung von Innen- und Außenperspektive geben die vierzehn Ausstellungen ein lebendiges Bild des Natur-, Geschichts- und Kulturraums Ruhr, befragen das Selbstverständnis der Region und lassen Entwicklungen der Zukunft aufscheinen.

Dieser erste gemeinsame Sammlungsführer trägt der Gesamtidee der RuhrKunstMuseen und der Rolle der beteiligten Museen Rechnung: Der Einführung Georg Imdahls folgt ein Streifzug durch die Kunstgeschichte bis zur Gegenwart – quer durch die Region

Ruhr und über die Grenzen der einzelnen Häuser hinweg. In kurzen Profilen stellen die zwanzig Museen sich und ihre Sammlungen vor.

Den Verantwortlichen der RUHR.2010 GmbH gebührt unser Dank für finanzielle und ideelle Unterstützung und der Deutschen Bank für die großzügige Förderung der *Collection Tours*.

Mit dem Zusammenschluss der großen und kleineren Häuser mit nationaler und internationaler Ausstrahlung wollen die RuhrKunstMuseen ihre Sammlungen ins Bewusstsein rücken, die kulturelle Bildung und Vermittlung stärken und Ausstellungen entwickeln, die mit den Mitteln der Kunst die Zukunft des großen europäischen Ballungsraumes reflektieren.

Für die RuhrKunstMuseen

Kurt Wettengl
Hartwig Fischer

Twenty art museums from the Ruhr region have come together to form a tight network: while modern art is the strong point of the majority of the RuhrArtMuseums, they broadly cover ancient art, the 19th century, classical modernism, as well as the present. Some of the museums can look back on a history of more than one hundred years, including starting anew in the years after 1945; others were founded following the Second World War, and still others owe their existence to very recent private initiatives and foundations.

None of the RuhrArtMuseums is of princely or Christian origin. Most were created as municipal collections, often thanks to citizens' commitment, and were enriched by donations. Some museums are rooted in the efforts of prominent collectors: the city museums in Hagen and Essen owe their existence to the great patron Karl Ernst Osthaus, and other museums profited from his ideas under directors who, like Osthaus, aimed at creating a link between art and everyday life. They maintained an emphasis on the contemporary; built bridges between art and design; between art, architecture and urban development; and between European and non-European art. The multitude and diversity of the collections resulted from the cities' desire for independence; it resulted from diverse possibilities of funding and financing models, and from the local influence of outstanding artists and artists' associations.

At the occasion of the European Capital of Culture RUHR.2010, the RuhrArtMuseums are presenting themselves collectively for the first time. In March 2010, the *Collection Tours* will begin. This is an unusual education and art appreciation program, facilitated by the Deutsche Bank: free of charge, students from around 1,000 schools in the Ruhr region will be able to take advantage of shuttle buses to take the tour *Art x 2 and Back*. The tour comprises a visit to a museum in the student's hometown and to another RuhrArtMuseum. The weekend trips *Tour East/West* and *Travel Talks* are intended for adults with an interest in art; they take visitors through the different foci of the collections, that is, to the special exhibitions presented under the heading *Mapping the Region*.

The exhibition project *Mapping the Region* was conceived by the RuhrArtMuseums specifically for European Capital of Culture RUHR.2010. The project of "mapping"—creating a map—corresponds to a contemporary artistic practice: in an interweaving of inside and outside perspectives, the fourteen exhibitions involved produce a lively image of the Ruhr as a natural, historical and cultural region; they probe for the region's self-conception and shine a light on future developments.

This first joint collection guide reflects both the overall idea of the RuhrArtMuseums and the roles played by the participating museums: following an introduction by

Georg Imdahl, the guide takes a stroll through art history up to the present; cutting across the boundaries of the individual museums, it crosses the entire Ruhr region. The museums and their collections are introduced in twenty short portraits.

We are grateful to the heads of RUHR.2010 GmbH for their financial support and ideas, as well as to the Deutsche Bank for their generous funding of the *Collection Tours*.

Through the affiliation of the larger and smaller museums of national and international repute, the RuhrArtMuseums intend to heighten awareness of their collections, strengthen cultural education and appreciation, and develop exhibitions that use art to reflect on the future of our large European metropolitan area.

For the RuhrArtMuseums

Kurt Wettengl
Hartwig Fischer

Die Erhabenheit des Ruhrgebiets lässt sich am besten auf der Schurenbachhalde in Essen erfahren – am Fuß der A 42, neben dem Rhein-Herne-Kanal. Mit Tausenden Tonnen von Abraumgestein hat Richard Serra hier 1998 eine Kuppe von rund hundert Metern Höhe aufschütten lassen; wo andernorts das Kreuz den Gipfel markiert, bekrönte Serra den Berg mit der *Bramme (für das Ruhrgebiet)*. Auf der ellipsoiden Anhöhe wähnt sich der Wanderer am Ende der Welt. Er spaziert in einer einsamen, schiefergrauen Wüste und wird zum Zentrum eines großartigen Panoramas von Zechen, Hütten, Schloten – die aus der prosperierenden Vergangenheit übriggeblieben sind. Eine gewalzte Stahlplatte ragt hoch oben aus dem Bodengrund empor und neigt sich minimal aus der Vertikalen, wodurch eine unnachahmliche Serra-typische Irritation in der Zusammenschau der Skulptur mit den industriellen Landmarken ringsum entsteht. In der unwirtlichen Umgebung sieht man sich in ein temporales Interregnum von Gegenwart und Erinnerung entrückt: ringsum der alte, neue Westen. Zu dessen wahrer Geschichte gehört die Tatsache, dass der Pott längst nicht mehr so heiß kocht wie einst – Serras *Bramme* war bereits ein Import. Zugleich ist die Umgegend, wie gerade jetzt, anlässlich des Jahres der europäischen Kulturhauptstadt, immer wieder zu Recht betont wird, eine unvergleichliche Kunstlandschaft. Imposant zeigt sich das Ruhrgebiet auf der Schurenbachhalde zugleich als Ort und Sujet der Kunst.

Museen, Moderne, Geschichte und Geistesgegenwart in allen Himmelsrichtungen – so nimmt es das imaginäre Auge inmitten eines umtriebigen Alltags wahr, den man als dicht zersiedelt bezeichnen möchte. Im Norden die Kunsthalle Recklinghausen, bezeichnenderweise in einem ehemaligen Hochbunker am Hauptbahnhof, der zur Plattform der Gegenwartskunst umgewidmet wurde. Sie ist Heimstatt der 1948 gegründeten Künstlergruppe junger westen und des gleichnamigen Kunstpreises, des ersten Förderpreises für bildende Kunst, den eine deutsche Kommune nach 1945 vergab und dessen Preisträger von K.O. Götz und Emil Schumacher über Gerhard Richter bis Peter Piller und Gereon Krebber das Rückgrat der Sammlung der Kunsthalle bilden. Im Westen setzt der Gasometer in Oberhausen ein Ausrufezeichen: Die Tonne hat sich als eine der ungewöhnlichsten Ausstellungsstätten in Europa etabliert und signalisiert in der Ferne auch den Standort der nahe gelegenen Ludwig Galerie. Diese besitzt eine kleine Sammlung und das Privileg, aus dem Pool der Bestände von Irene und Peter Ludwig schöpfen zu können. Im südöstlichen Revier markiert das Gustav-Lübcke-Museum in Hamm eine Keimzelle des bürgerschaftlich-mäzenatischen Sammlermuseums und eine der frühen Neugründungen des Ruhrgebiets im späten 19. Jahrhundert. Von einem Bürgerverein ins Leben gerufen, bietet das Märkische Museum in Witten ebenfalls eine Sammlung mit dem Schwerpunkt Informel sowie anderen deutschen Tendenzen seit 1945. Auch das Kunstmuseum Mülheim an

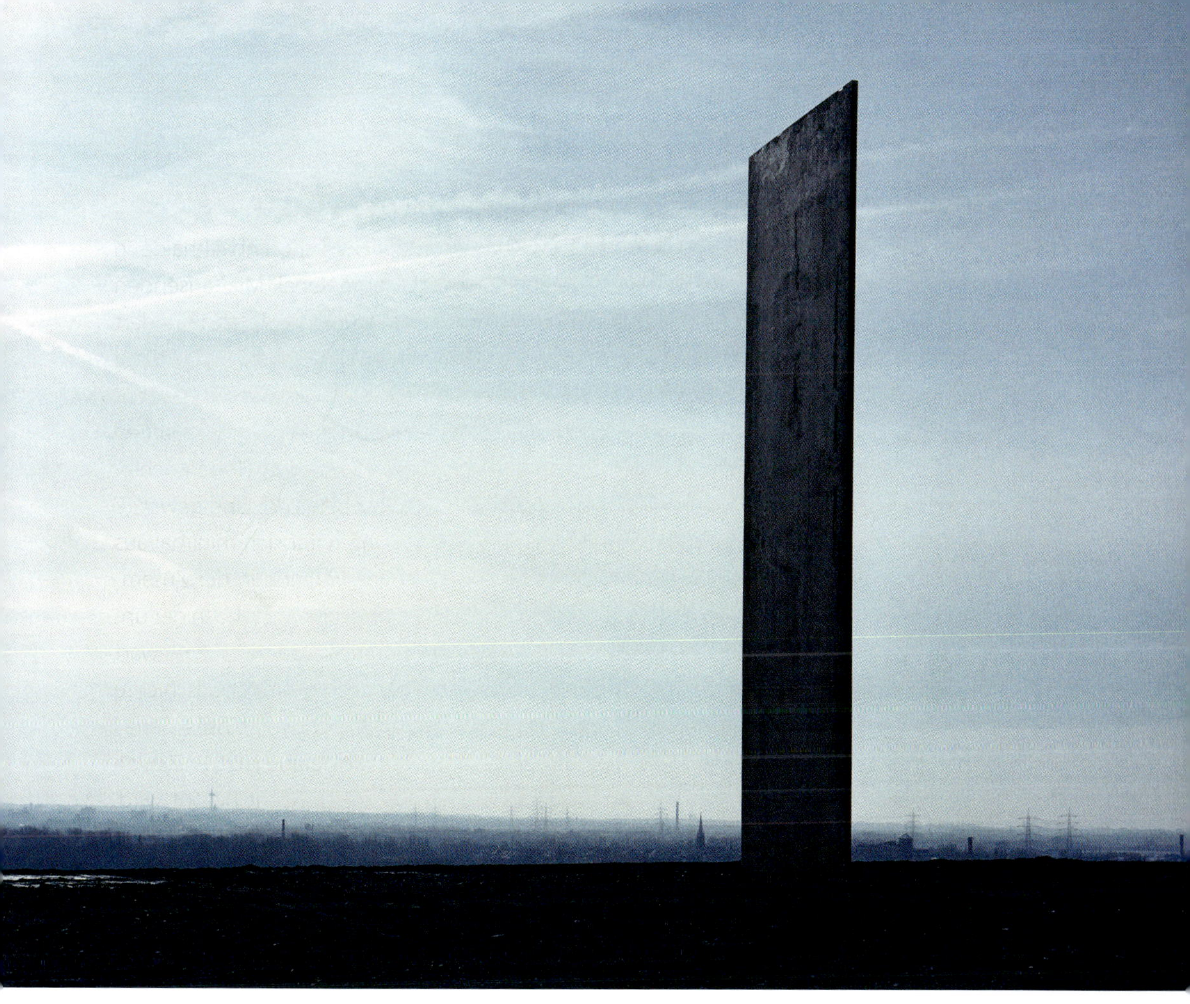

der Ruhr in der Alten Post verdankt sich einem das Ruhrgebiet kennzeichnenden Bürger-
engagement. In Mülheim kam die jeweilige Avantgarde zeitversetzt in die Städtische
Sammlung, wobei mit den Konvoluten von Heinrich Zille und Théophile Alexandre
Steinlen Namen auftauchen, die hier eher selten zu finden sind.

Ob in Bochum, Essen oder Duisburg, in Dortmund, Unna oder in Hagen, überall expan-
diert das kulturelle Ruhrgebiet, gründet neue Häuser, baut an, erfindet sich neu und
demonstriert eine Mobilität, die es dringend braucht, um eine verlorengegangene Identität neu zu definieren — und nicht in Erinnerung zu erstarren. Wie sehr gerade die Kunst
dazu in der Lage ist, beweist die *Bramme*. Mit ihr will Serra nach eigenem Bekunden die
»Soziologie der Landschaft spürbar machen«, er schuf einen idealtypischen Ort postin-
dustrieller Sublimität: Die Überschaulandschaft, als welche sich das Ruhrgebiet von hier
aus darbietet, gipfelt in der monumentalen Intervention. Serras autonomes, abstraktes

Zeichen kehrt die Geschichte des Ruhrgebiets hervor: Die beiden maßgeblichen Erzeugnisse, die das Revier einst zur prosperierenden Region werden ließen, konkretisiert das Environment zur Chiffre der Identifikation. Stahl und Kohle gehen noch einmal eine symbolische Allianz ein und bilden gemeinsam einen historischen Resonanzboden. Kaum ein Bildhauer hatte die Produktionsstätten des Ruhrgebiets – wie die heute stillgelegte Henrichshütte in Hattingen – so begeistert und ergiebig als Ateliers genutzt wie Serra. Schon früh hatte das Ruhrgebiet seinerseits den Künstler für sich entdeckt und dauerhaft durch Ankäufe in der Region verankert wie mit dem *Terminal* (1977) am Bochumer Hauptbahnhof, einer Skulptur, die Serra im Gespräch als »meine wichtigste vertikale Arbeit« bezeichnet hat. In Bochum befindet sich mit seinem Frühwerk *Circuit* aus dem Jahr 1972 ein weiterer Meilenstein der jüngeren installativen Skulptur. Deren Standort – die 1990 eröffnete Situation Kunst (für Max Imdahl) – ist ein augenfälliger Beweis für die Anziehungskraft, die das Ruhrgebiet auf die internationale Kunstszene ausübt. Dies bezeugen in der universitätseigenen Sammlung in Bochum-Weitmar mehrere einzigartige, den Raum als ganzen einnehmende Werke, wie etwa Maria Nordmans *Raum mit zwei Türen*, ein Schlüsselwerk der kalifornischen Künstlerin.

Zahlreiche Künstler haben das Ruhrgebiet im 20. Jahrhundert als adäquaten Ort für eine elementare Durchdringung auch ihres eigenen Werks entdeckt. Bevor die Internationale Bauausstellung Emscher Park die Region als Bühne für das großräumige Environment erschließen sollte, hatte Lutz Fritsch 1992 mit der farbig lackierten, 25 Meter hohen Skulptur *Rheinorange* eine eindrucksvolle Landmarke im Duisburger Hafen gesetzt, um den – auch industriegeschichtlich bedeutungsvollen – Ort zu markieren, an dem die Ruhr in den Rhein mündet. Schon in den 1920er-Jahren hatte Albert Renger-Patzsch das lokale Kolorit der Region kongenial in seinen *Ruhrgebiet-Landschaften* ins Bild gesetzt und damit einen wesentlichen Beitrag zur Neuen Sachlichkeit geleistet. In den frühen 1960er-Jahren waren es Bernd und Hilla Becher, die das Ruhrgebiet als prägnante Industrielandschaft und als vielschichtigen, tiefgründigen Bildraum erkannten, wobei sie sich auf die Tradition eines dokumentarischen Stils beriefen; die Überlieferung machten sie in nuancenreichen fotografischen Bildern zu ihrem Anliegen, da sie hellsichtig antizipierten, wie rasch sich die industriellen Stätten als historisch, also transitorisch erweisen würden. Das Werk der Bechers steht im Zeichen der dokumentarischen Bewahrung solcher Anlagen, die dem Blick von der Essener Bergkuppe bereits zum beträchtlichen Teil entzogen sind. Bei der Sichtung der Ruhrgebietsaufnahmen Bernd und Hilla Bechers aus den 1960er-Jahren fallen denn auch zahlreiche Stätten ins Auge, deren Stilllegung beschlossene Sache war, als sie von den Bechers fotografiert wurden. Das Ruhrgebiet ist in der Typologie ihrer 2002 publizierten *Industrielandschaften* in einen globalen

Kontext von Produktionsanlagen eingebettet, und im Gesamtwerk der Bechers darf es insofern eine eigene Rolle beanspruchen, als hier nicht nur der dezidiert skulpturale Charakter der Anlagen hervorgehoben ist, sondern auch deren soziales Umfeld. Seit den 1980er-Jahren hatte schließlich Joachim Brohm das Ruhrgebiet in seinen unscheinbaren Facetten inspiziert, um es 1995 in seinem Fotobuch *Kray* zu porträtieren: Niemand hat Temperament und Charakter des Ruhrgebiets in einem künstlerisch avancierten visuellen Slang des Beiläufigen und Unscheinbaren seither so prosaisch auf den Punkt gebracht. Letztlich waren es die im Revier lebenden Künstler, welche die nach der Kohle- und Stahlkrise schamhaft verbarrikadierten Unorte als Ateliers und Ausstellungsräume okkupierten und den erspürten Genius loci sichtbar werden ließen. Karl Ganser, Leiter der Internationalen Bauausstellung, bündelte in der Zeit von 1989 bis 1999 diese Aktivitäten und gab durch die Einbeziehung lokaler und internationaler Künstler entscheidende Impulse für die Identitätssuche des Ruhrgebiets. Ihres einstigen kruden industriellen Charakters beraubt, geben die Flottmann-Hallen in Herne als Kulturzentrum mit einer Ausstellungshalle ein Beispiel dafür. Auch in den Häusern des Emschertal-Museums finden die Künstler der Region ein Forum.

Die kulturelle Ausprägung des Ruhrgebiets ist noch jung, doch hat es gerade auf diesem Gebiet Energien entfacht, die sich überall bemerkbar machen und ein Profil zeichnen, das vielen Einheimischen im Revier insgesamt womöglich weniger klar vor Augen steht als den Besuchern, die hier auf eine Grand Tour gehen. Aus der Gegenwart des Ruhrgebiets führen zahlreiche Verbindungslinien zum Aufbruch in der Klassischen Moderne zurück, um von dort aus in die Gegenwart vorauszuweisen. Wenn die genannten künstlerischen Beispiele eines lehren, dann ist es die ungemein hohe Attraktivität der Region als essenzielles und existenzielles künstlerisches Motiv eigener Geltung und Sprachkraft. Diese Feststellung erscheint umso wichtiger, als das Ruhrgebiet über eine international relevante Künstlerszene nicht verfügt und auch der Kunsthandel, von wenigen bedeutenden Ausnahmen abgesehen, hier nicht Fuß gefasst hat. Gleichwohl hat das Ruhrgebiet Künstler und Sammler von Weltrang zu Tage gefördert. In historischer Hinsicht war es das Dreigestirn der Persönlichkeiten Karl Ernst Osthaus, Wilhelm Lehmbruck und Josef Albers, welches das Revier weltweit als Kunstort auf der Landkarte fixierte. Die Vernetzung des Ruhrgebiets mit der internationalen Moderne ist durch diese Figuren exemplarisch vorgezeichnet, und sie dürfte sich in anderen kulturellen Gattungen wie der Literatur und der Musik in dieser Tragweite nicht nachweisen lassen.

Dabei verbinden sich die künstlerische Identität und die geistigen Konzepte bei Lehmbruck und Albers, wie sich ohne Sozialromantik feststellen lässt, authentisch mit ihrer proletarischen, kleinbürgerlichen Herkunft. Wilhelm Lehmbruck (1881–1919), als viertes

Kind einer Bergarbeiterfamilie in Duisburg-Meiderich geboren, besucht auf Empfehlung des Volksschullehrers die Kunstgewerbeschule Düsseldorf, bevor er an die dortige Staatliche Kunstakademie wechselt und 1910 nach Paris geht, um in der Konfrontation mit Brancusi und Modigliani, mit Rodin und Maillol endgültig seinen Weg zu finden. 1912 nimmt er an der berühmten Kölner Sonderbund-Ausstellung, 1913 an der nicht minder bedeutenden New Yorker Armory Show teil. Das Wilhelm Lehmbruck Museum in seiner Heimatstadt ermöglicht nicht nur eine großartige Begegnung mit seinem Namensgeber, es erzählt darüber hinaus auch eine veritable Geschichte der modernen Skulptur mit Künstlerräumen und einem hochkarätigen Bestand, für den stellvertretend Arbeiten von Medardo Rosso und Brancusi über Moholy-Nagy und Moore bis zu Giacometti und Beuys genannt seien. Die Energien im Werk Lehmbrucks wurden besonders folgenreich von Joseph Beuys aufgegriffen. In seinem berühmten *Dank an Lehmbruck* sollte Beuys 1986 seinen »endgültigen Entschluss«, sich der Plastik zuzuwenden, auf die Betrachtung einer Fotografie mit einer Arbeit Lehmbrucks zurückführen. Nicht nur in Duisburg ist ein Museum der Skulptur gewidmet. Deren Entwicklung in der Moderne lässt sich in konziser Auswahl zudem im Skulpturenmuseum Glaskasten Marl studieren, einem Haus, dem Basisarbeit für die Kunstvermittlung im Revier bescheinigt werden darf und das sich zudem – mit dem Marler Video-Kunstpreis – vielbeachtet auf neue Bildmedien konzentriert.

Das Interesse von Josef Albers (1888–1976), ästhetische Sinnperspektiven aus dem Umgang mit dem Material zu generieren, und seine Hinwendung zur konkreten Stofflichkeit der künstlerischen Mittel waren vorgeprägt durch den Handwerksbetrieb des Vaters. Albers war der Weimarer Bauhaus-Meister, dem die direkteste Verbindung zum Handwerk zu Gebote stand, was ihn äußerst attraktiv für die Lehre machte. Sein Einfluss auf die junge Kunst gestaltete sich in den USA, wo er 1933 an das soeben gegründete Black Mountain College in North Carolina berufen wurde und bis heute als eine schlechthin zentrale Lehrerpersönlichkeit gilt, noch nachhaltiger als in Deutschland. Der Reichtum und der Elementarismus des Sehens, die sein gesamtes Werk verkörpern, kommen im Josef Albers Museum Bottrop mustergültig zur Anschauung. Das Museum des ehemaligen städtischen Baudirektors Bernhard Küppers ist ein lokaler architektonischer Glücksfall. Es zählt zu den außergewöhnlichen monografischen Häusern in Deutschland und stellt eine Oase der auf sich selbst sich besinnenden visuellen Erfahrung dar.

Nicht zufällig verdankte Albers ein Schlüsselerlebnis dem Besuch des von Karl Ernst Osthaus (1874–1921) begründeten, 1902 eröffneten Museums Folkwang in Hagen, wo er zum ersten Mal Bilder von Cézanne und Matisse im Original sah. Mit dem »Hagener Impuls«, als welcher das Museum und die Ambitionen des Begründers firmieren, ist eine der spektakulären kulturpolitischen Pioniertaten der Zeit um 1900 auf den Begriff gebracht. Der Bankierssohn Osthaus wollte nicht weniger als eine umfassende Erneuerung und Versöhnung der Lebenswelt mit der Zeitgenossenschaft einer industrialisierten Produktion, ein Ziel, dessen Dringlichkeit er in der direkten Erfahrung mit den Werktätigen erkannte. Aus dieser Beobachtung erwuchs sein Bekenntnis zur Gegenwart, das seine Sammelleidenschaft in neue Bahnen lenkte. Das Museum Folkwang war das erste Museum seiner Zeit, das sich ganz auf die europäische Gegenwartskunst konzentrierte, zugleich aber auch schon früh den Versuch wagte, Verbindungslinien vom Fauvismus und Kubismus zu afrikanischer und ozeanischer Kunst zu ziehen. Die Avanciertheit von Osthaus' Ideen für das Ruhrgebiet kann nicht hoch genug eingeschätzt werden. Die Stadt Hagen hatte Anfang der 1920er-Jahre ihr kulturpolitisches Trauma durch den Verkauf der Sammlung erlebt. Unmittelbar nach dem Zweiten Weltkrieg wurde das Karl Ernst Osthaus Museum in Hagen neu gegründet, um im Geist von Osthaus die Sinne für historische und zeitgenössische Kunst zu schärfen. Soeben ist die Sammlung mit einer Bandbreite von expressionistischer bis aktueller Farbmalerei im aufwendig renovierten Haus der Öffentlichkeit wieder zugänglich gemacht worden. Das von van de Velde errichtete Wohnhaus, ein Gesamtkunstwerk des Jugendstils, welches das Leben der Familie Osthaus dokumentiert, wird ebenfalls vom Museum betreut. Hagens jüngster Stolz ist das Emil Schumacher Museum. Ausgebreitet ist darin das fulminante Werk des Namenspatrons, der der Malerei mit einer zwischen Abstraktion und Figuration changierenden Expressivität eine vollkommen eigene Position verliehen hat – das Museum vermag die Bandbreite des Hageners in voller Dichte vor Augen zu führen.

Der »Hagener Impuls« dokumentiert sich noch aus heutiger Sicht als Verpflichtung an die Region. Sie bekundet sich in dem großartigen Erweiterungsbau des Museums Folkwang durch David Chipperfield Architects in Essen. Mit ihm wächst dem »Folkwang« die Rolle eines neuen Flaggschiffs zu, dessen Strahlkraft unzweifelhaft über die Grenzen des Ruhrgebiets hinausreichen wird. Die Moderne wird hier, in der »Halle des Volkes«, durch eine Reihe von Schlüsselwerken repräsentiert, die sich als Gipfelkette über die Generationen hinweg in Europa und Amerika erstreckt. Aber auch andernorts lassen sich Spuren zur Tradition von Osthaus' Universalismus zurückverfolgen – sie führen in das 2009 eröffnete private Museum DKM in Duisburg. Die Präsentation von Kunstwerken aus allen Epochen und Regionen der Welt folgt maßgeblich der Idee, einer eingeübten, westlich zentrierten Perspektive neue Alternativen zu eröffnen. Die Bezüge sind international und durch alle Zeiten definiert, nicht geografisch gefasst und schon gar nicht hierarchisch behauptet. Stattdessen reklamieren sie die Teilhabe unterschiedlichster künstlerischer Urheber an einer universalen ästhetischen Sprache. Paradigmatisch ist vielleicht der strahlende *Clean Room* des japanischen Bildhauers Yuji Takeoka: Als großes Bodenobjekt zelebriert die gläserne Vitrine mit den kompakten dunklen Stahlrahmen die Leere des Raumes und zugleich eine unmessbare Fülle der Anschauung. Die Skulptur vermittelt mit abstrakten Mitteln zwischen den Kulturen und Hemisphären.

Die Gründungswelle von Museen im Revier bezeugt vor allem diesen Befund: Nicht irgendwelche konfektionellen Häuser sind eröffnet worden, sondern thematisch ausgerichtete Institutionen, die allein hier anzutreffen sind und ein unverwechselbares Angebot schaffen. So empfiehlt sich das Museum Küppersmühle – ein weiterer erlesener Bestand in Duisburg – mit deutscher Malerei und Fotografie seit 1945 anhand von gewichtigen Werkgruppen bedeutender Künstler. Ein außergewöhnliches Angebot verkörpert auch das 2001 eröffnete Zentrum für Internationale Lichtkunst, das sich in den Katakomben der ehemaligen Lindenbrauerei in Unna angesiedelt hat. Für den Ort sind eindrückliche Arbeiten – unter anderen – von Rebecca Horn, Mischa Kuball und François Morellet entstanden. Spektakulär hier der *Sky Space* von James Turrell und das Stroboskoplicht, mit dem Olafur Eliasson zwei Vorhänge aus fallendem Wasser in Szene setzt. Wer nach historischen Kronzeugen einer durch Licht und Bewegung motivierten Kunst fahndet, wird im Kunstmuseum Gelsenkirchen (eröffnet 1950) mit seiner größten Sammlung kinetischer Kunst in Deutschland fündig. Kurz nach der Gründung der rheinischen ZERO-Gruppe, deren Werke Pate standen bei der Formierung der Gelsenkirchener Kinesis-Kollektion, kam ebenfalls in Düsseldorf die Fluxus-Bewegung auf, die hervorragend im Dortmunder Museum Ostwall vertreten ist – sinnfällig mit Nam June Paiks berühmtem *Schallplattenschaschlik*. Das Museum Ostwall verfolgt seit einigen Jahren die Idee eines »Museums als Kraftwerk« und will sein Verständnis der Institution als Ort des kulturellen Gedächtnisses wie der künstlerischen Produktivität jetzt im Zentrum für Kunst und Kreativität im Dortmunder U, der ehemaligen Union-Brauerei, weiterentwickeln. Nicht nur die westlichen Avantgarden sind repräsentativ in die Museen des Ruhrgebiets eingegangen. In Bochum kamen zu den geerbten Expressionisten mit Künstlern wie František Kupka, Kasimir Malewitsch oder Zofia Kulik Vertreter der osteuropäischen Kunstszene in die Sammlung; diese wurden im Kunstmuseum Bochum schon lange vor dem Verschwinden des Eisernen Vorhangs vorgestellt und gesammelt und später durch herausragende Beispiele europäischer und amerikanischer Nachkriegsmoderne wie Werken von Francis Bacon und Frank Stella ergänzt.

Vom Gipfel der Schurenbachhalde aus sieht das Ruhrgebiet ganz anders aus als unter den Kirchtürmen der Städte. Die vielen Museen in Essen, Bochum, Gelsenkirchen, in Hamm, Hagen, Dortmund und Duisburg, in Herne, Mülheim, Recklinghausen, Witten, Marl und Oberhausen schreiben sich jedenfalls von hier aus in ein größeres Gemälde ein. Tatsächlich erzählen die Reviermuseen, nimmt man sie als Einheit, eine imposante und vielgestaltige Geschichte der Moderne seit deren Anfängen im späten 19. Jahrhundert. Offenbar haben die Museen nun, im Scheinwerfer des magischen Kulturjahres 2010, die Verlockungen erkannt, die sich mit einer gemeinsamen Agenda und gezielten Ausstellungsallianzen verbinden könnten. Die angekündigte Vernetzung kommt einem Versprechen gleich, welches das Ruhrgebiet in seiner industriellen Geschichte bereits eingelöst hat: größtmögliches Kapital aus den regionalen Bodenschätzen zu schlagen. Aus der heterogenen Städtelandschaft wird zwar auch in Zukunft keine Metropole entstehen, wie dieser Tage propagiert wird. Aber es ist allemal Zeit für einen neuen, jungen Westen, der sein Fundament in der Kultur findet.

The best way to experience the splendor of the Ruhr area is to go to the Schurenbachhalde, a spoils dump in Essen located just below Autobahn 42 and next to the Rhein-Herne canal. In 1998, Richard Serra had thousands of tons of mine spoils banked up to form a hill around one hundred meters in height. While other peaks are marked with a cross, Serra crowned this mountain with the *Bramme (für das Ruhrgebiet)*. Atop the ellipsoid knoll, the wanderer believes himself to be at the end of the world. He strolls through a desolate, slate grey desert, becoming the center of a great panorama of coal mines, iron works, and smokestacks—the remains of a prosperous past. High up, Serra's rolled steel slab juts out from the ground, leaning away from the vertical ever so slightly; this, and viewing the sculpture together with the surrounding industrial landmarks of the area, creates the inimitable Serra-typical sense of confusion. In the inhospitable surroundings, the viewer finds himself removed to an interregnum between the present and retrospection, surrounded by Germany's old, new west. Part of the history of the west's true past is that the "coal pot" has not, for a long time, been nearly as hot as it used to be—even Serra's slab was imported. At the same time—as is rightly emphasized on a regular basis, and now at the occasion of the year of the European Capital of Culture—the area is an unequalled cultural landscape. On the Schurenbachhalde, the Ruhr area presents itself impressively as both a place and a subject of art.

Museums, modernism, history and presence of mind wherever one turns—this is what the imaginary eye perceives in the midst of a bustling workaday life that one would be tempted to characterize as a dense urban sprawl. There is, in the north, the Kunsthalle Recklinghausen, significantly housed in a former above-ground bunker near the main station and rededicated as a platform for contemporary art. It is home to the artists' group Junger Westen with its eponymous art prize, the first advancement award for visual arts, granted by a German municipality after 1945. Recipients of the prize have included K. O. Götz and Emil Schumacher, Gerhard Richter as well as Peter Piller and Gereon Krebber, whose work forms the backbone of the museum's collection.

To the west, the gasometer in Oberhausen has put its stamp on the area: the barrel has been established as one of the most unusual exhibition venues in Europe, at the same time signaling the location of the nearby Ludwig Galerie from the distance. It is home to a small collection and enjoys the privilege of drawing on a pool of collections owned by Irene and Peter Ludwig.

In the southeastern part of the "Revier," the Gustav-Lübcke Museum in Hamm is a collector's museum, and like other museums of its kind is based on the commitment

of both citizens and patrons; it is one of the earlier establishments in the Ruhr area of the late 19th century. Founded by a community group, the Märkisches Museum in Witten likewise boasts a collection with a focus on Art Informel and other German tendencies since 1945. The Kunstmuseum Mülheim an der Ruhr in der Alten Post also owes its existence to the citizens' commitment that is characteristic of the Ruhr region. The avant-garde was always entering the collection of the city of Mülheim with the usual time-lag. However, with omnibus volumes of Heinrich Zille and Théophile Alexandre Steinlen, it can offer names that are rarely seen elsewhere. Whether in Bochum, Essen or Duisburg, whether in Dortmund, Unna or Hagen, the cultural Ruhr area is expanding everywhere, establishing new institutions, adding on, reinventing itself, and it shows a mobility that is direly needed to redefine its lost identity—and not become paralyzed by memories. The *Bramme* proves the extent to which art in particular is able to do just that. Serra's intention with it is, as he says, to "make the sociology of the landscape perceivable." He created the ideal-typical place of post-Industrial sublimity: seen from this high vantage point, the Ruhr area presents itself as the sweeping panorama of a world landscape that culminates in the monumental intervention. Serra's autonomous, abstract symbol brings out the history of the Ruhr area: the Environment turns the two significant commodities that made the "Revier" a prosperous region into a graspable code of identification. Creating a historical sounding board, steel and coal once again come together to enter a symbolic alliance. There is hardly a sculptor who used the production facilities of the Ruhr region—such as the now defunct iron works Henrichshütte in Hattingen—as enthusiastically and productively for his studio as Serra. Early on, the Ruhr region for its part discovered the artist and, through purchases, established enduring ties with him, as can be seen in *Terminal* (1977) at the Bochum main station, a sculpture that Serra in a conversation called "my most important vertical work." Bochum is also home to his early work *Circuit*, from 1972, still another milestone in recent installation sculpture. Its location—the Situation Kunst (fur Max Imdahl)—shows very clearly that the Ruhr area has developed a great attractive power in the international art scene. This is further attested by several unique, full-room works in this university-owned collection in Bochum-Weitmar, such as *Room with Two Doors,* by Maria Nordman, a key work of the Californian artist.
In the 20th century, numerous artists discovered the Ruhr area as a suitable place to arrive at a deep understanding of their own work. Before the International Building Exhibition Emscher Park opened the region as a stage for a large Environment, Lutz Fritsch, in 1992, created an impressive landmark with the color-painted, 25-meter-high sculpture *Rheinorange*. Situated at the Duisburg harbor—a location of impor-

tance in industrial history—it marks the place where the Ruhr river flows into the Rhine. As early as the 1920s, Albert Renger-Patzsch very sensitively captured the local atmosphere of the region with his *Ruhrgebiet-Landschaften* (Ruhr area landscapes), in this way making a major contribution to New Objectivity. In the early sixties, there were Bernd and Hilla Becher who recognized the Ruhr area as a memorable industrial landscape and as a multi-layered, profound pictorial space. They, however, based their work on a documentary style tradition. Keeping records was the driving force behind their nuanced photographic images; with much clear-sightedness, they anticipated that the industrial sites would soon prove to be historical, that is transitory. The oeuvre of the Bechers is marked by the intention of preserving, through documentation, industrial facilities which are now largely absent from the hilltop view in Essen. Not surprisingly then, when sifting through the Bechers' images from the sixties, many facilities are revealed which had been designated for shutdown at the time the Bechers photographed them. In the typology of their *Industrielandschaften* (industrial landscapes), published in 2002, the Ruhr area is shown in the context of global production facilities. However, in the oeuvre of the Bechers, it can claim a role of its own insofar as the decidedly sculptural character of the facilities is brought to the fore and, further, the social surroundings. Lastly, beginning in the 1980s, Joachim Brohm scrutinized the inconspicuous facets of the Ruhr region and, in 1995, created a portrait of it in his photo book *Kray:* no one has since probed into the heart of the Ruhr region's temperament and character this dryly, using the artistically advanced visual slang of the nonchalant and inconspicuous.

Ultimately, following the coal and steel crisis, artists living in the region occupied the boarded-up "untouchable" places with their studios and exhibition spaces, making the sniffed-out genius loci visible. Karl Ganser, head of the International Building Exhibition, lent focus to these activities in the time between 1989 and 1999 and was a catalyst in the region's search for identity in that he involved local as well as international artists. One example is the cultural center and exhibition hall Flottmann-Hallen in Herne, now missing the facility's former crude industrial character. The branches of the Emschertal-Museum are another place where local artists find a forum.

The cultural shaping of the Ruhr area is still in its early stages, but the region has kindled energies that can be felt all around and have begun to emerge as a character that might be less obvious to locals than to visitors who have come to go on their Grand Tour. From the Ruhr area's present, numerous connecting lines lead back to the departure in classical modernism and from there point ahead into the present. If the art projects mentioned above as examples have something to teach, it is that the region has an enormous appeal to artists who draw on it as an essential and existential artistic motif in working with their personal validity and expressive power. This realization seems all the more important as the Ruhr area is not home to an internationally significant art scene, nor has the art trade—a small number of important exceptions aside—taken hold. Nonetheless, the Ruhr region has produced artists and collectors of world renown. Seen historically, there was the trio of Karl Ernst Osthaus, Wilhelm Lehmbruck and Josef Albers, who put the region as a place of art on the world map. The three figures, as the main examples, laid the groundwork for linking the Ruhr area to international modernism, something that cannot be said to have happened to this extent with other cultural genres such as literature and music.

Without falling prey to social romanticism, it can be said that the artistic identity and mental concepts of Lehmbruck and Albers are authentically tied to their proletarian, lower middle-class origin. Wilhelm Lehmbruck (1881 – 1919), born in Duisburg-Meiderich as the fourth child of a mining family, attended the school of applied arts in Düsseldorf on the recommendation of his elementary school teacher. He then moved on to the local state academy of arts and, in 1910, went to Paris to find his way through direct contact with Brancusi and Modigliani, Rodin and Maillol. In 1912, Lehmbruck participated in the famous Cologne Sonderbund Exhibition; in 1913, in the no less significant New York Armory Show. The Wilhelm Lehmbruck Museum in his hometown offers visitors not only a great encounter with the artist—far beyond that, it tells a veritable history of modern sculpture, with rooms dedicated to individual artists and a superb collection, including works by Medardo Rosso and Brancusi, Moholy-Nagy and Moore, as well as Giacometti and Beuys. The energies in Lehmbruck's oeuvre were taken up momentously by Joseph Beuys. In his famous *Dank an Lehmbruck* (1986), Beuys sees his "final decision" to turn to sculpture as connected to looking at a photograph of a work by Lehmbruck. The Duisburg museum is not the only place in the region dedicated to sculpture. The development of modern sculpture can also be studied through a concise selection of works at the Skulpturenmuseum Glaskasten Marl, a museum which has earned the credit of laying the groundwork for art appreciation in the Ruhr region. Awarding the Marler Video-Kunstpreis, it is moreover a museum that is noted for its focus on new visual media. Josef Albers (1888 – 1976) was interested in generating esthetic meaning by engaging with a material. As was this interest, his turn toward a concrete materiality of artistic means was shaped in his father's workshop. He was the Bauhaus master in Weimar with the most direct connection to the crafts, which made him highly valuable as a teacher. In the USA, Albers' influence on the developing art was even more enduring than in Germany: in 1933, he received a call to the newly founded Black Mountain College in North Carolina, where he is still seen as an absolutely central figure in art teaching today. The wealth and the Elementarism of seeing that represent his entire oeuvre figure in an exemplary fashion at the Josef Albers Museum Bottrop. The museum of the former municipal building director Bernhard Küppers is, architecturally, a stroke of luck for the area. It numbers among the exceptional monographic structures in Germany and represents an oasis of self-reflective visual experience.

It is no coincidence that Albers had one of his key experiences when visiting the Museum Folkwang in Hagen, which was founded by Karl Ernst Osthaus (1874 – 1921) and opened its doors in 1902. Here, he saw original paintings by Cézanne and Matisse for the first time. The "Hagen impetus"—as the museum and its founder's ambitions came to be called collectively—is the definition of one of the most spectacular pioneer efforts in the cultural politics around 1900. The banker's son Osthaus wanted to settle for nothing less than an all-encompassing rejuvenation of the relationship between people's experience of life and the contemporaneous industrialized production, thus reconciling the two. From his direct experience with workers, he knew this goal had to be urgently pursued. His dedication to the contemporary grew out of this observation and gave his passion for collecting a new orientation. The Museum Folkwang was the first museum in his day that focused entirely on European contemporary art and, at the same time, made an early attempt at linking Fauvism and Cubism to African and Oceanic art. It cannot be said enough how advanced the ideas of Osthaus were for the Ruhr area. In the early 1920s, the city of Hagen had experienced a cultural/political trauma when its collection was sold. Directly after the Second World War, the Karl Ernst Osthaus Museum in Hagen was re-established to continue in the spirit of Osthaus and sharpen the sense for historical and contemporary art. The collection has once more become accessible to the public in the thoroughly renovated museum and a range from expressionist to contemporary color painting is on show. The family home created by van de Velde, a fin-de-siècle Gesamtkunstwerk documenting the life of the Osthaus family, is likewise maintained by the museum. Hagen's latest pride and joy is the Emil Schumacher Museum. It houses a generously laid out presentation of the name giver's brilliant oeuvre whose expressivity alternates between abstraction and figuration, adding an absolutely unique position to the painting genre: the museum successfully brings into view the whole breadth and depth of the artist from Hagen.

The "Hagen impetus" is felt still today as a sense of obligation to the region. It manifests itself in the grand annex of the Museum Folkwang in Essen, carried out by David Chipperfield Architects. With its annex, the "Folkwang" (hall of the people) has become the new flagship that will doubtlessly project beyond the boundaries of the Ruhr area. Here, modernism is represented with a number of key artworks that extend like a series of lofty peaks through Europe and America throughout the generations. But traces connecting with the tradition of Osthaus' universalism can be found elsewhere as well—they lead to the privately run Museum DKM in Duisburg, opened in 2009. Its presentation of artworks from all periods and regions of the world mainly pursues the idea of opening up alternatives to the well-practiced, Western-centric perspective. Contexts, here, are defined internationally and across all time periods; they are not construed geographically and not at all along hierarchical lines. Instead, they claim the involvement of the most diverse artistic sources in one universal esthetic language. Paradigmatic, perhaps, is the radiant *Clean Room* by the Japanese sculptor Yuji Takeoka: as a large floor object, the glass showcase with its compact dark steel frames celebrates the room's emptiness and, at the same time, the immeasurable fullness of the viewing experience. Using abstract means, the sculpture mediates between the cultures and hemispheres.

The wave of newly founded museums in the region says one thing first and foremost: the museums that were founded here are not some readymade institutions but are theme-oriented institutions specific to the locale that have a distinctive palette to offer. For example, the Museum Küppersmühle, as another exquisite collection in Duisburg, is recommendable for its German painting and photography since 1945. It exhibits major groups of works by distinguished artists. Another exceptional selection is on show at the Zentrum für Internationale Lichtkunst, which opened its doors in 2001 and is located in the vaults of the former Lindenbrauerei (a brewery) in Unna. Impressive artwork was created for this place, including works by Rebecca Horn, Mischa Kuball and François Morellet. The spectacular pieces are *Sky Space* by James Turrell and the stroboscope light with which Olafur Eliasson stages two curtains of falling water. Those who are on the hunt for authorities in the history of an art motivated by light and movement will make a find at the Kunstmuseum Gelsenkirchen (established in 1950) with its collection of kinetic art—the largest in Germany. Shortly after the foundation of Group ZERO in Düsseldorf, whose works inspired the formation of the Gelsenkirchen Kinesis-Kollektion, Düsseldorf also became home to the emerging Fluxus movement. It is represented outstandingly at the Museum Ostwall in Dortmund with Nam June Paik's famous *Schallplattenschaschlik*

(Record Shashlik)—an obvious choice. For several years, the Museum Ostwall has been pursuing the idea of the "museum as a power plant" and is now planning to further develop its understanding of the institution as a place of cultural commemoration as well as artistic production at the Center for Art and Creativity in the Dortmund U, the former brewery Union-Brauerei. Not only representative works of the Western avant-garde have entered the museums of the Ruhr area. In Bochum, in addition to the existing inherited Expressionist works, representatives of the Eastern European art scene entered the collection, including such artists as František Kupka, Kasimir Malewitsch and Zofia Kulik. They had been shown and collected at the Kunstmuseum Bochum long before the fall of the Iron Curtain and were later complemented by excellent examples of European and American post-war modernism, such as works by Francis Bacon and Frank Stella.

From the crest of the Schurenbachhalde, the Ruhr region looks very different compared to the view from below the cities' church steeples. Seen from above, the many museums in Essen, Bochum and Gelsenkirchen, in Hamm, Hagen and Dortmund, and in Duisburg, Herne, Mülheim, Recklinghausen, Witten, Marl and Oberhausen enter a larger painting. The museums of the region—seen as a whole—tell an impressive and varied history of modernism since its beginnings in the late 19th century. It seems the museums—in the spotlight of the magical year of culture 2010—have recognized the enticements that may grow of a shared agenda and well-directed exhibition alliances. The announced integration bears comparison with a promise that the Ruhr area made and honored in its industrial history: to maximize gains from the region's natural resources. The region's heterogeneous landscape of cities is not a metropolis, as various propagators will have it these days, nor will it become one in the future. But it is certainly time for Germany's west to become a new, young west rooted in culture.

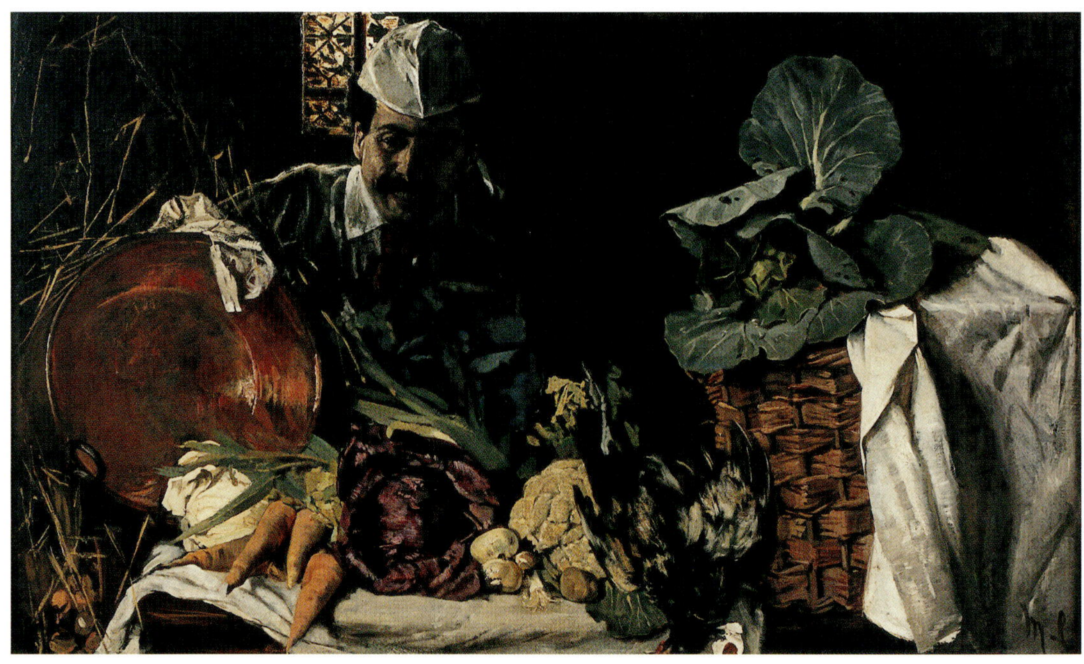

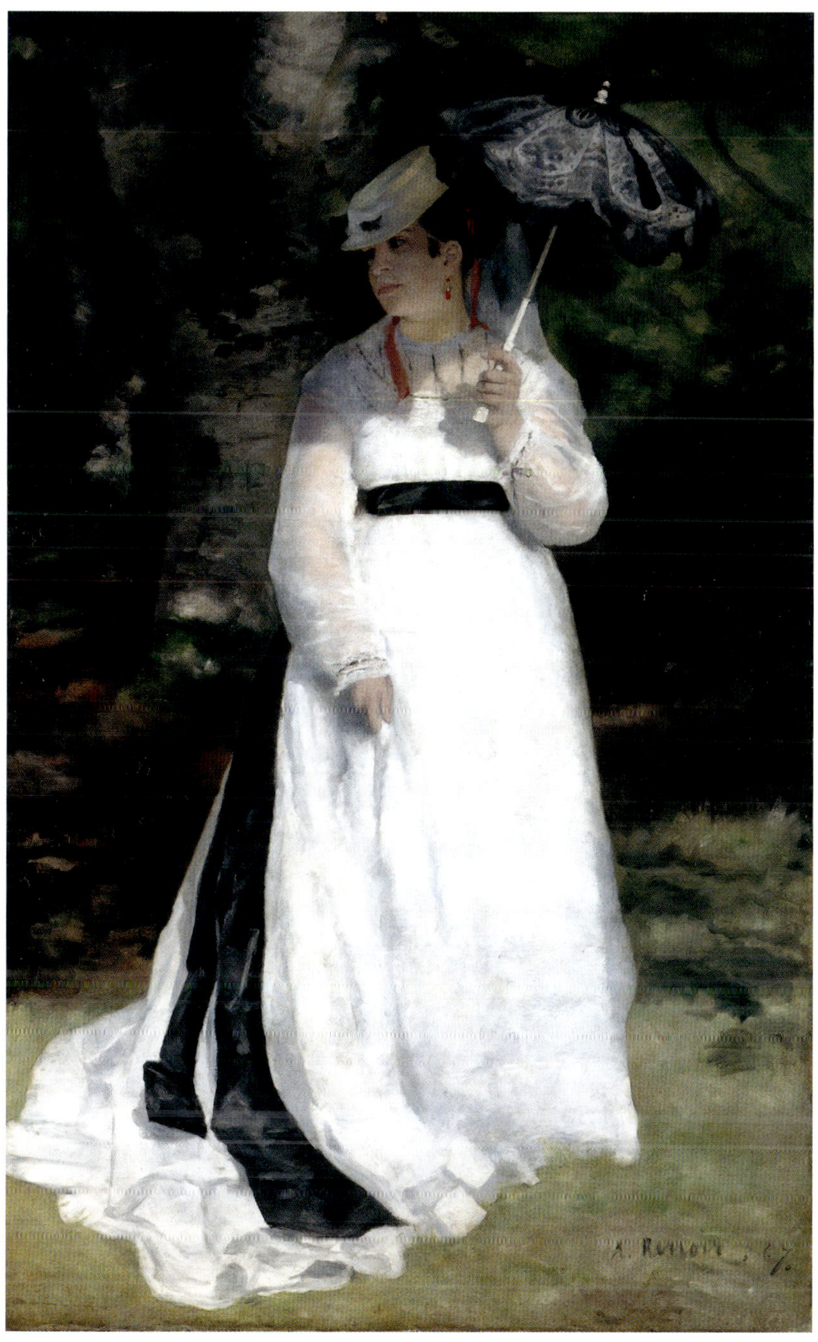

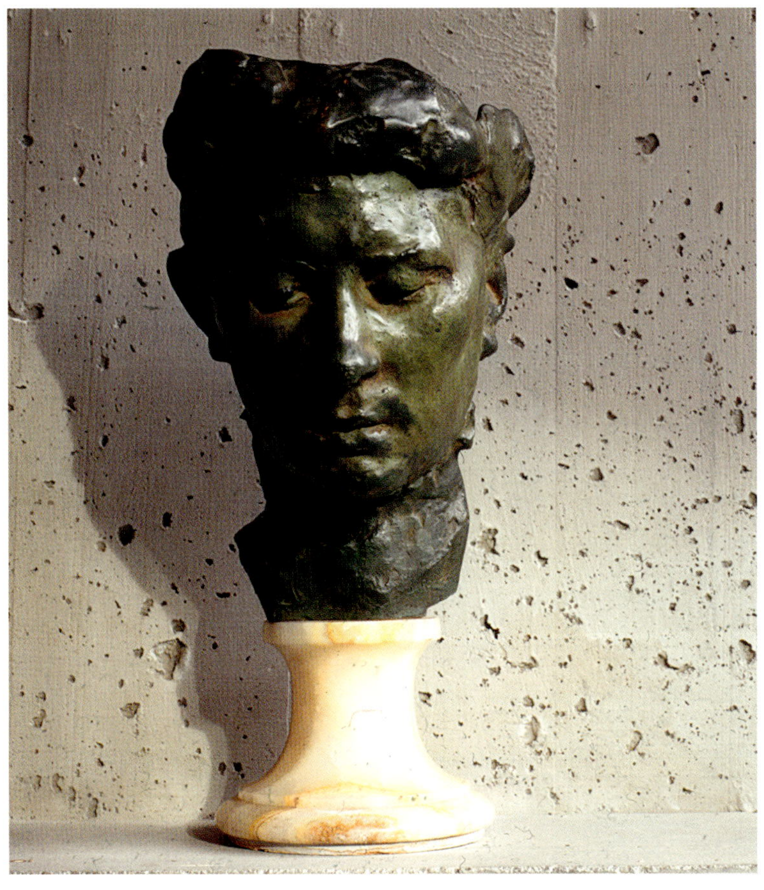

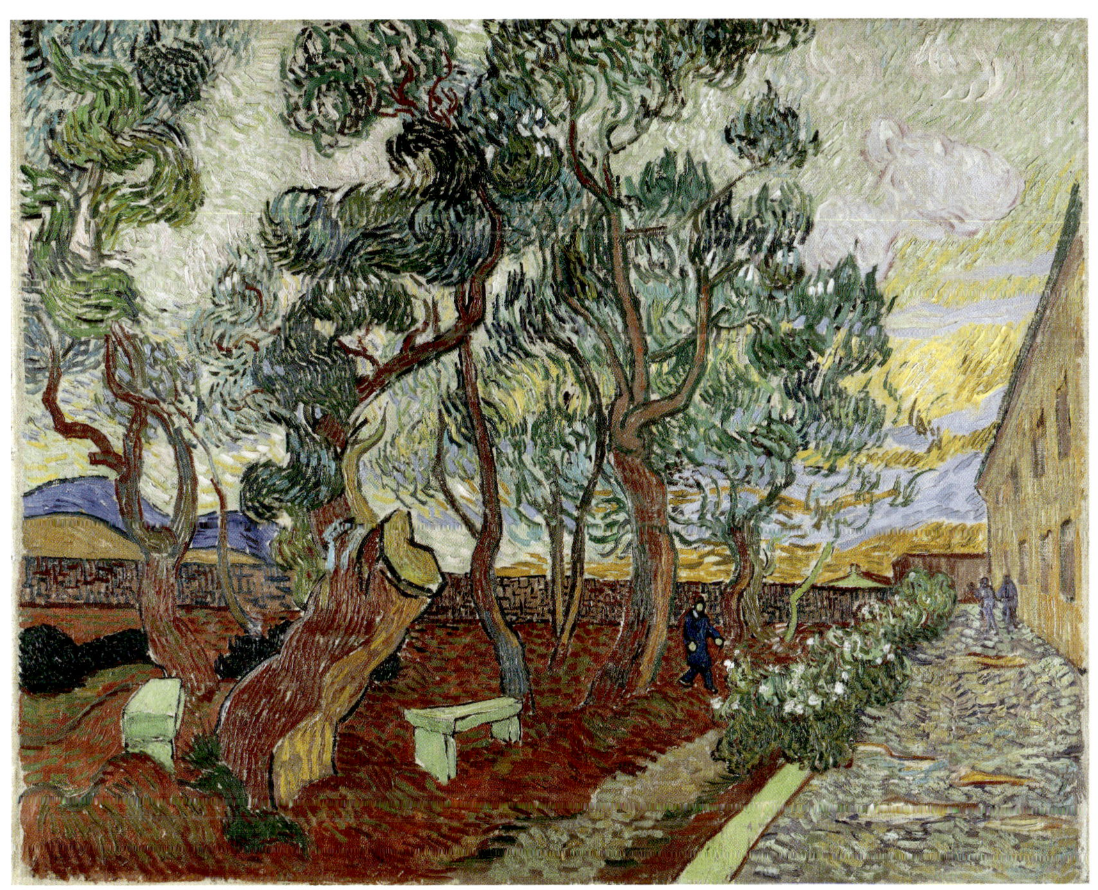

■ VINCENT VAN GOGH ▌ DER GARTEN DES HOSPITALS VON SAINT-RÉMY ▌ 1889 ▌ MUSEUM FOLKWANG, ESSEN

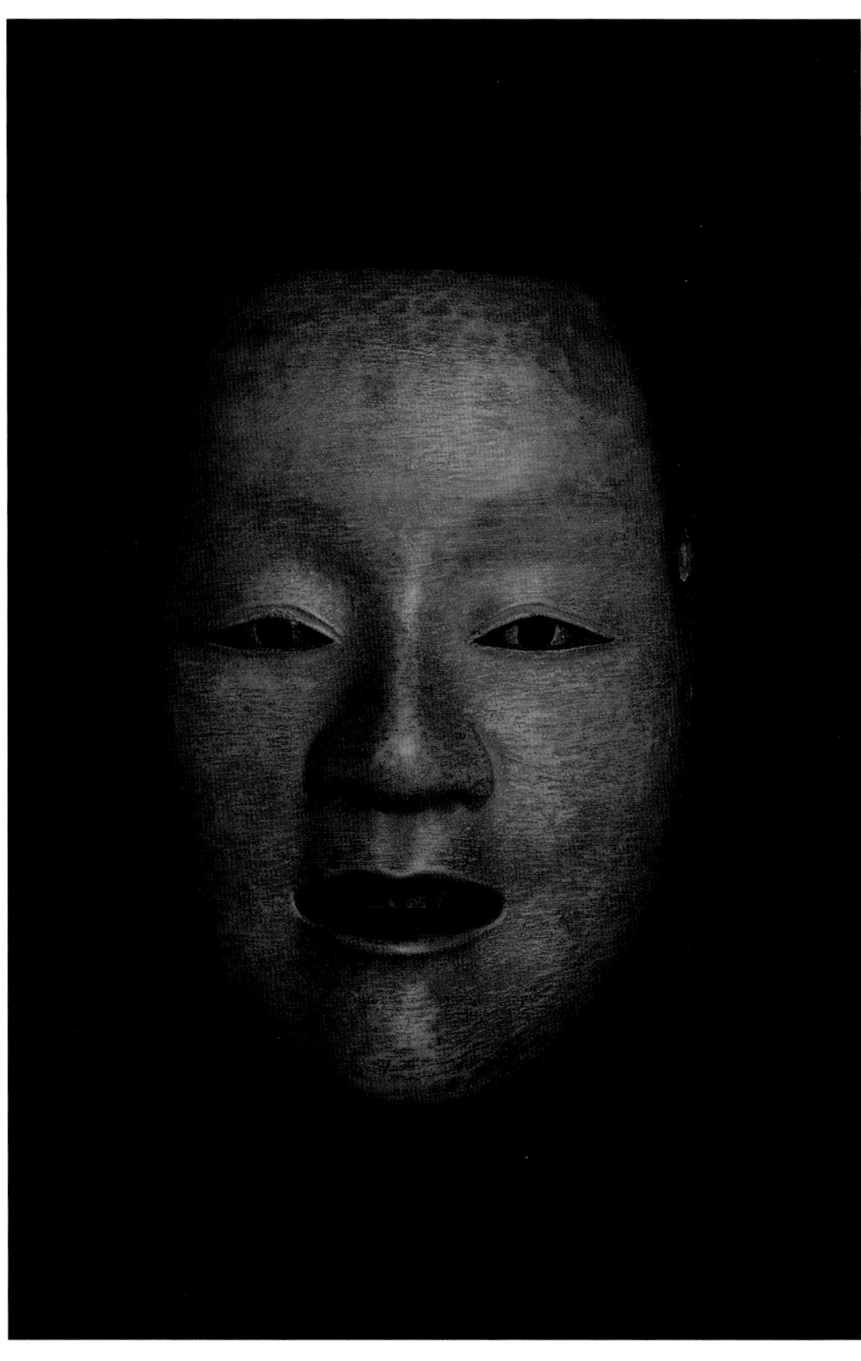

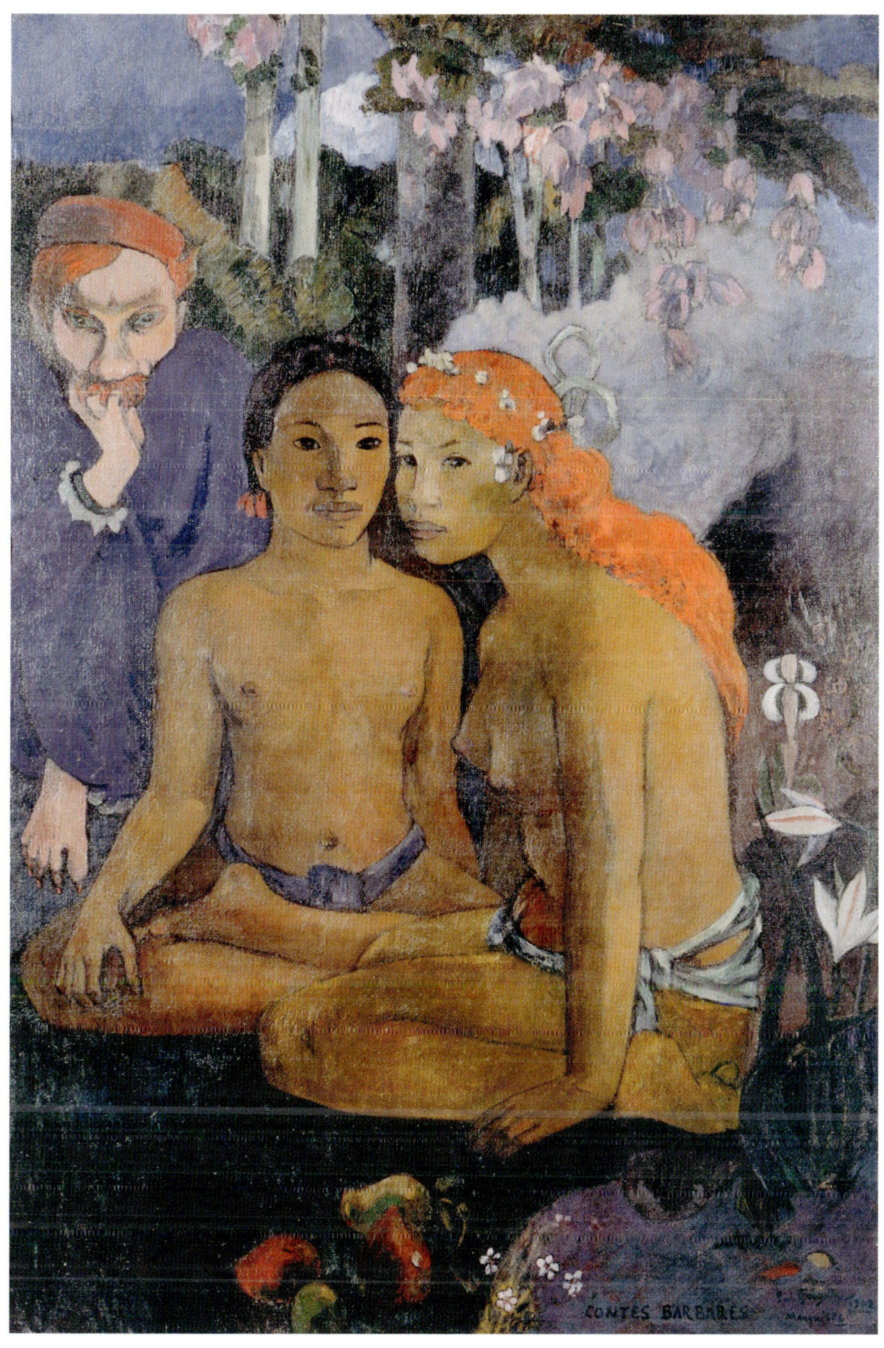

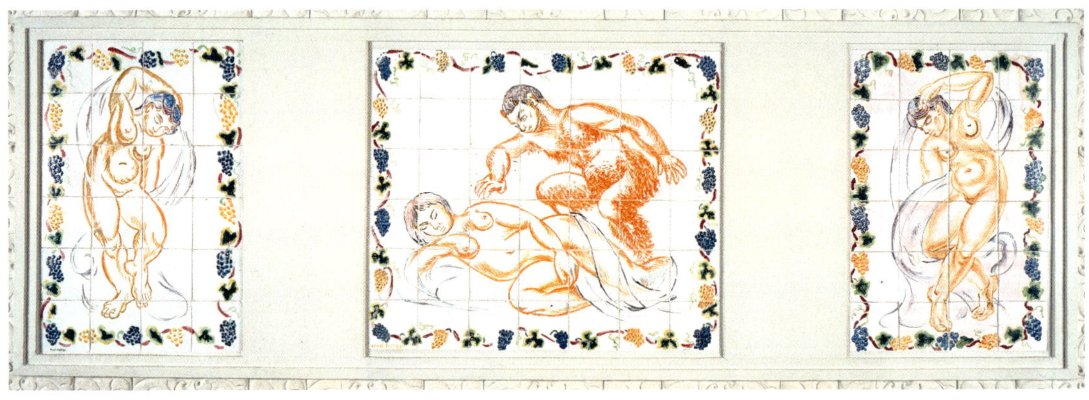

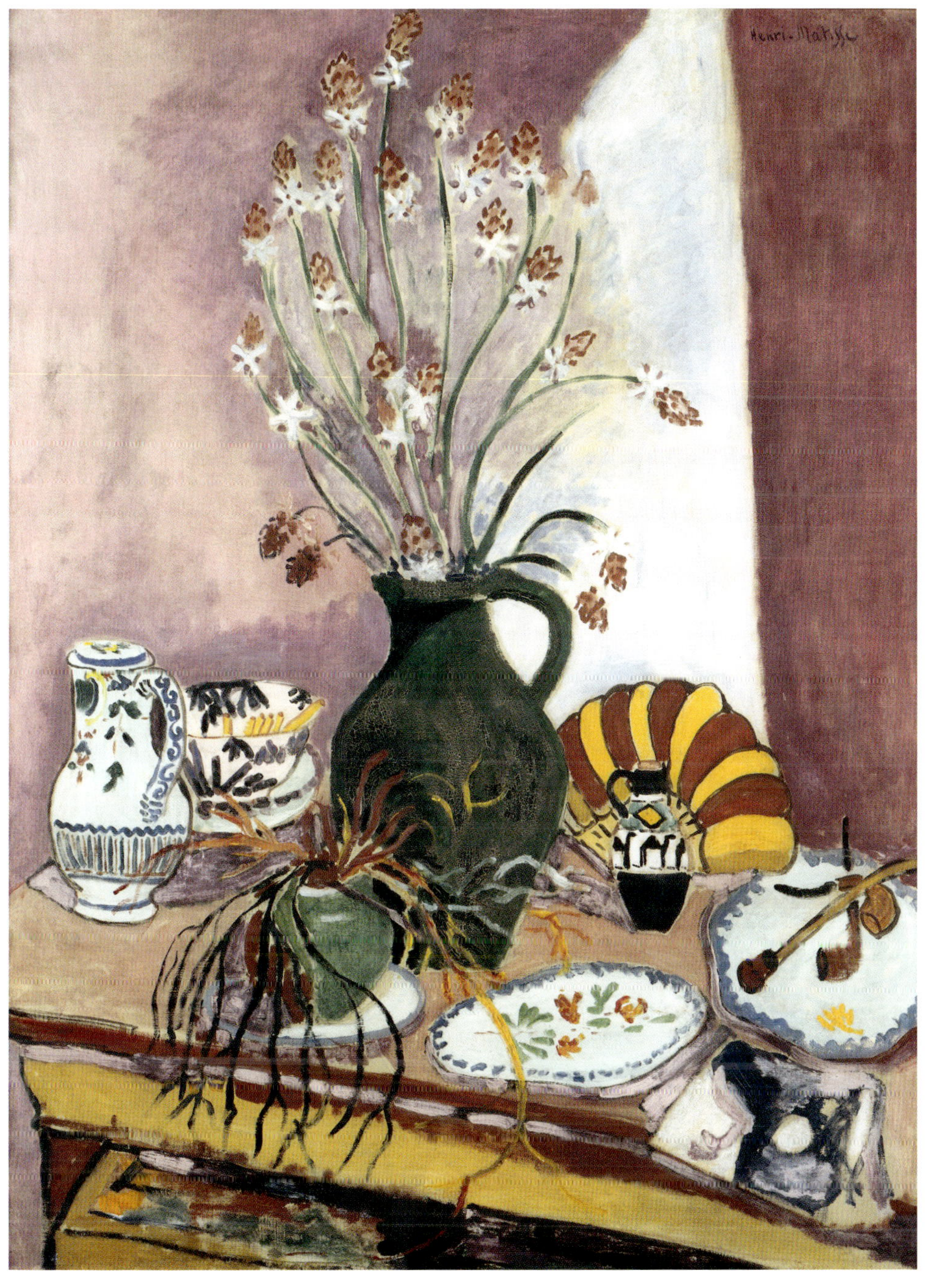

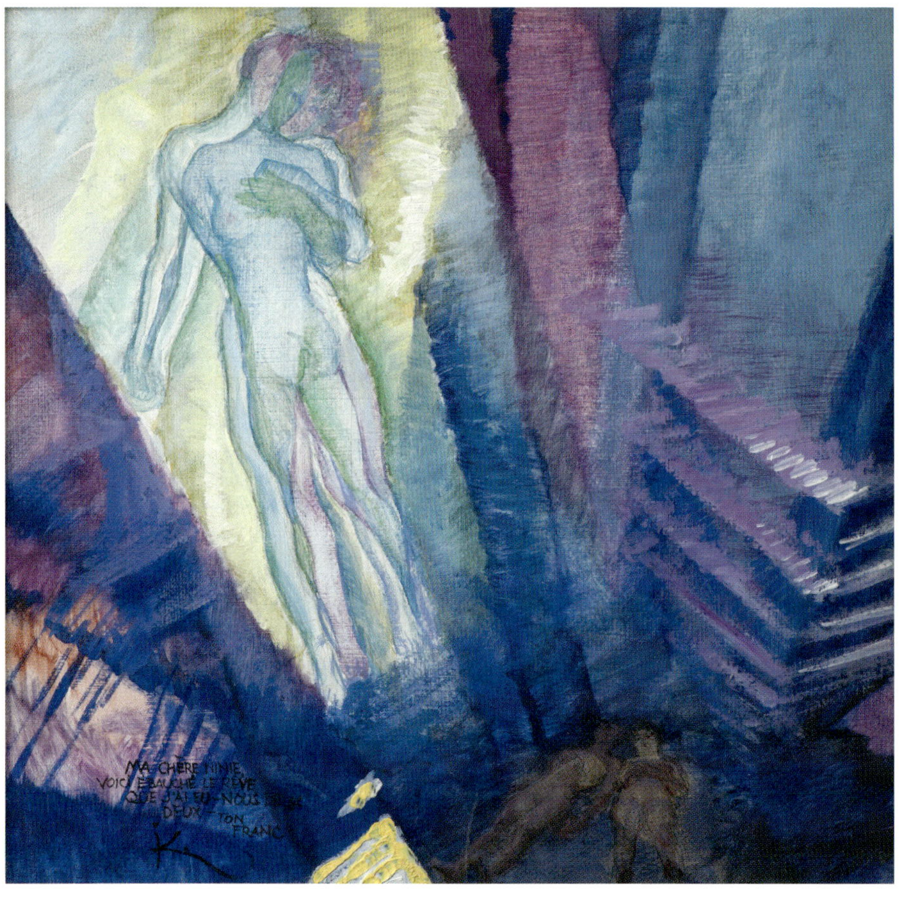

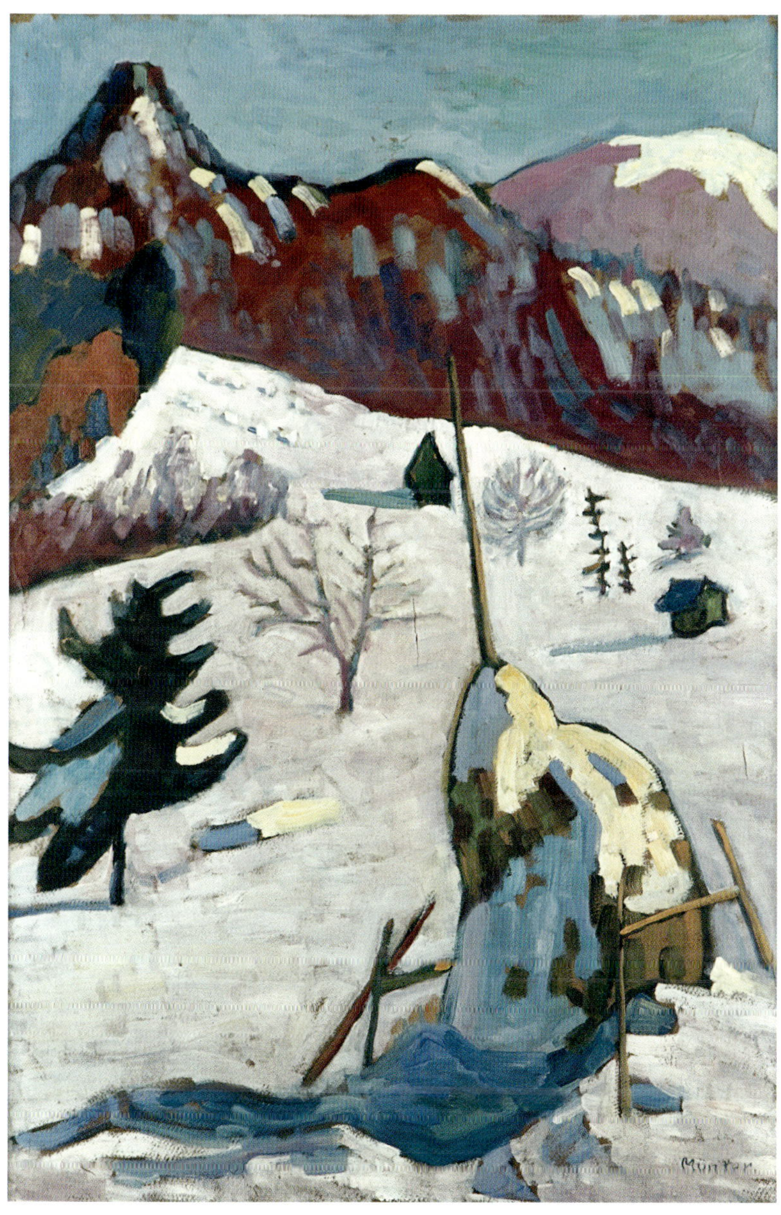

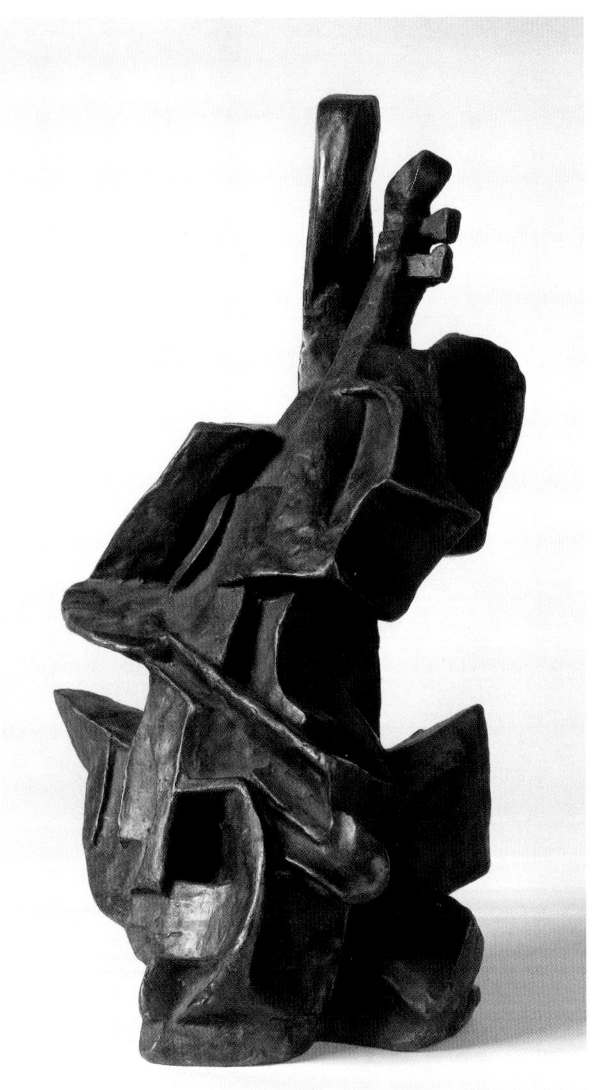

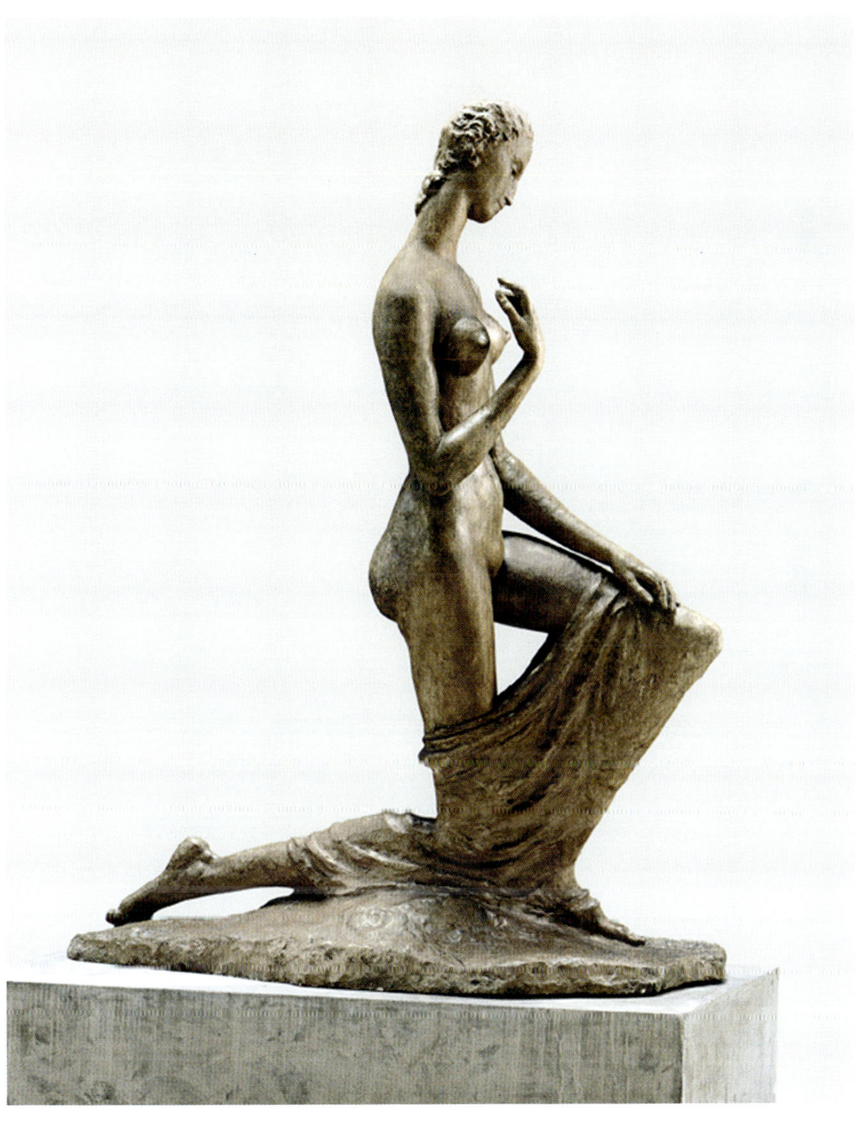

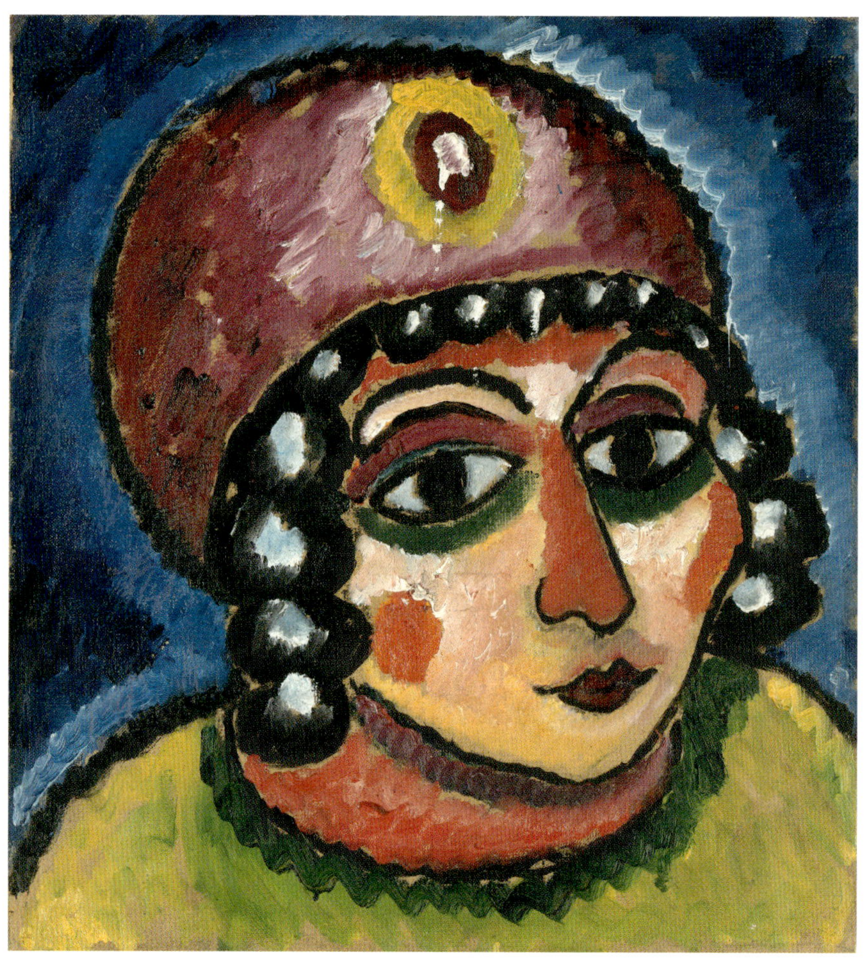

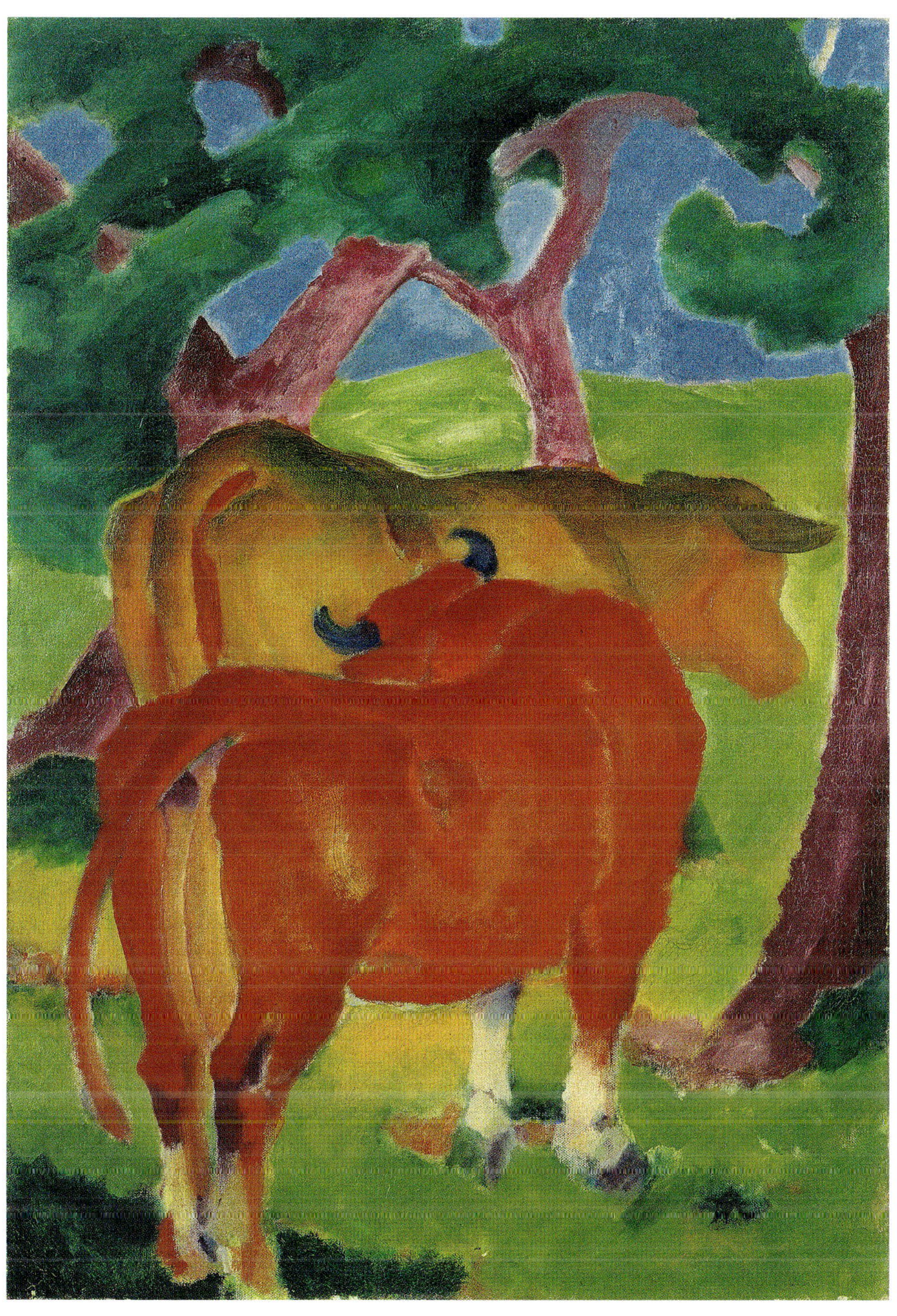

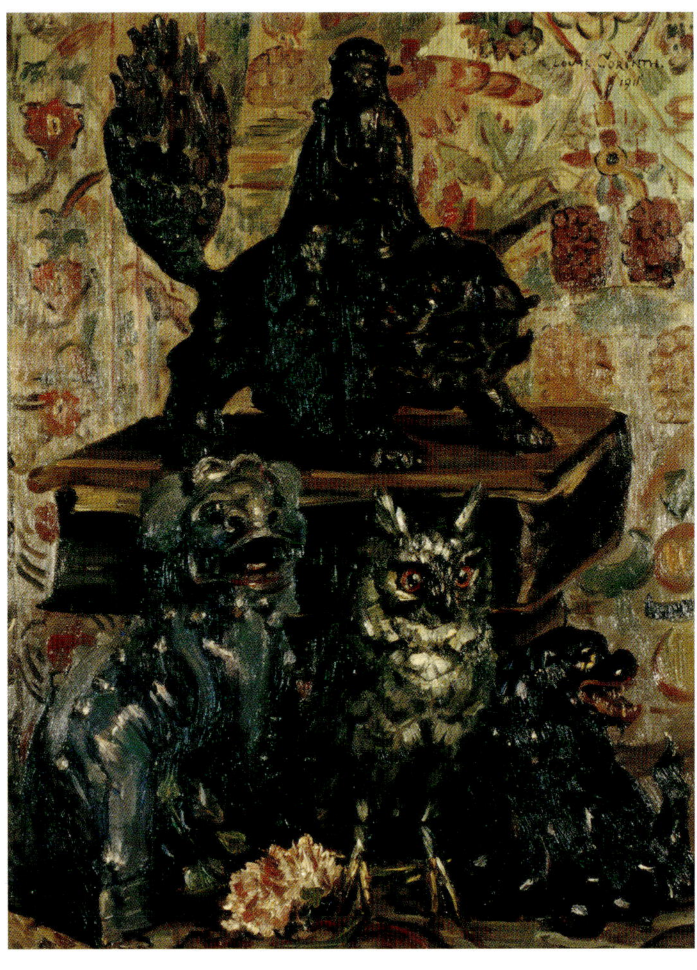

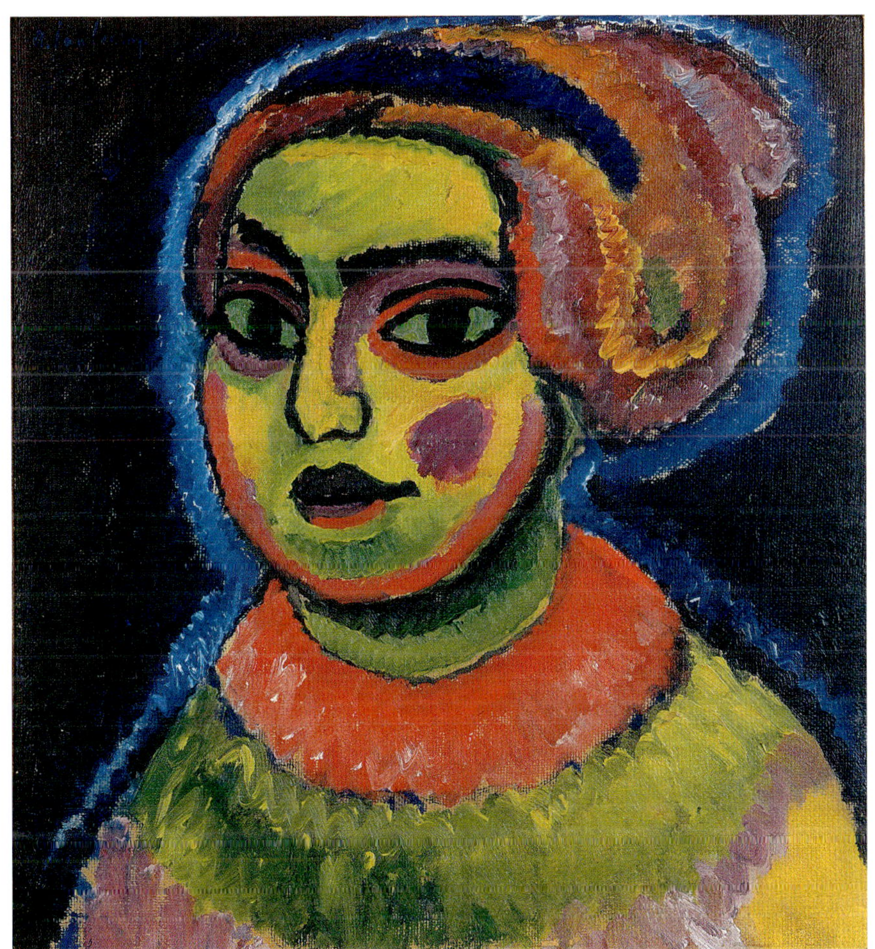

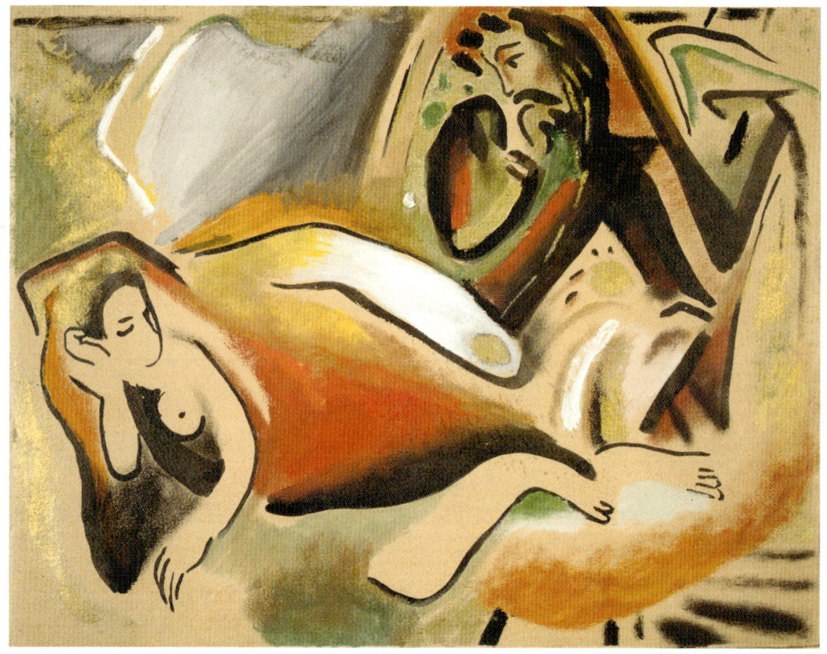

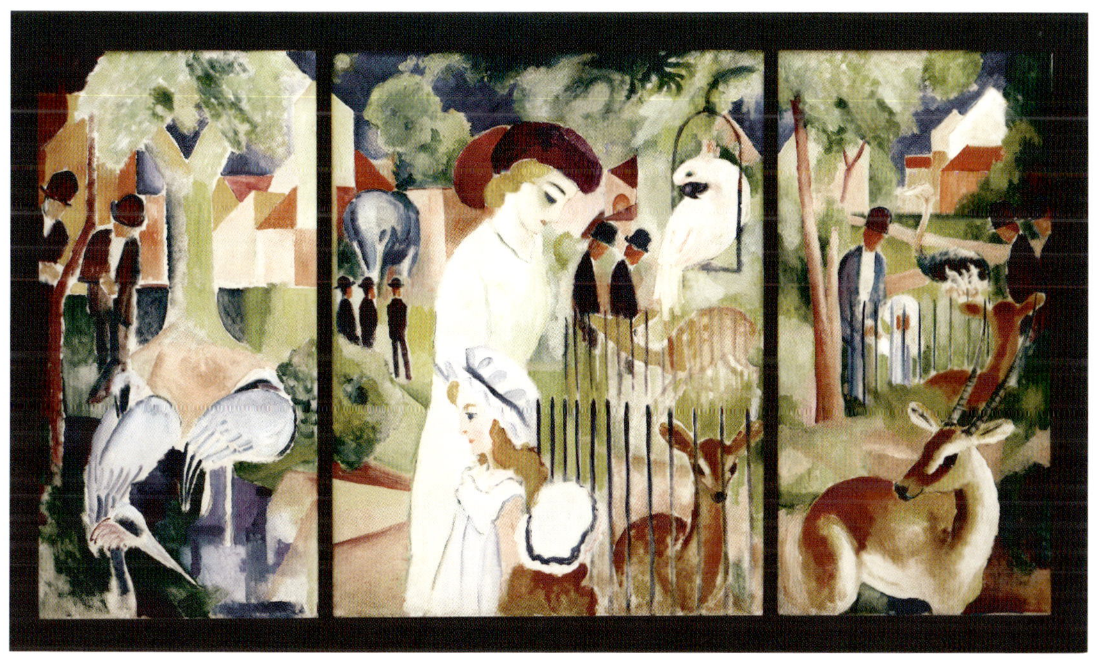

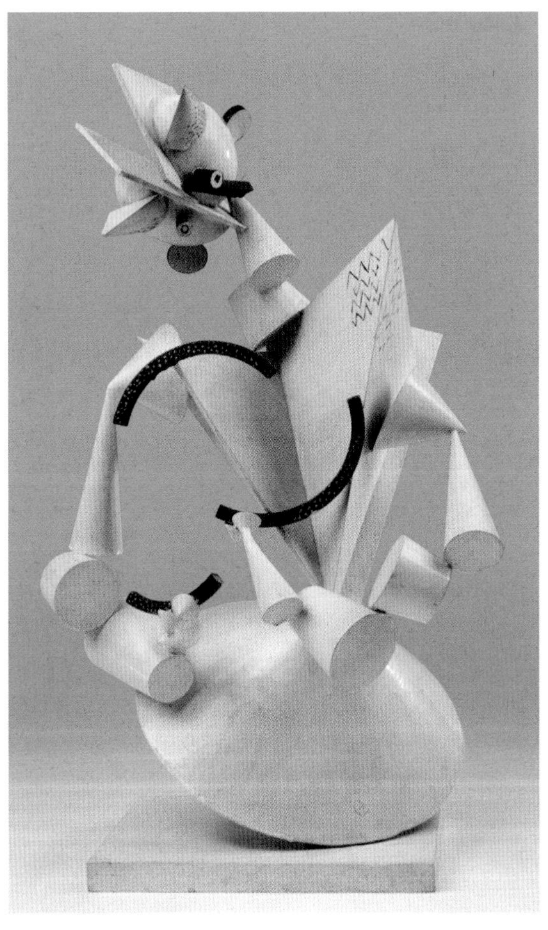

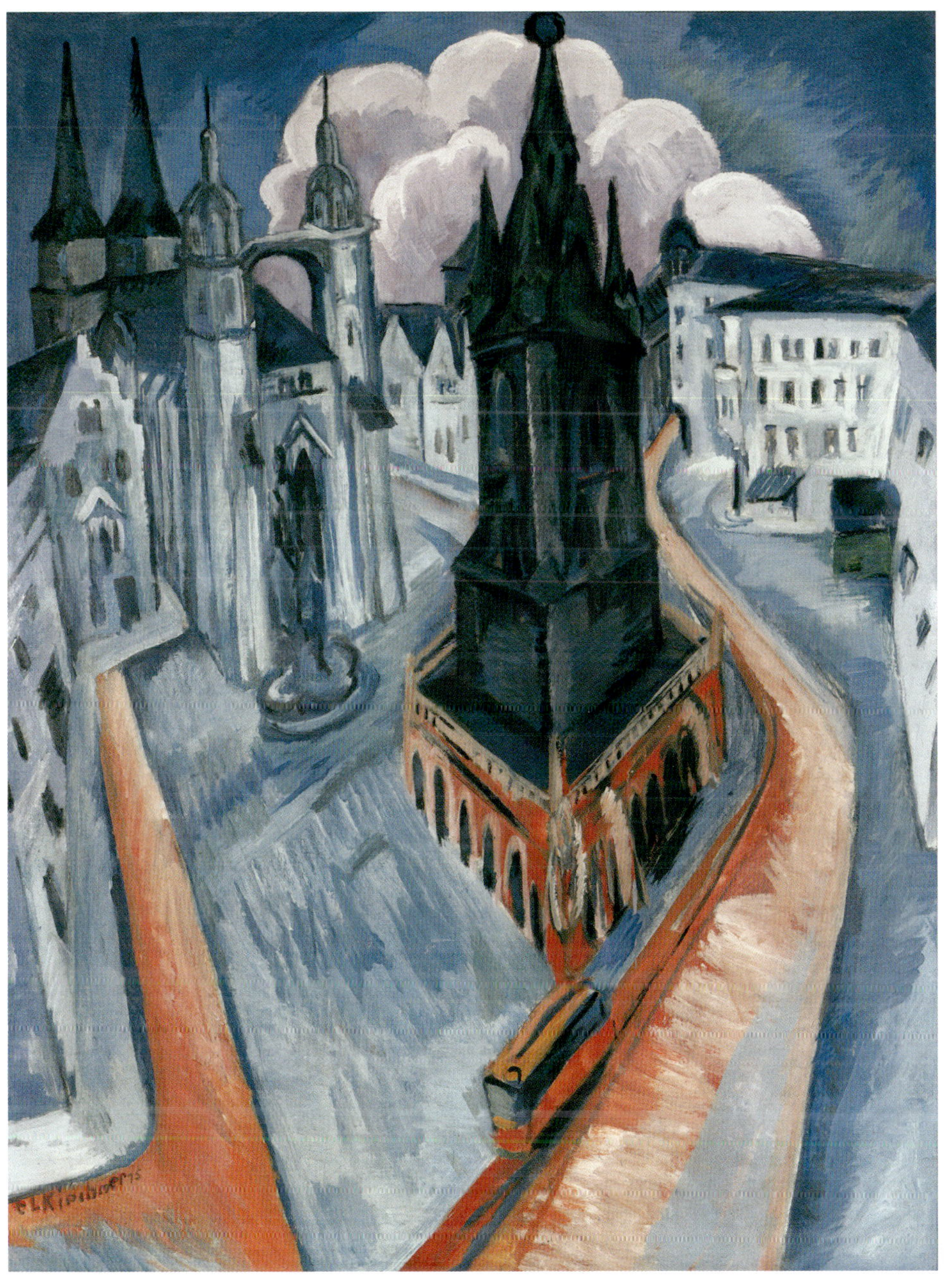

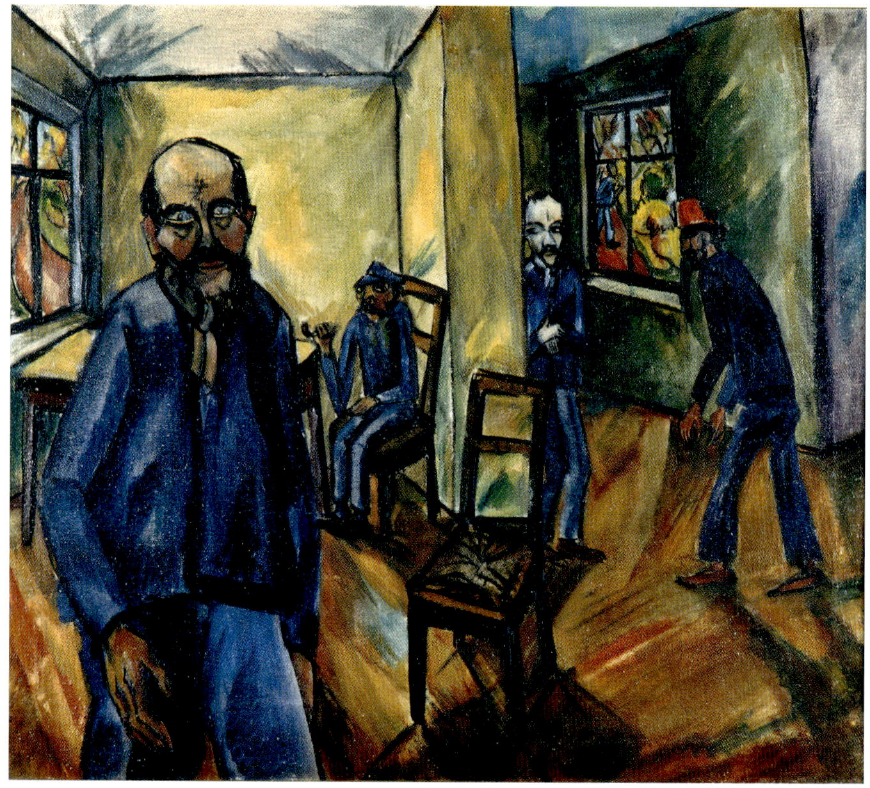

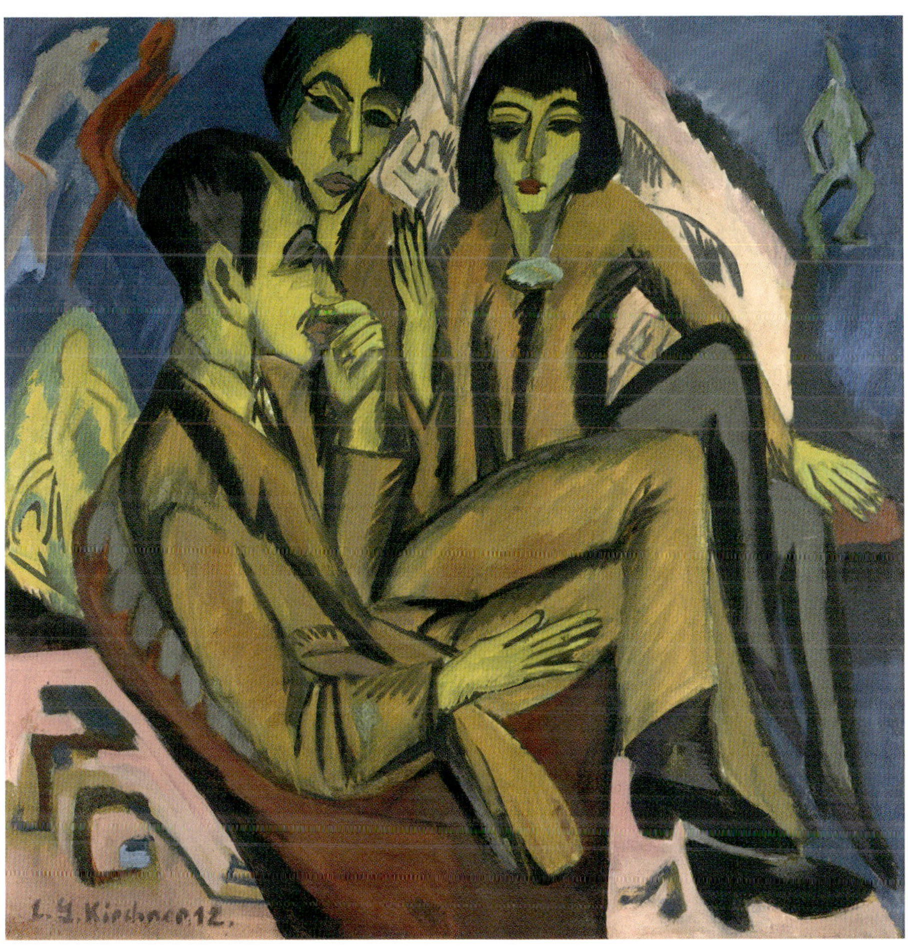

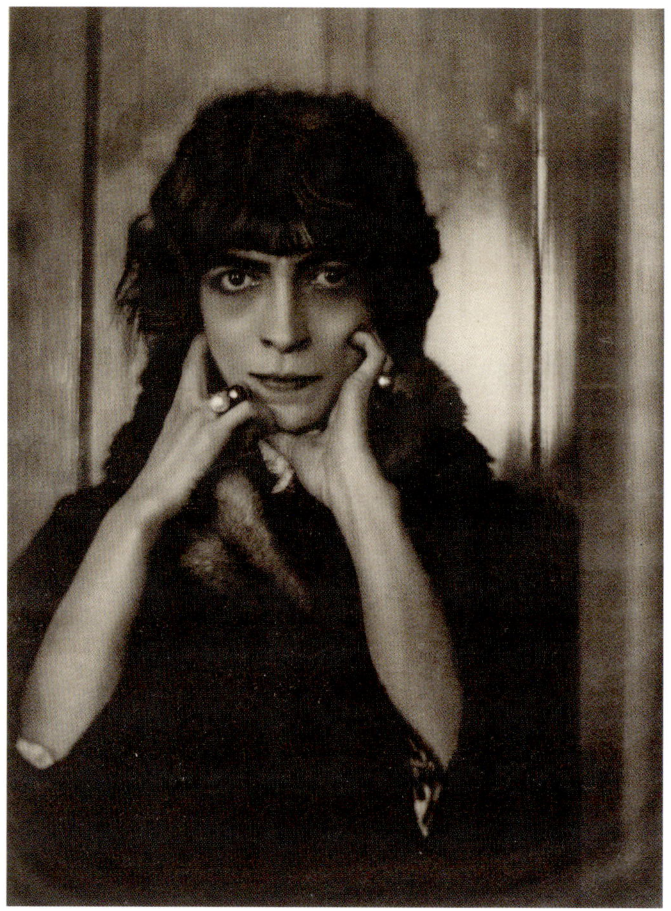

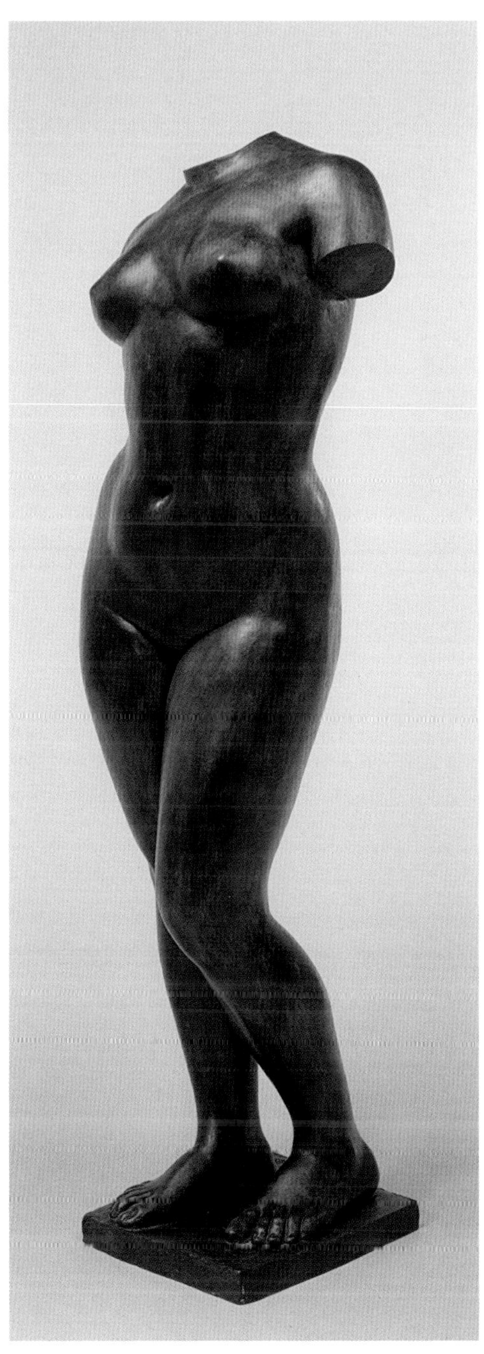

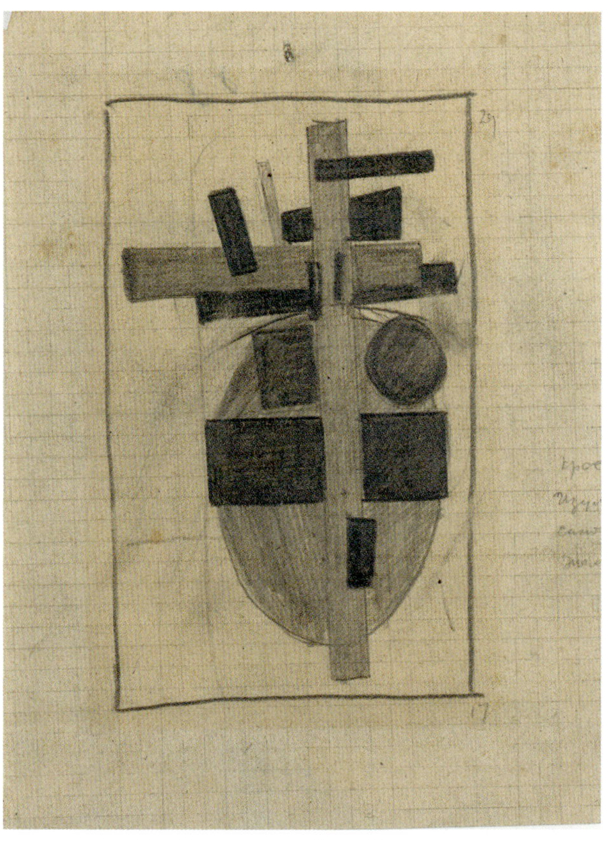

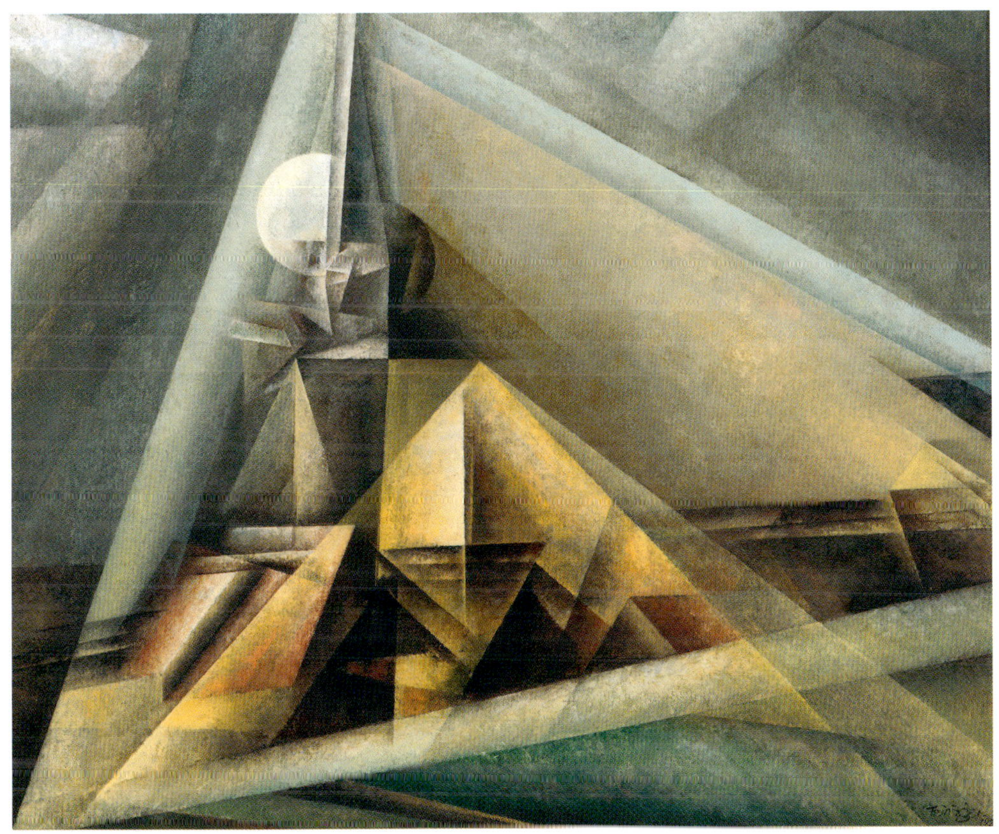

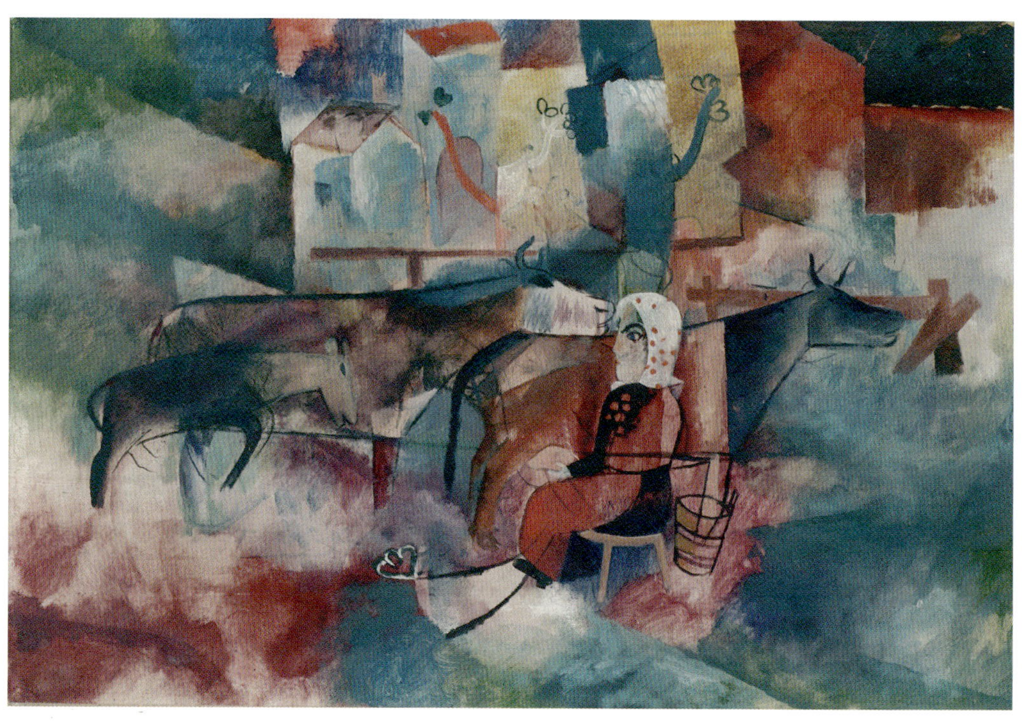

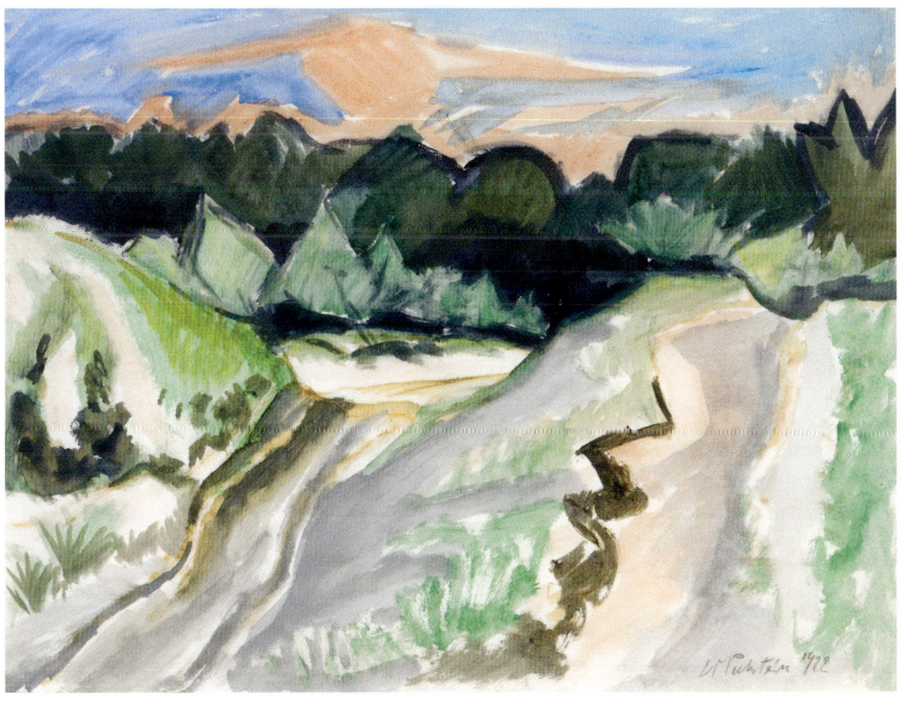

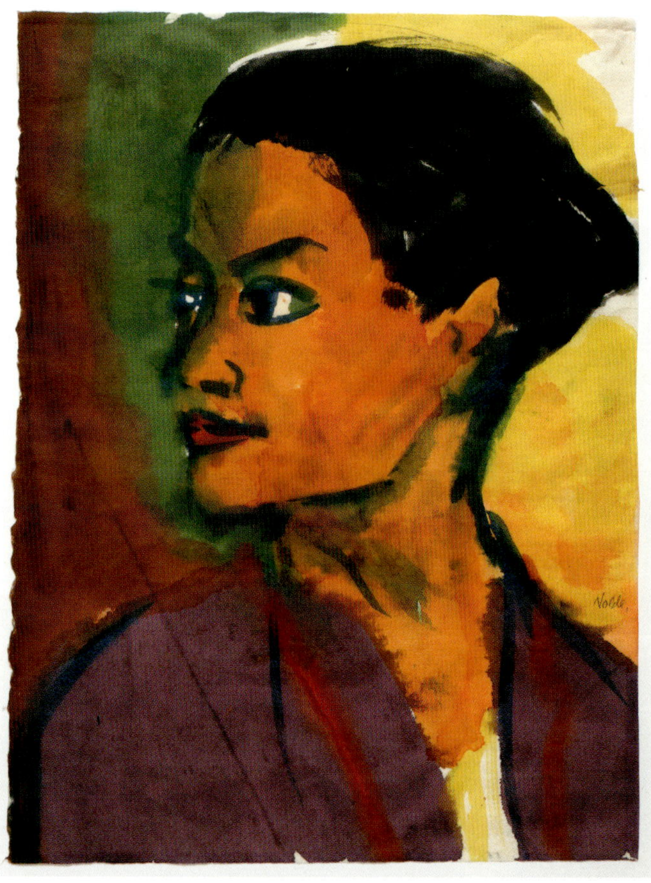

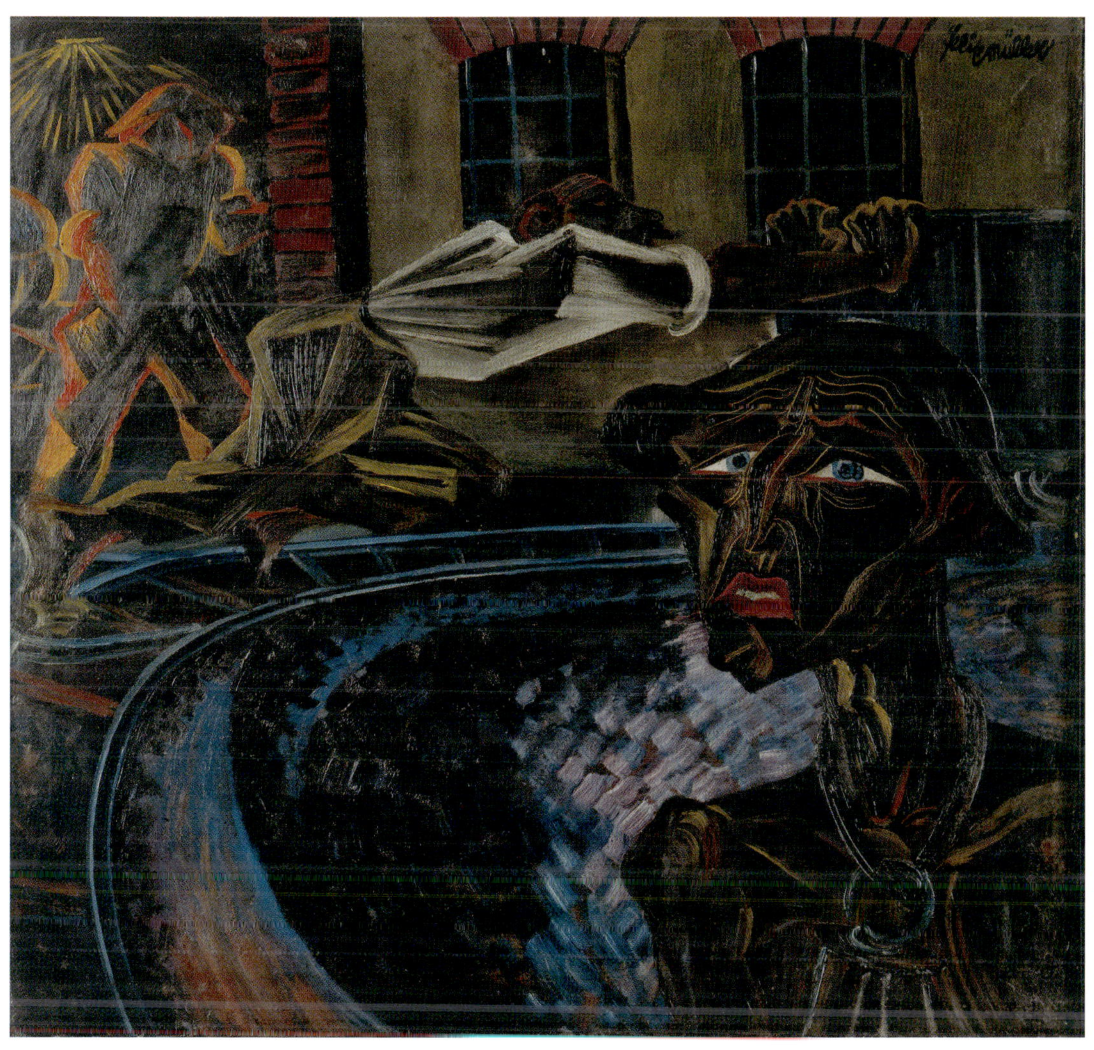

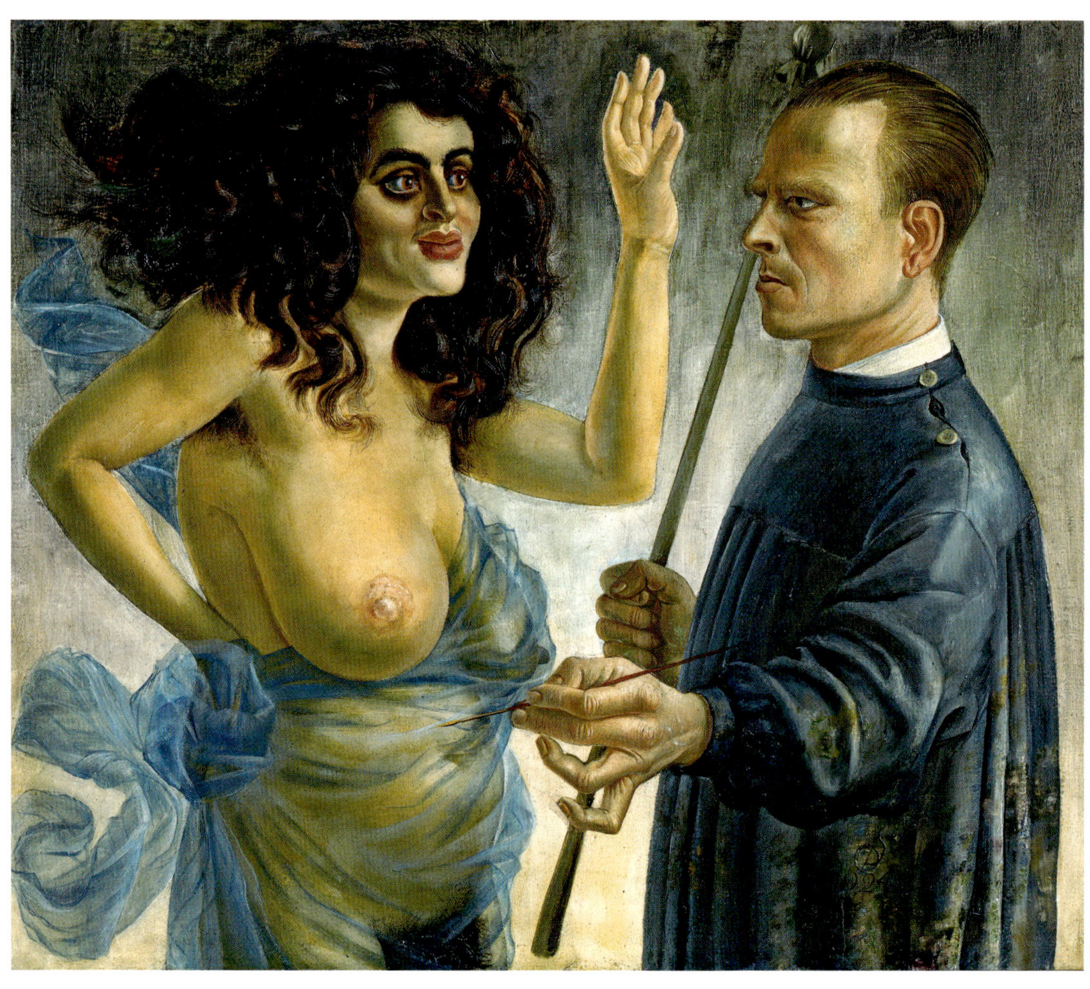

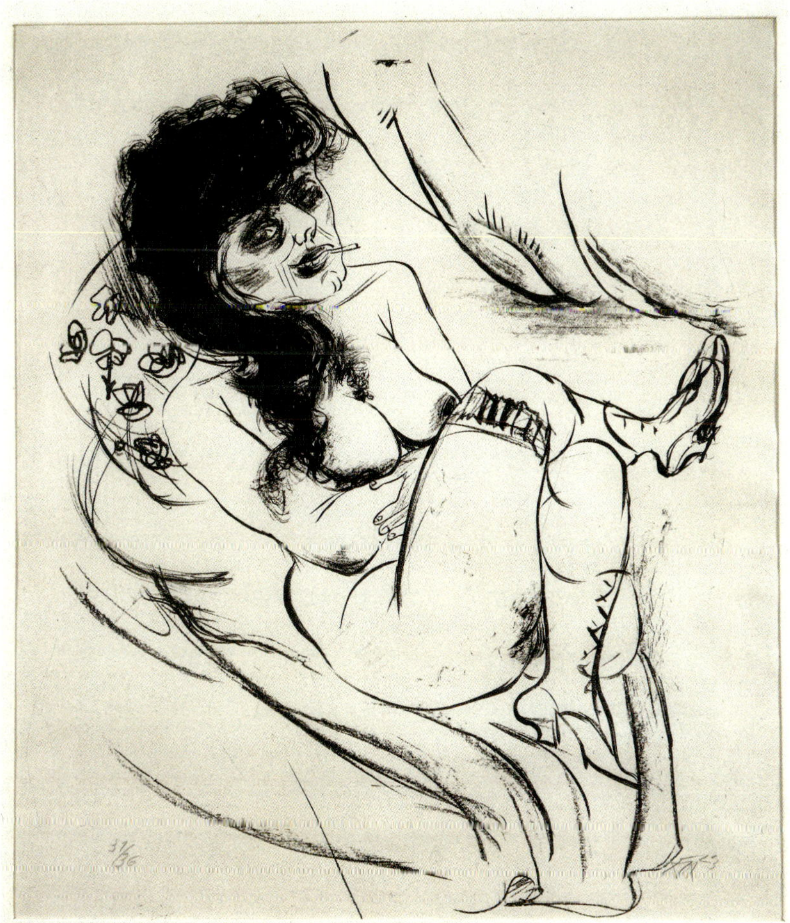

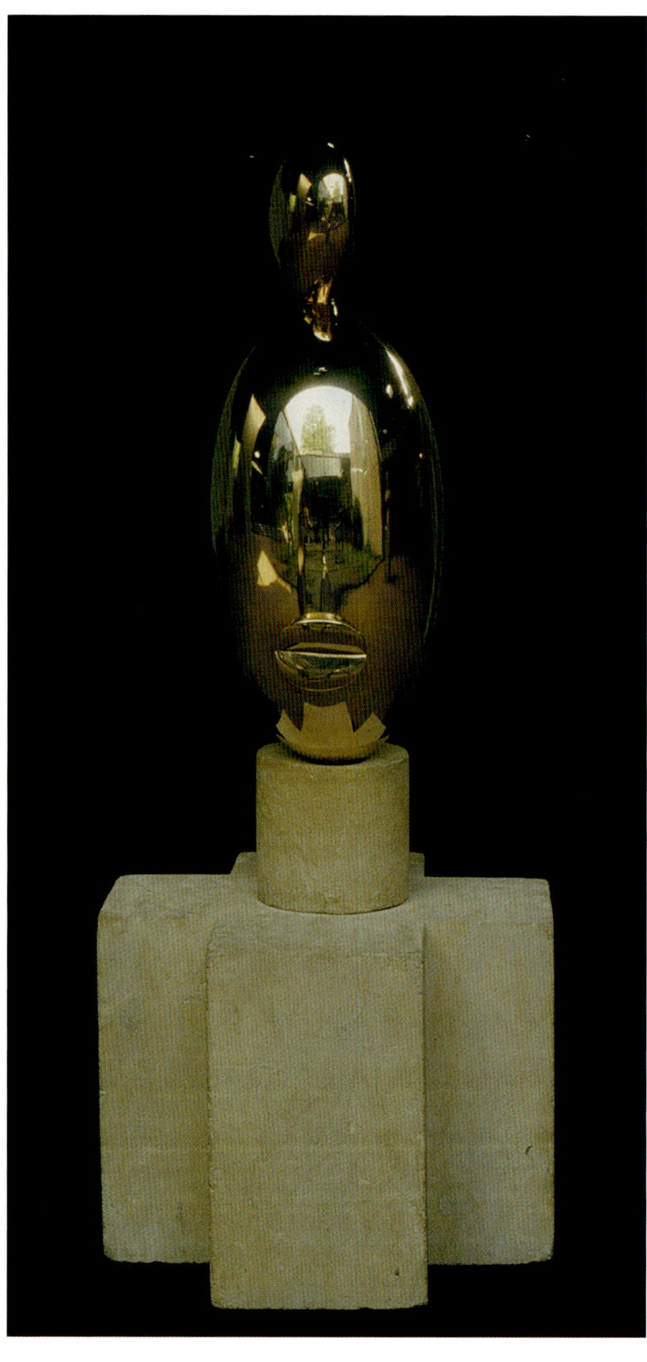

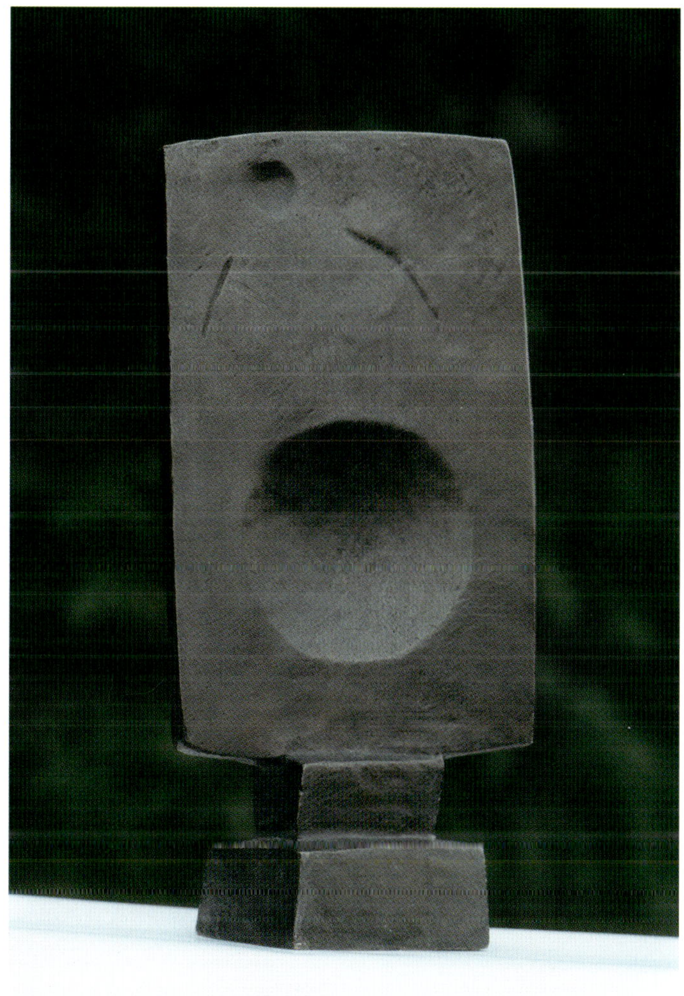

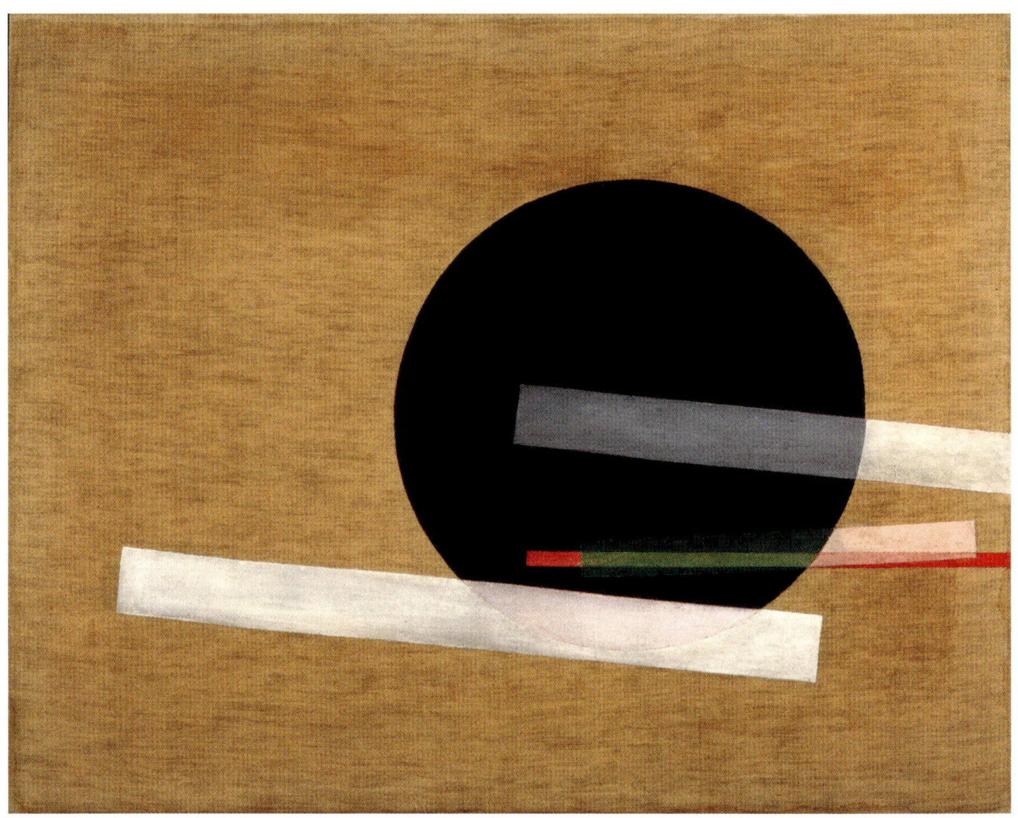

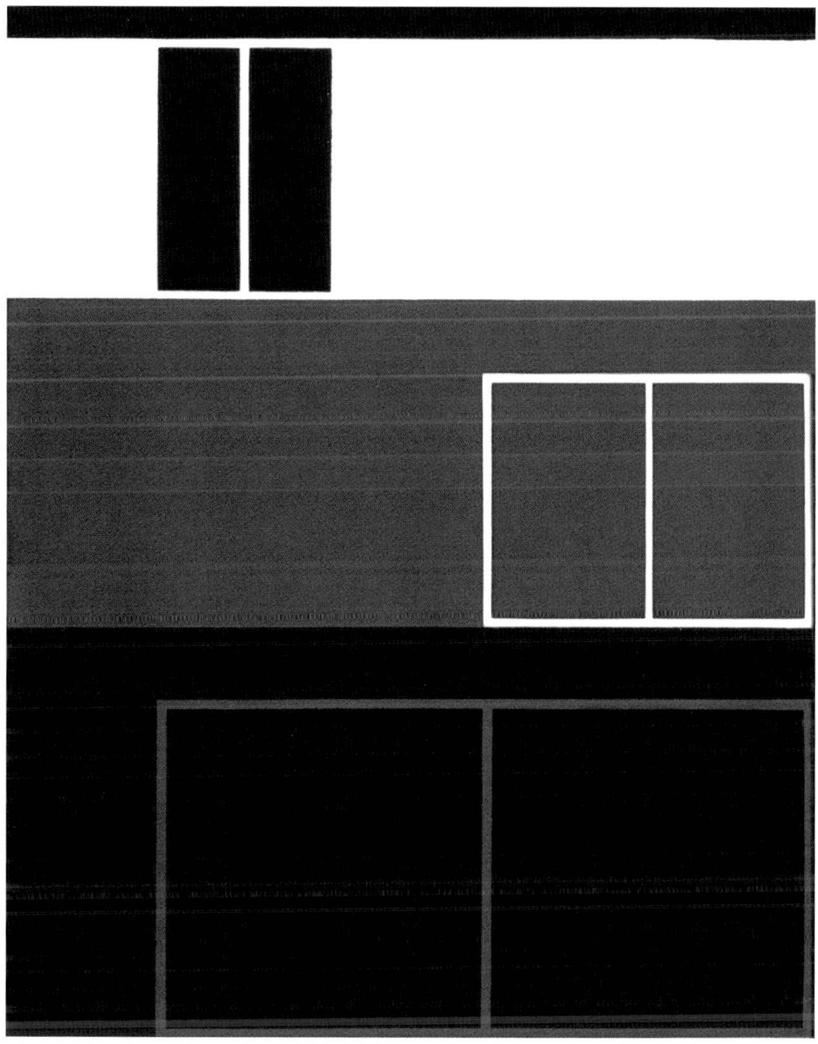

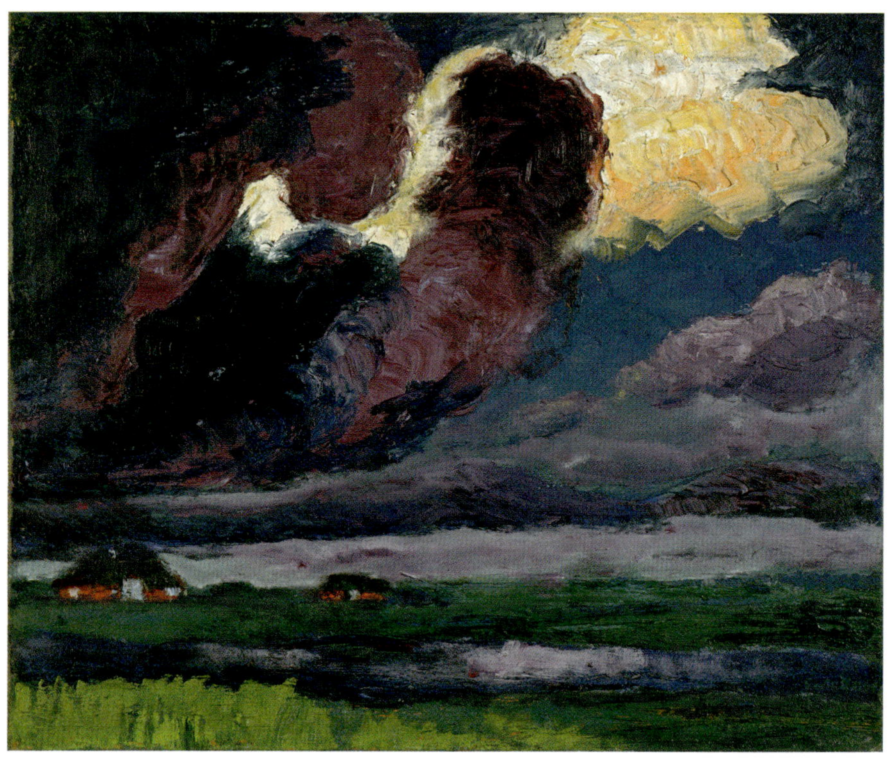

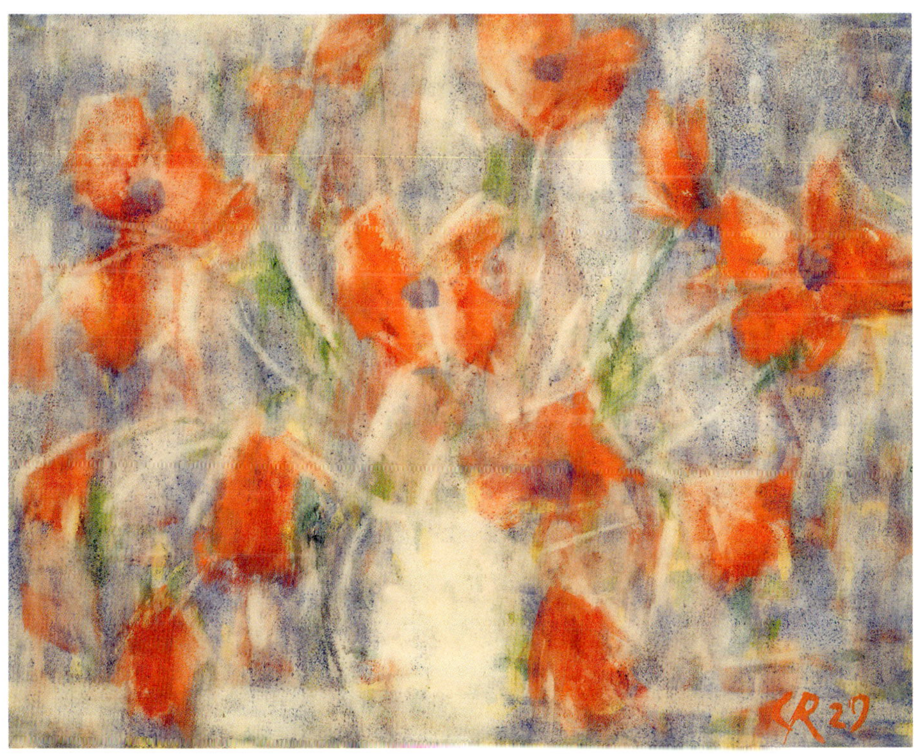

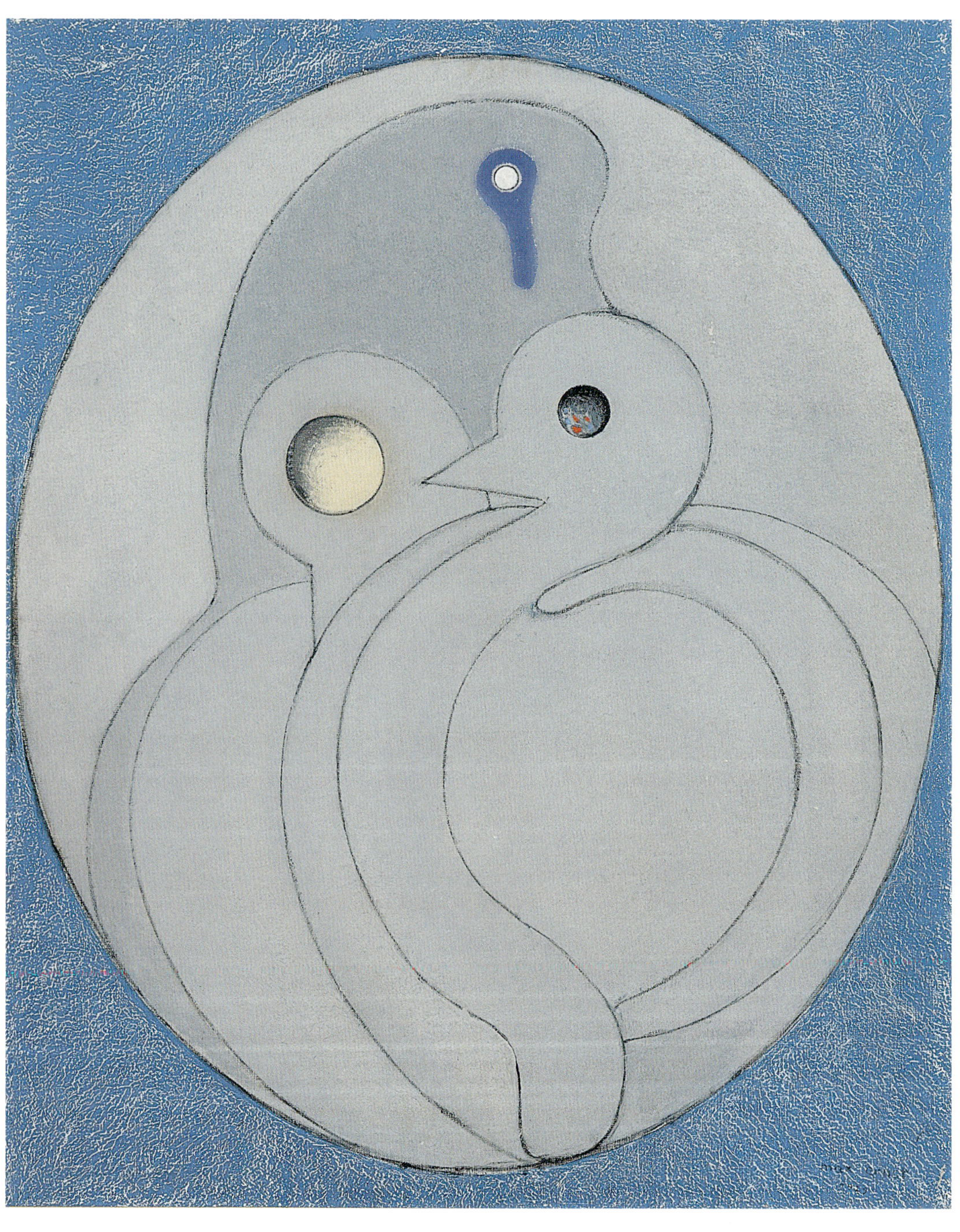

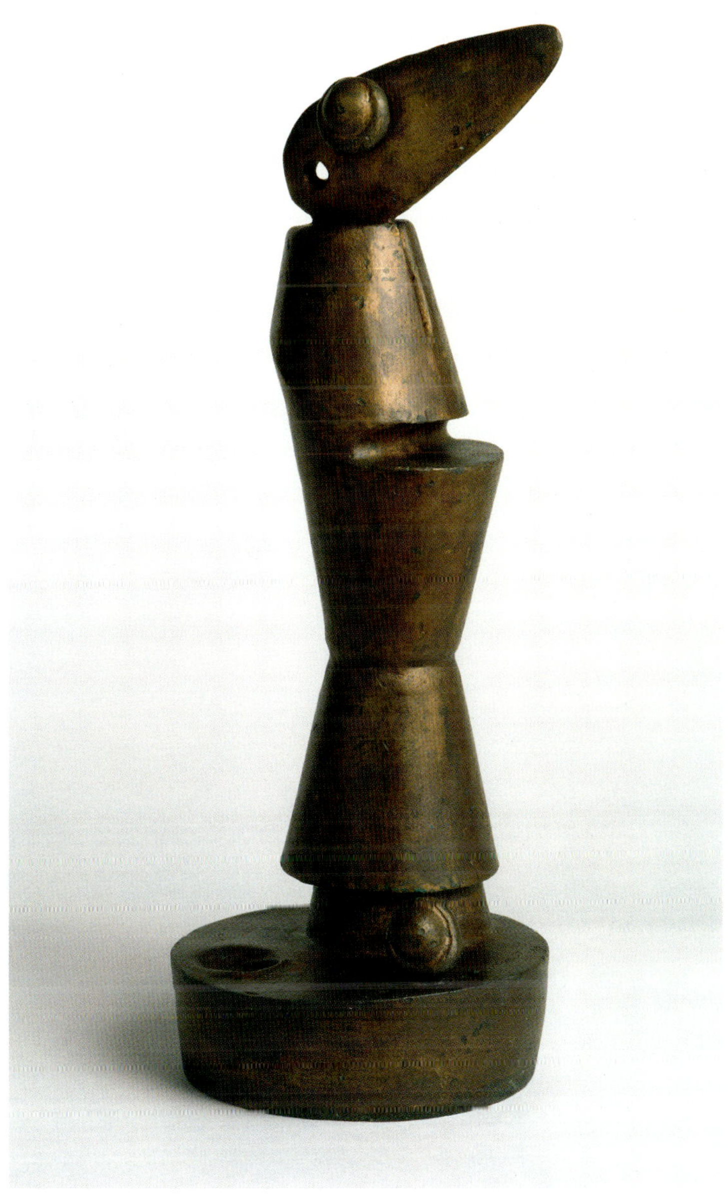

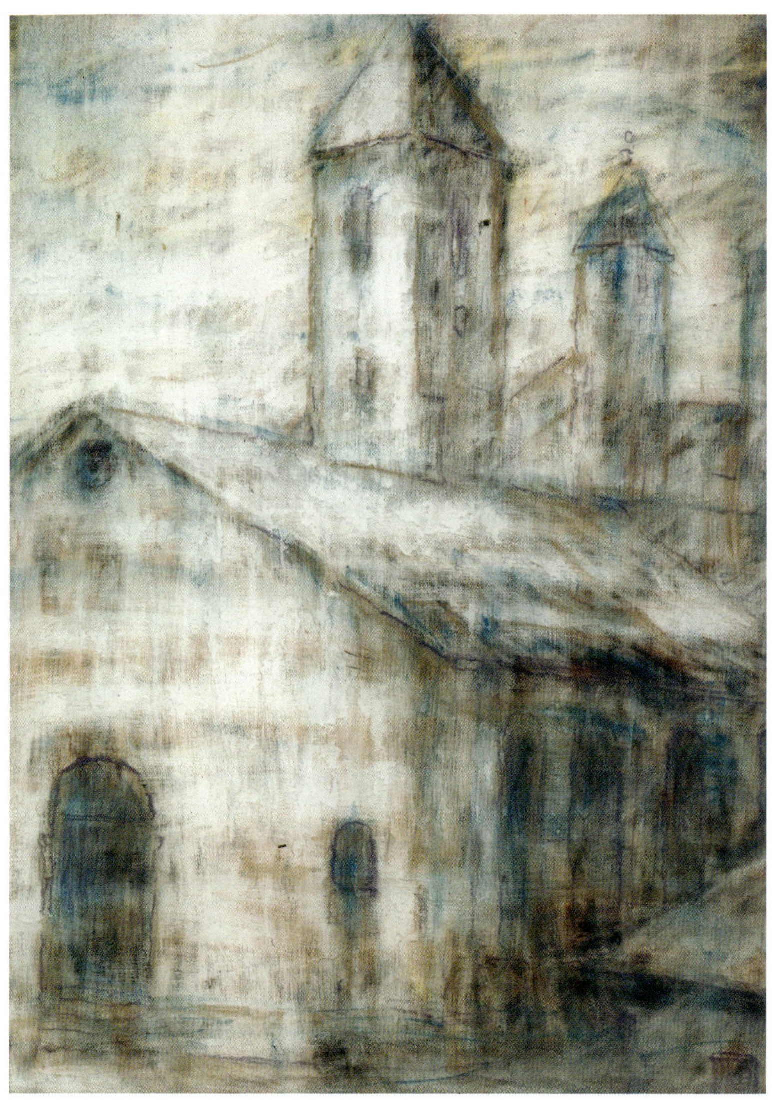

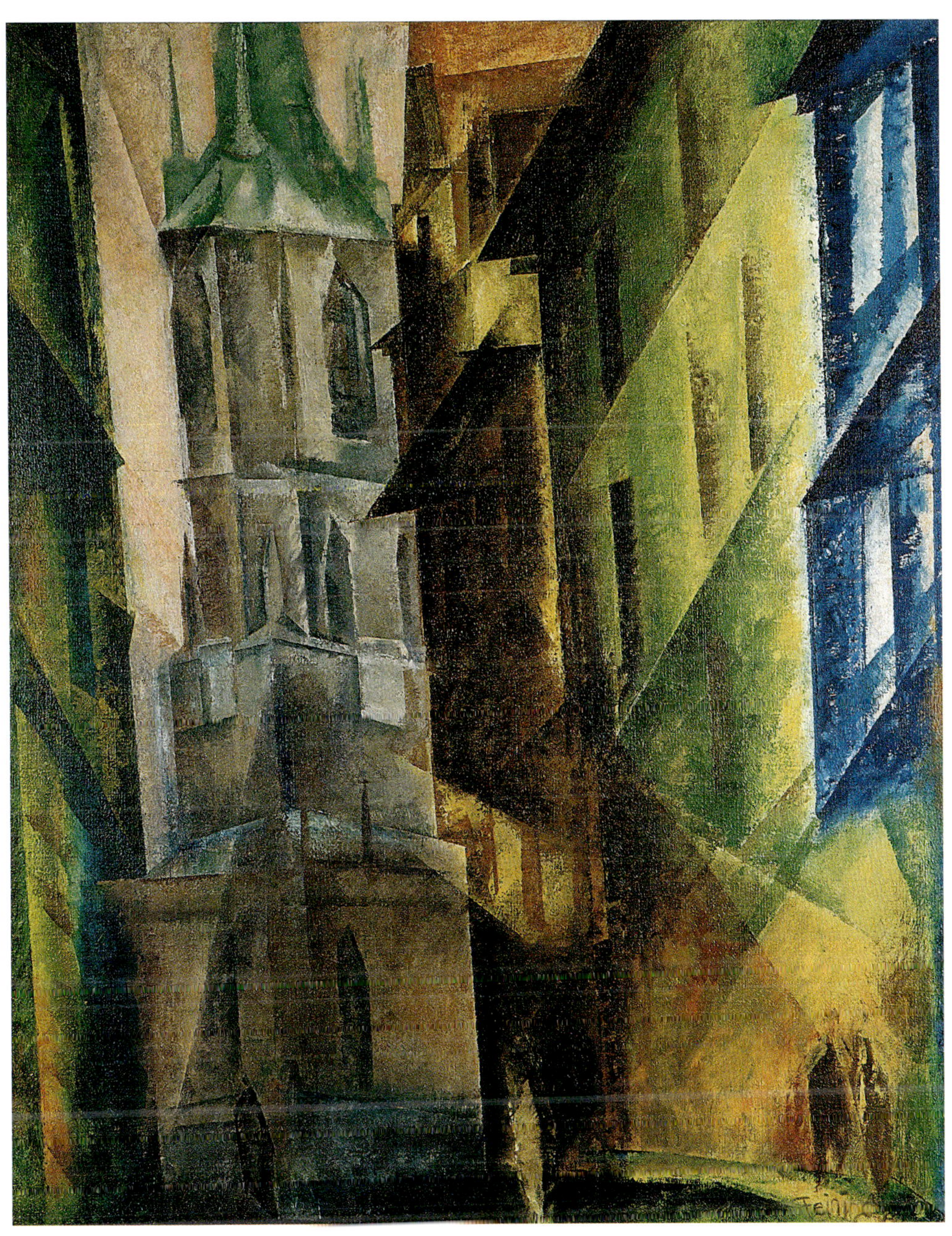

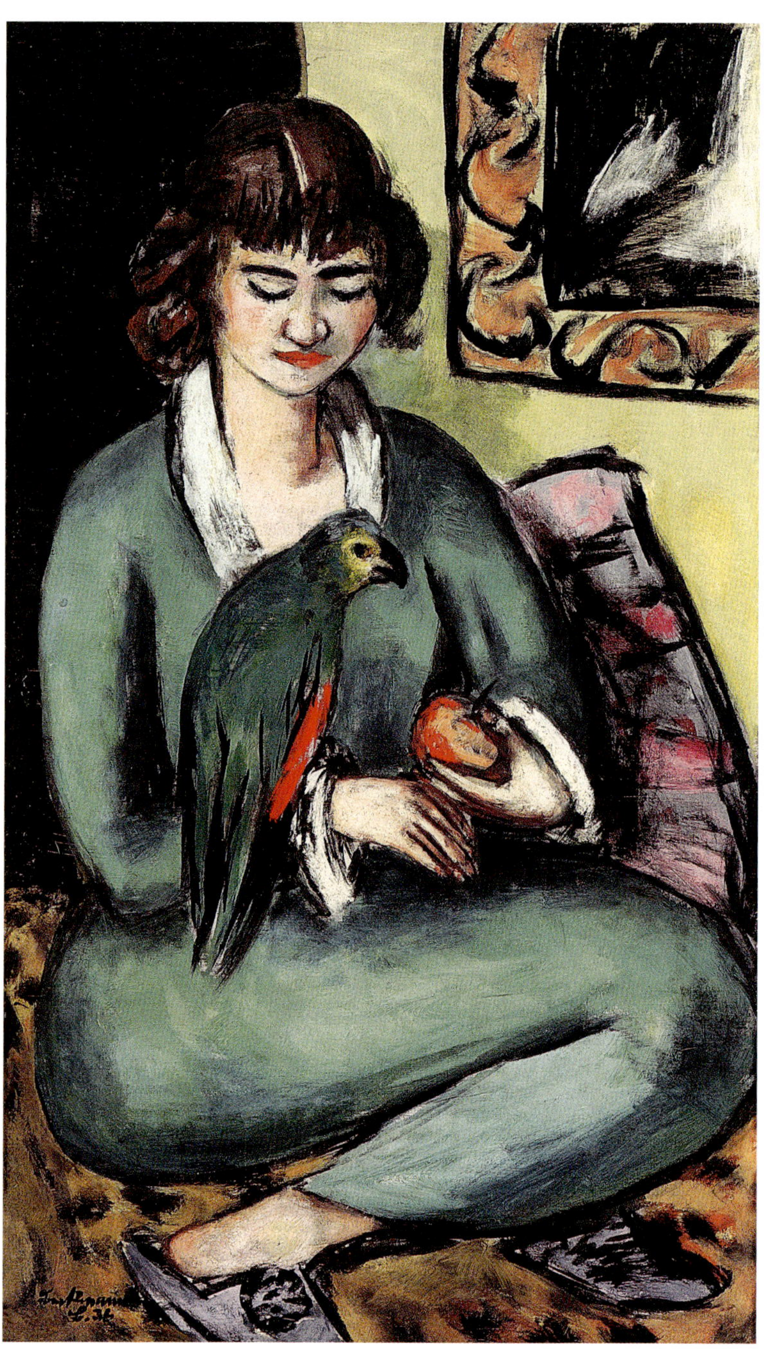

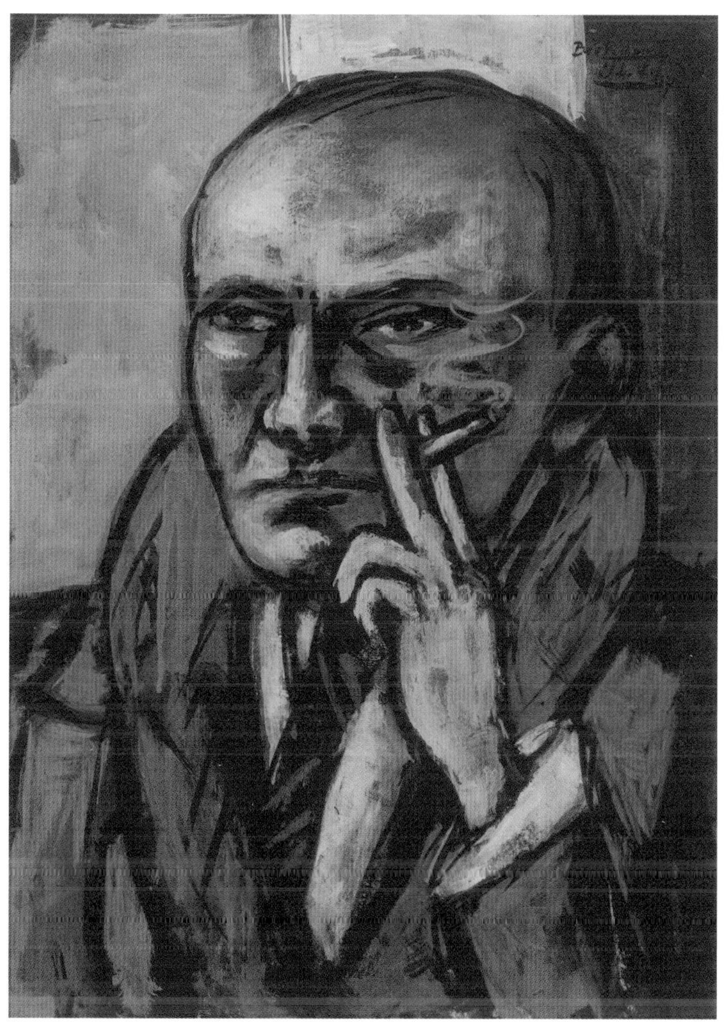

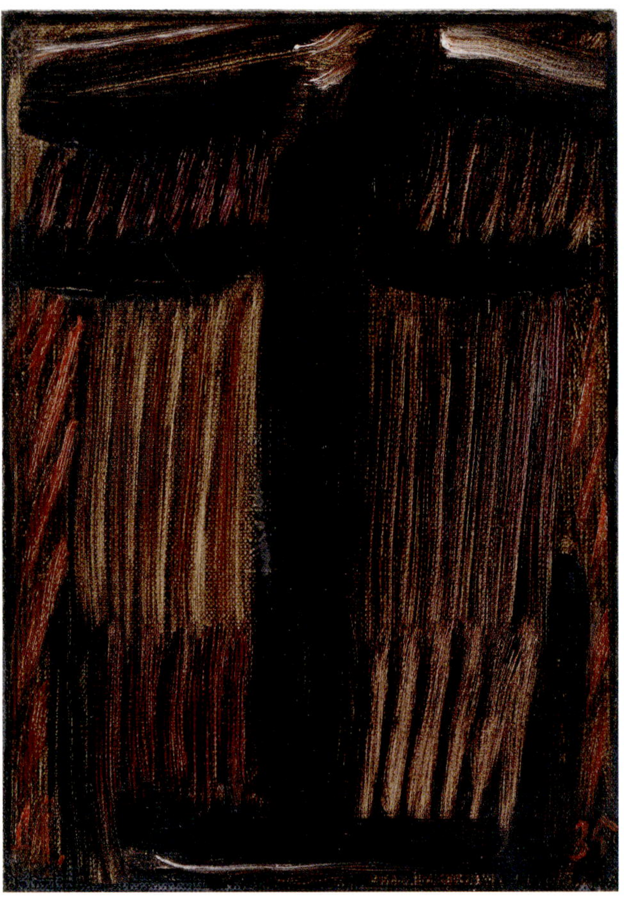

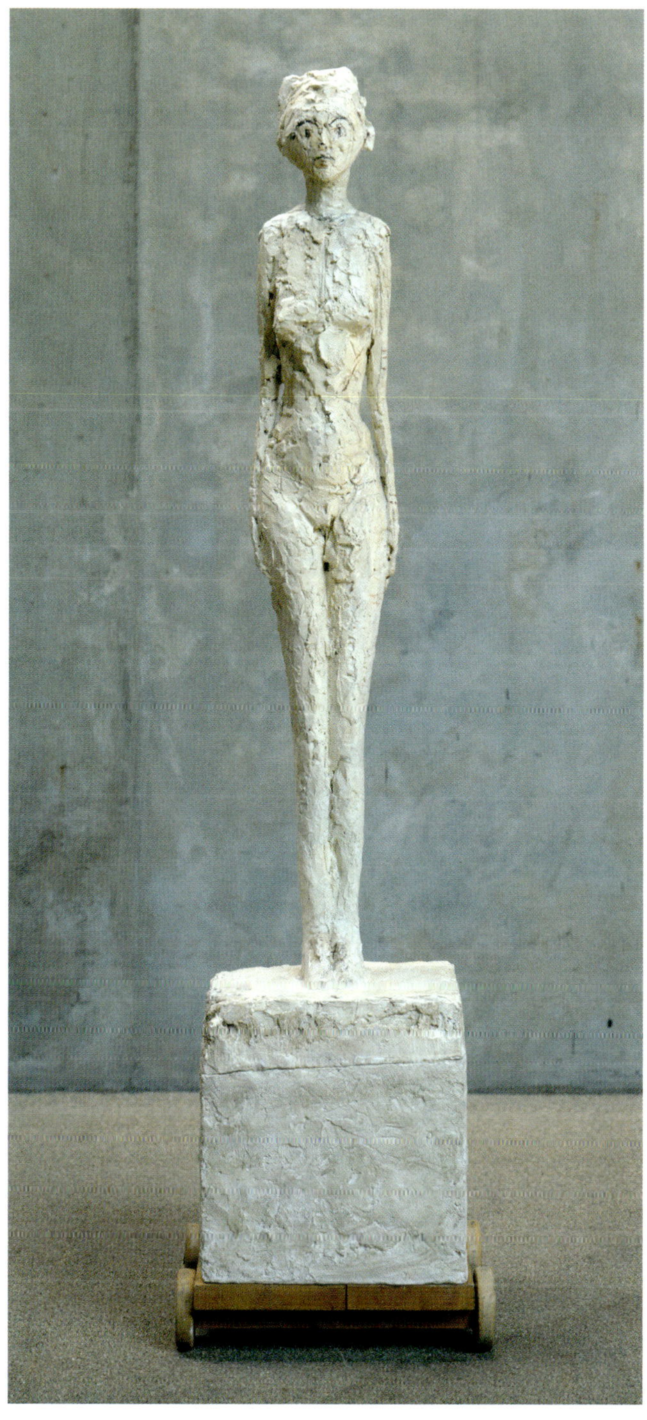

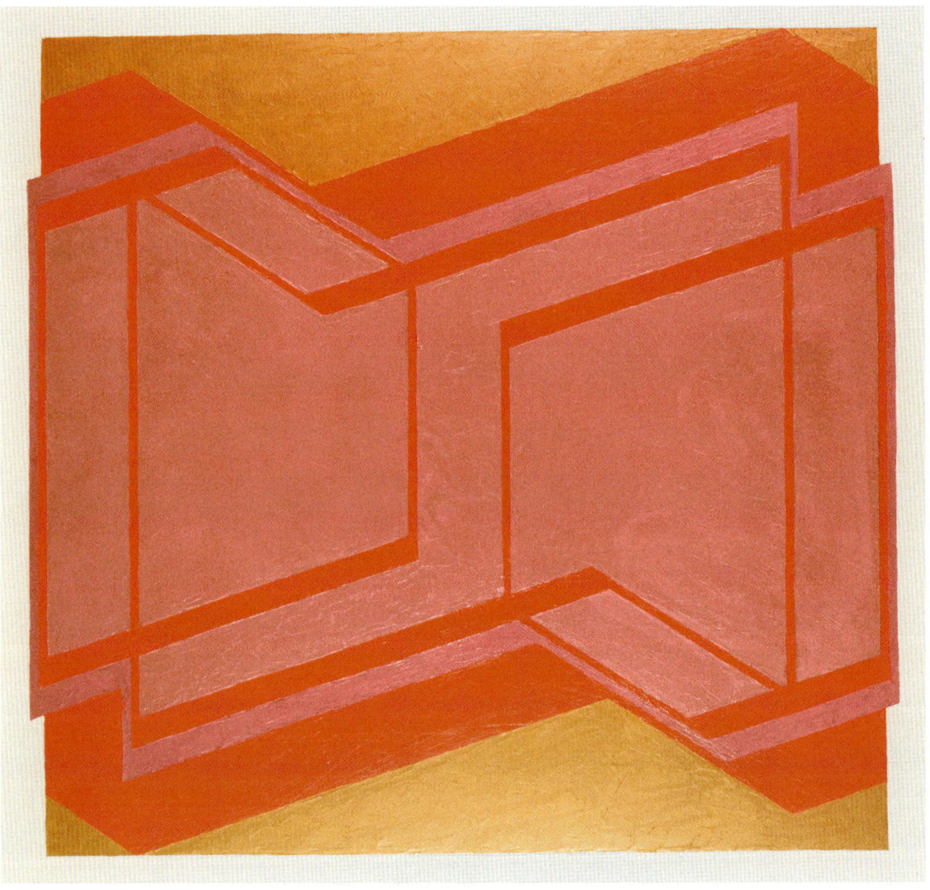

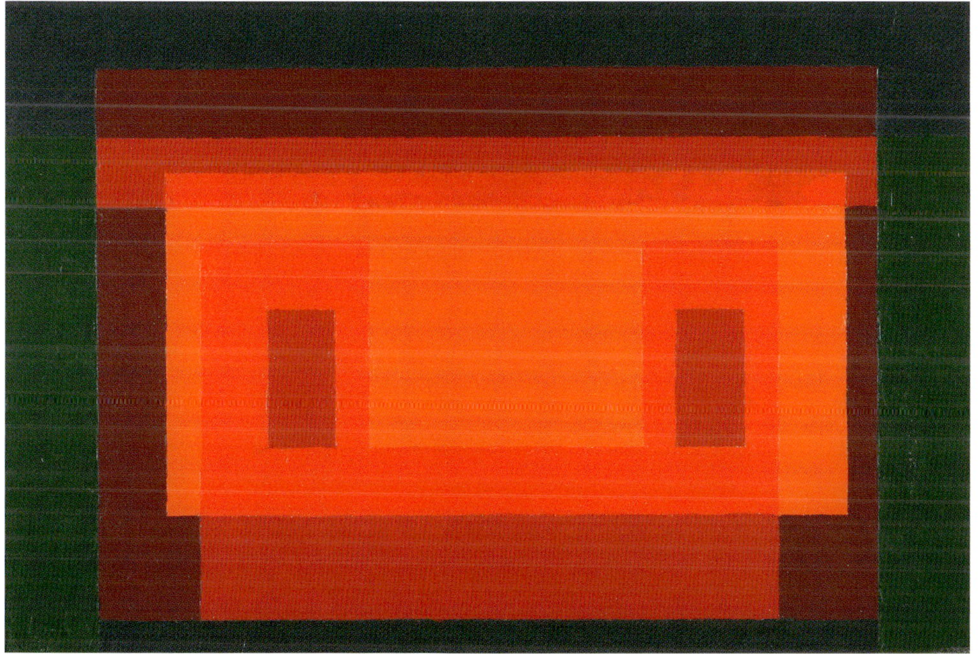

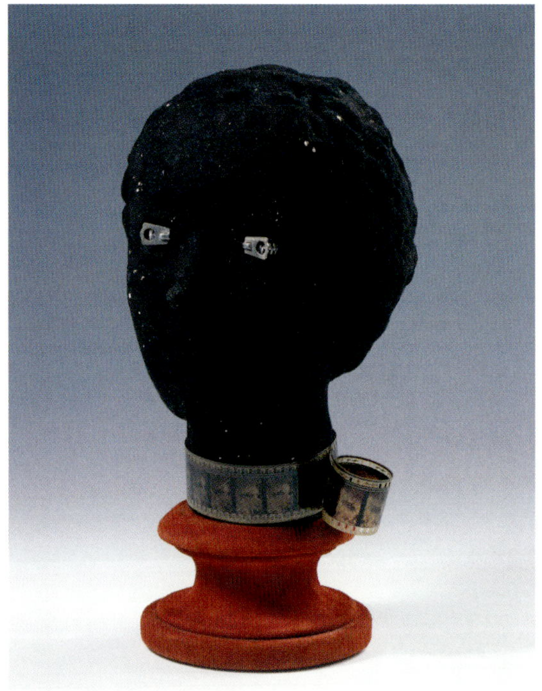

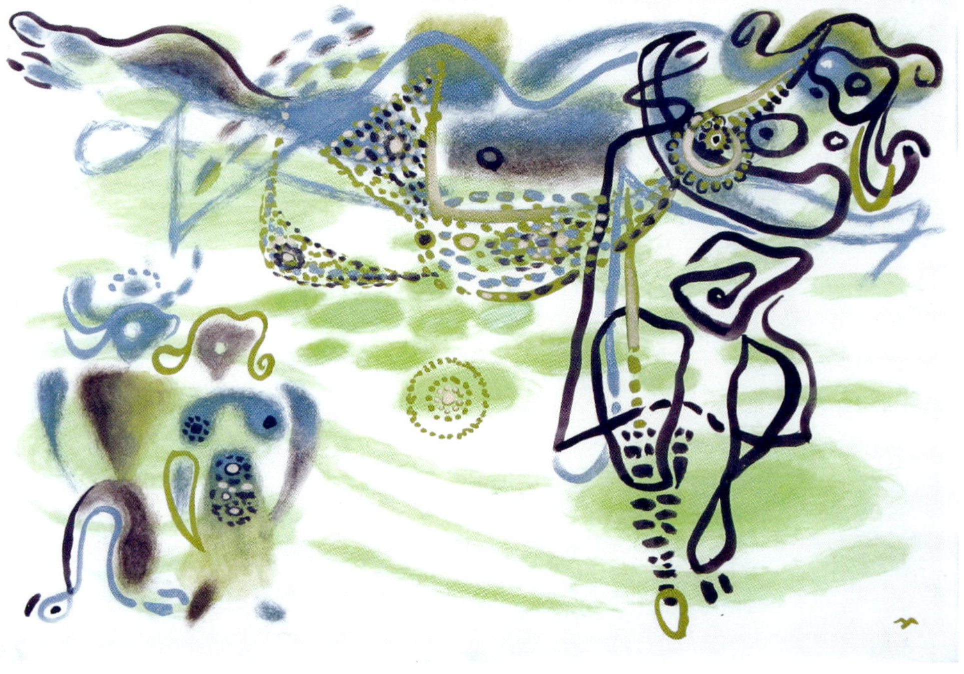

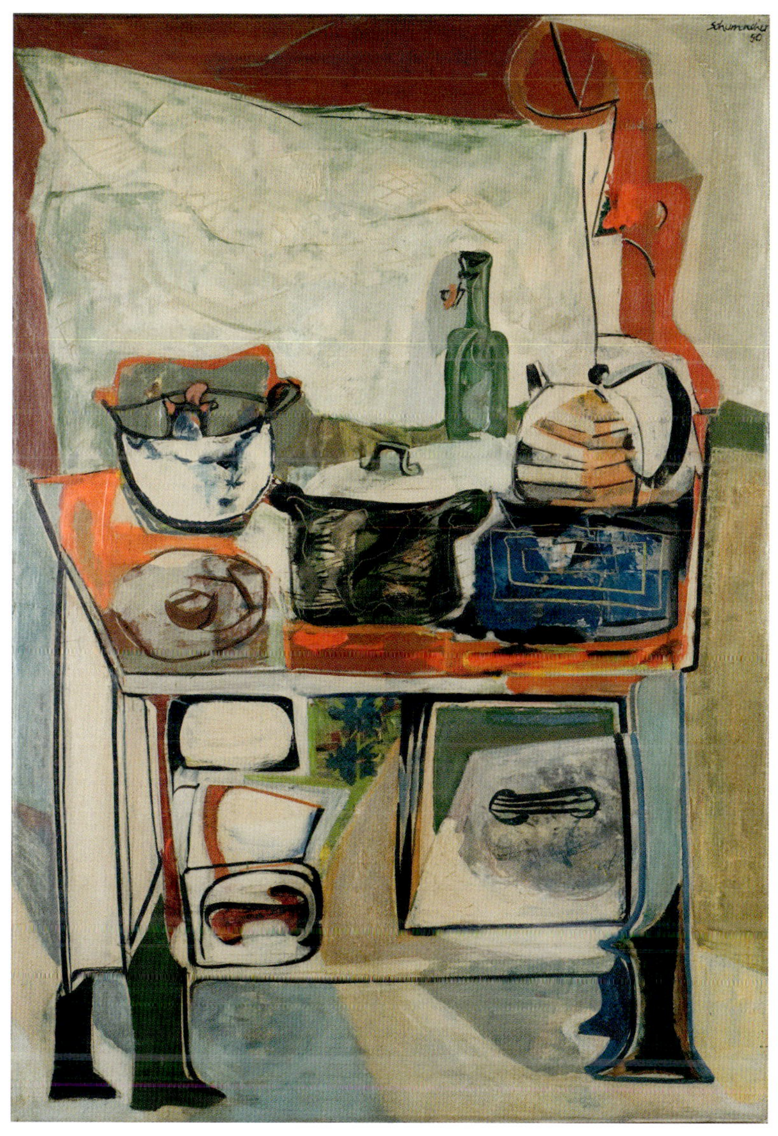

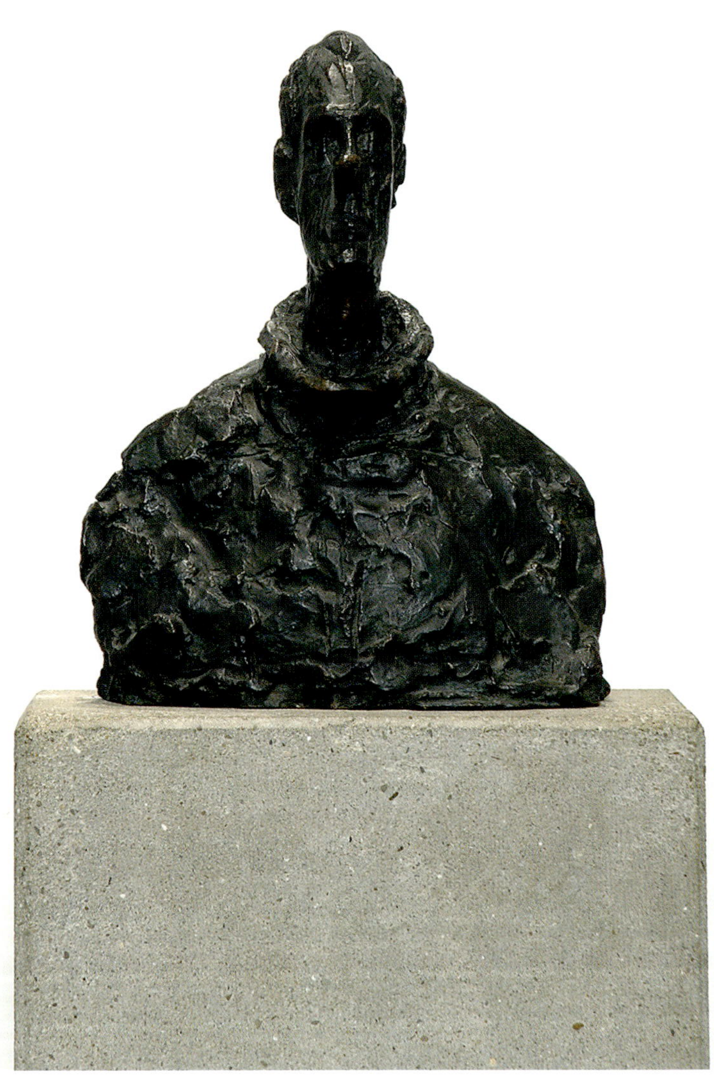

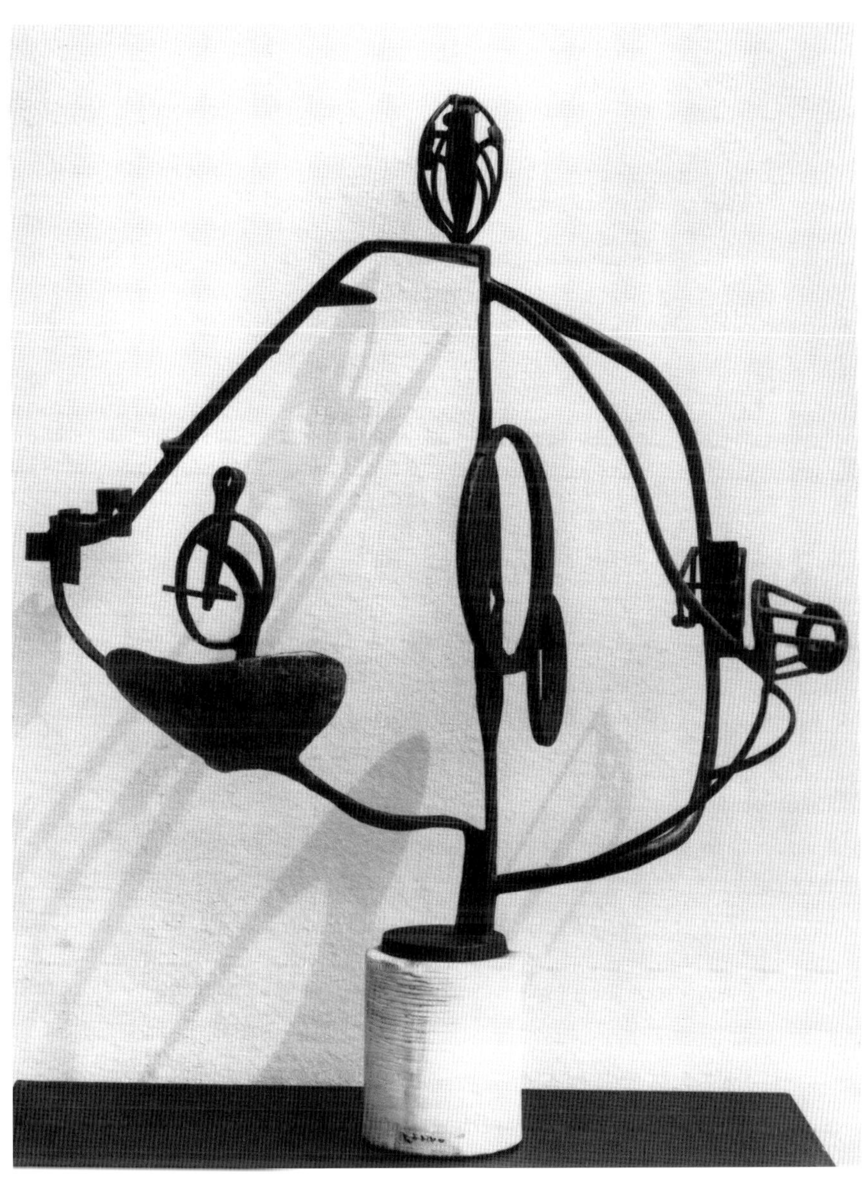

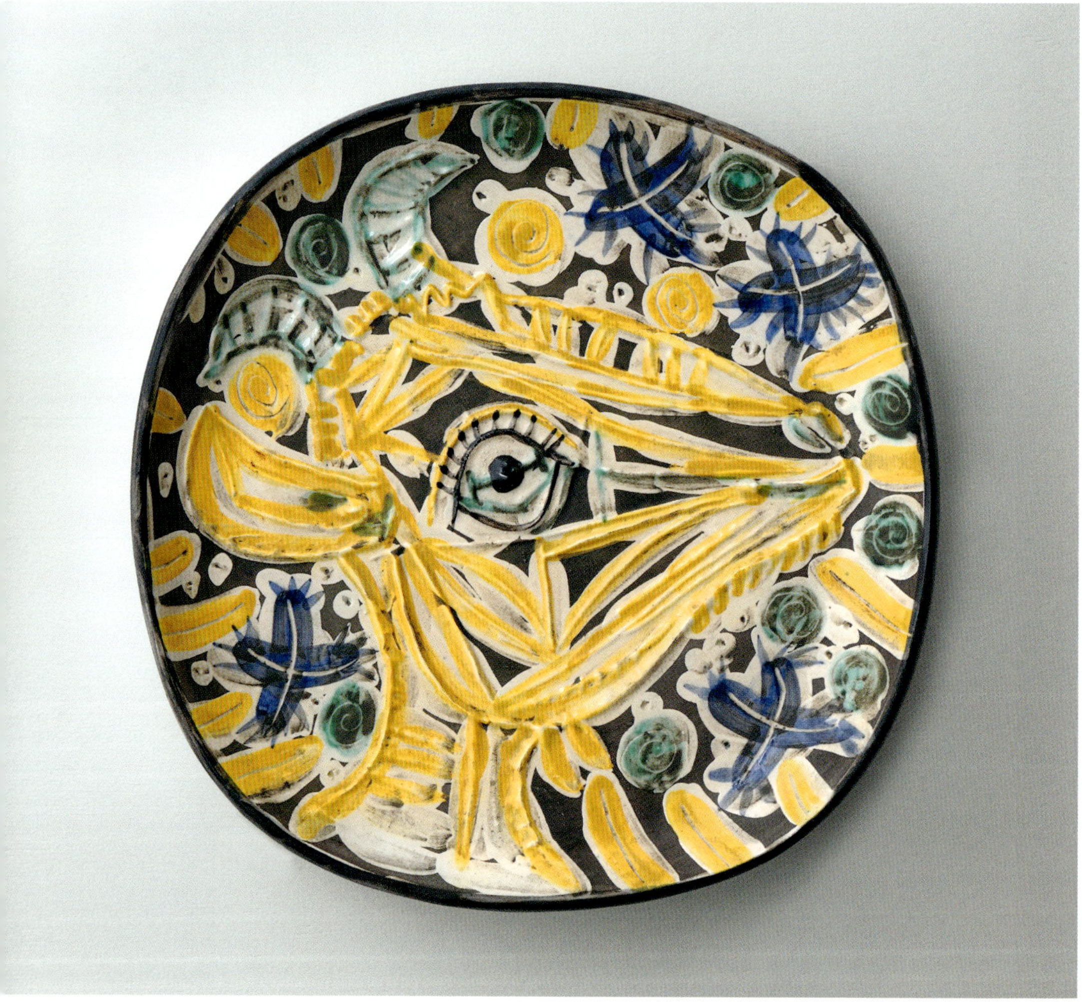

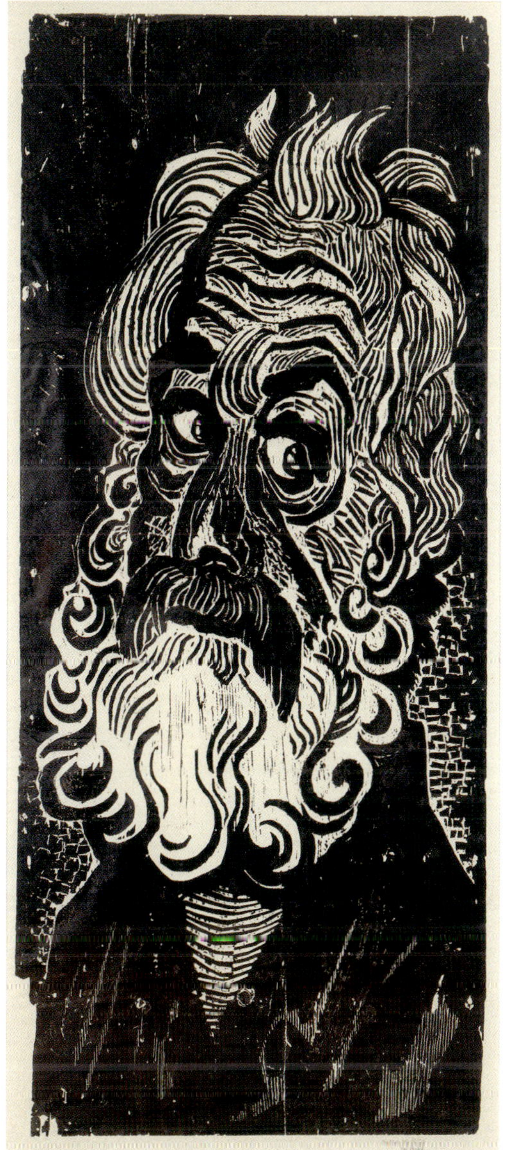

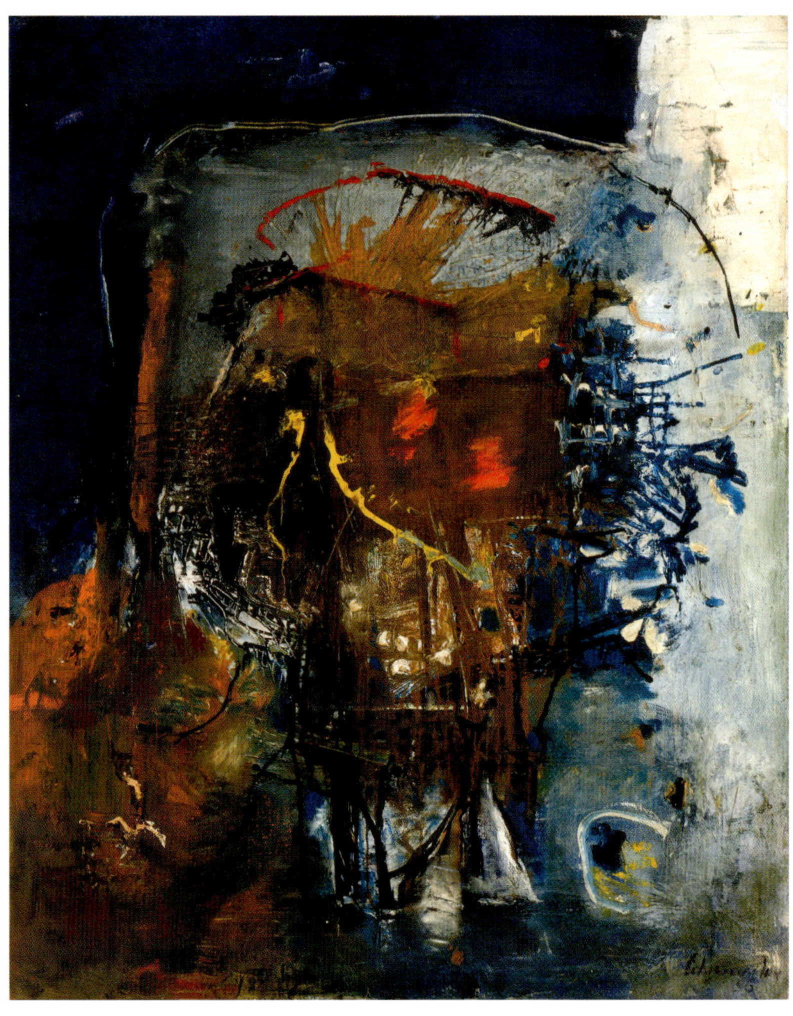

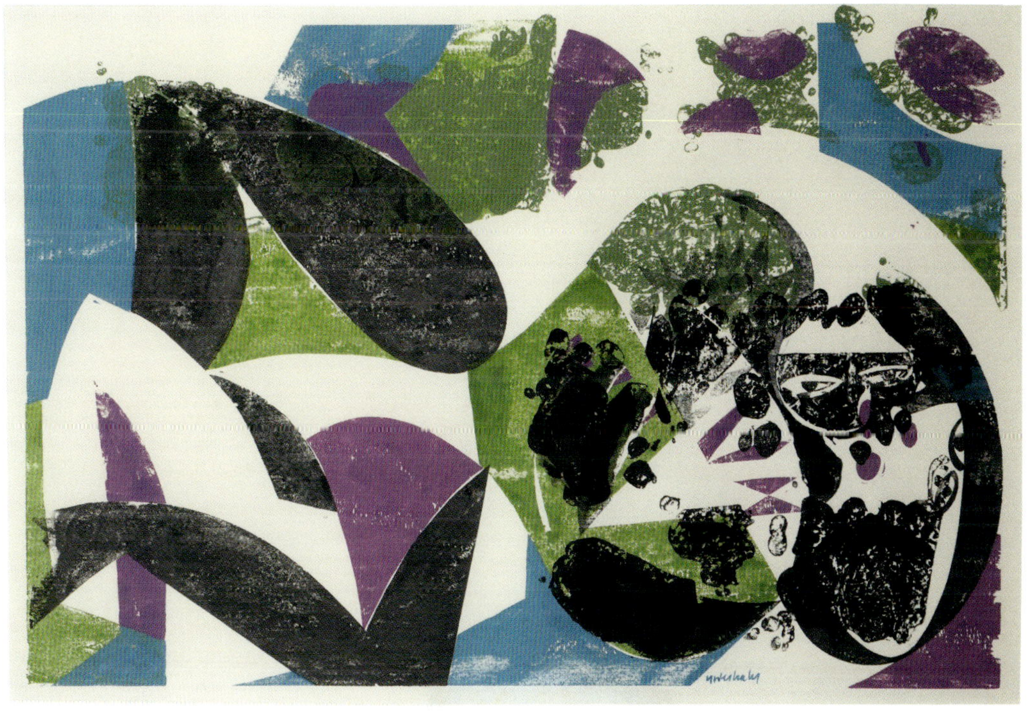

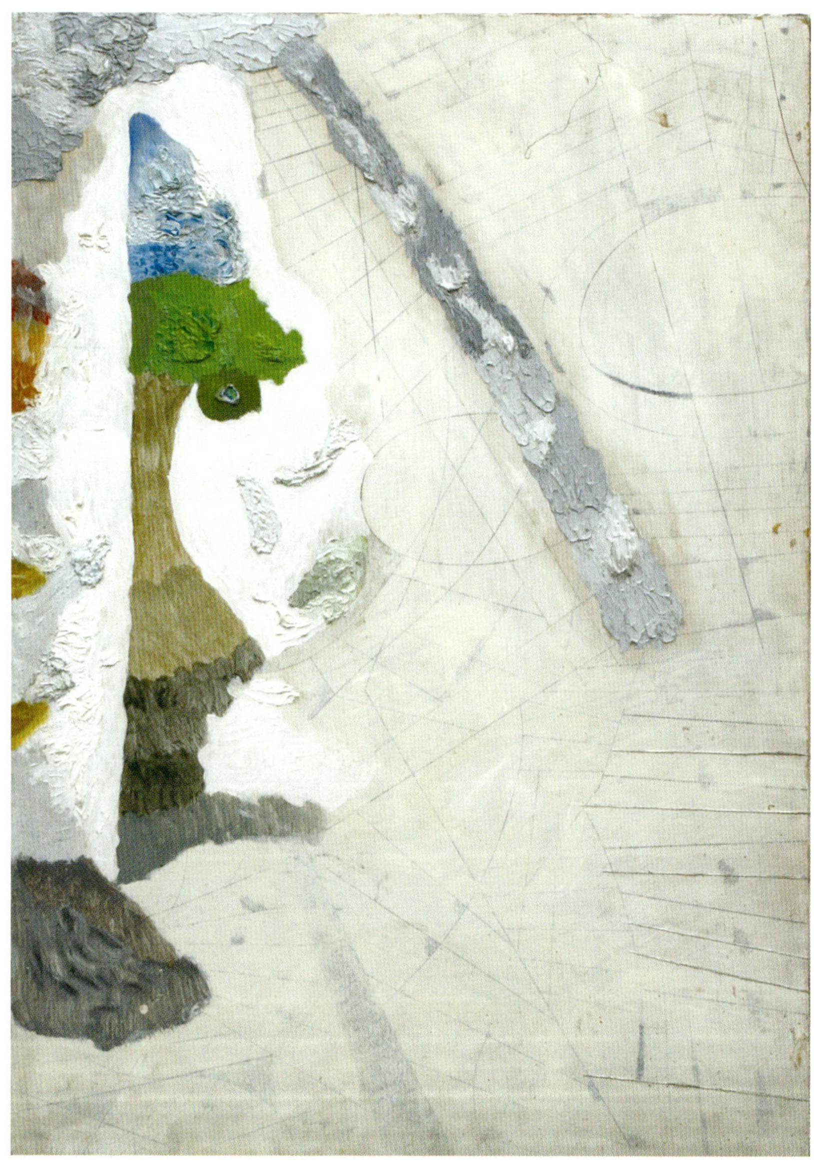

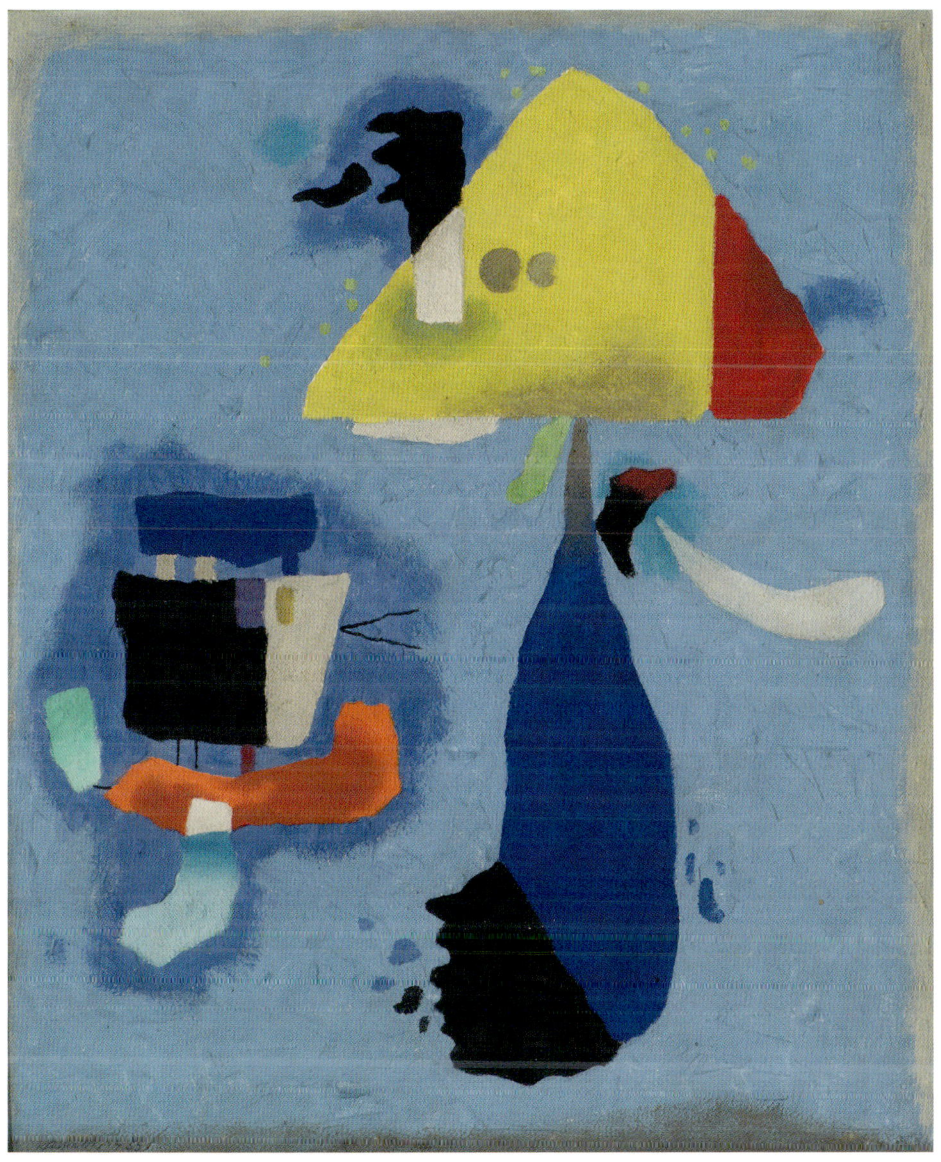

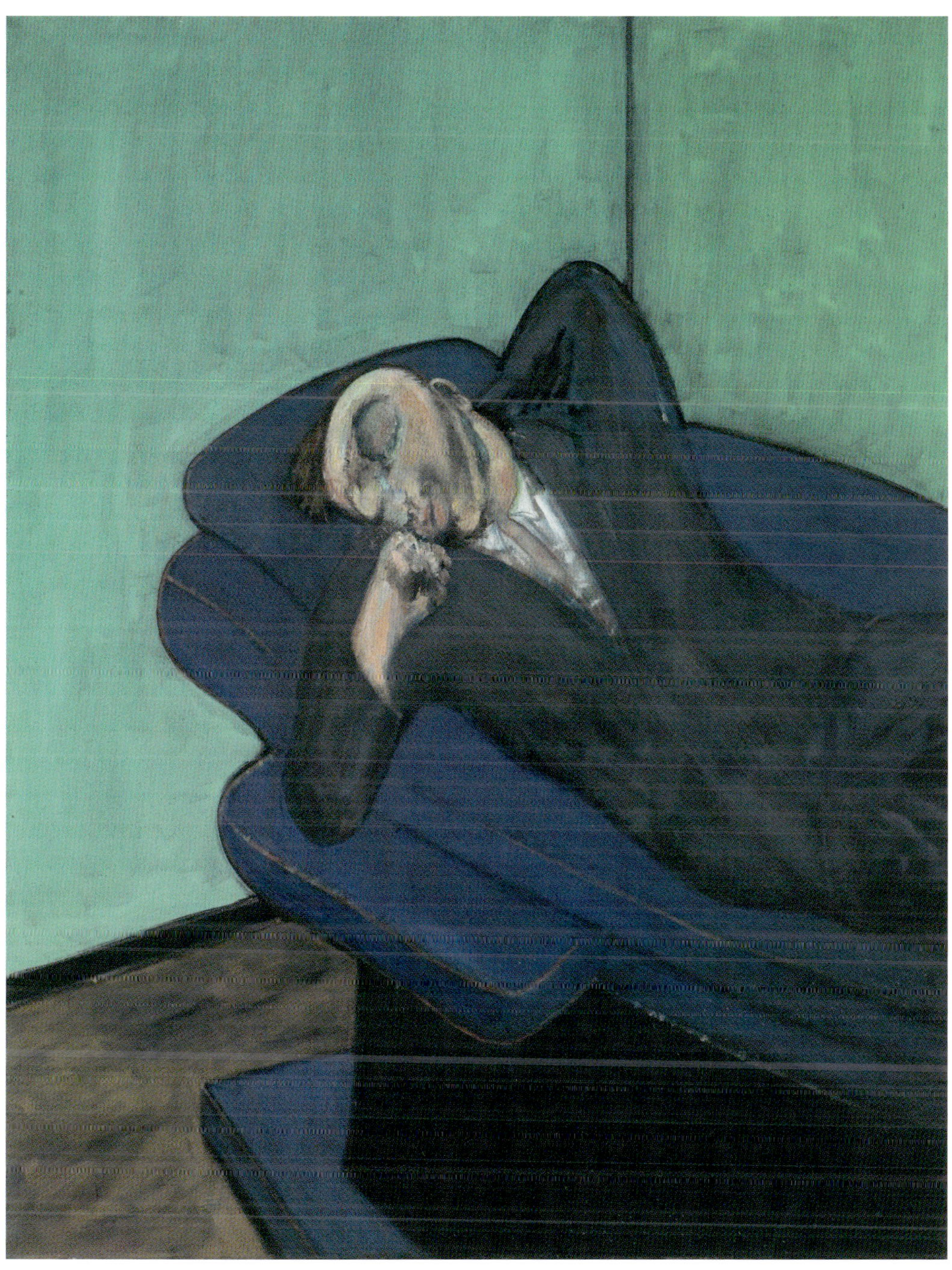

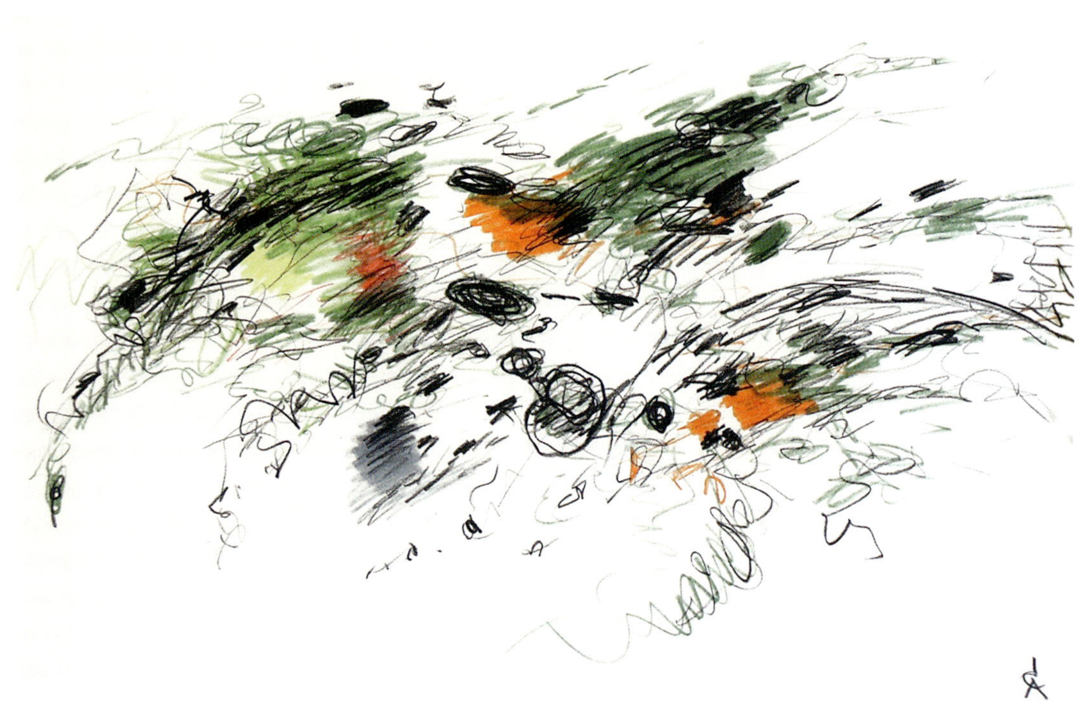

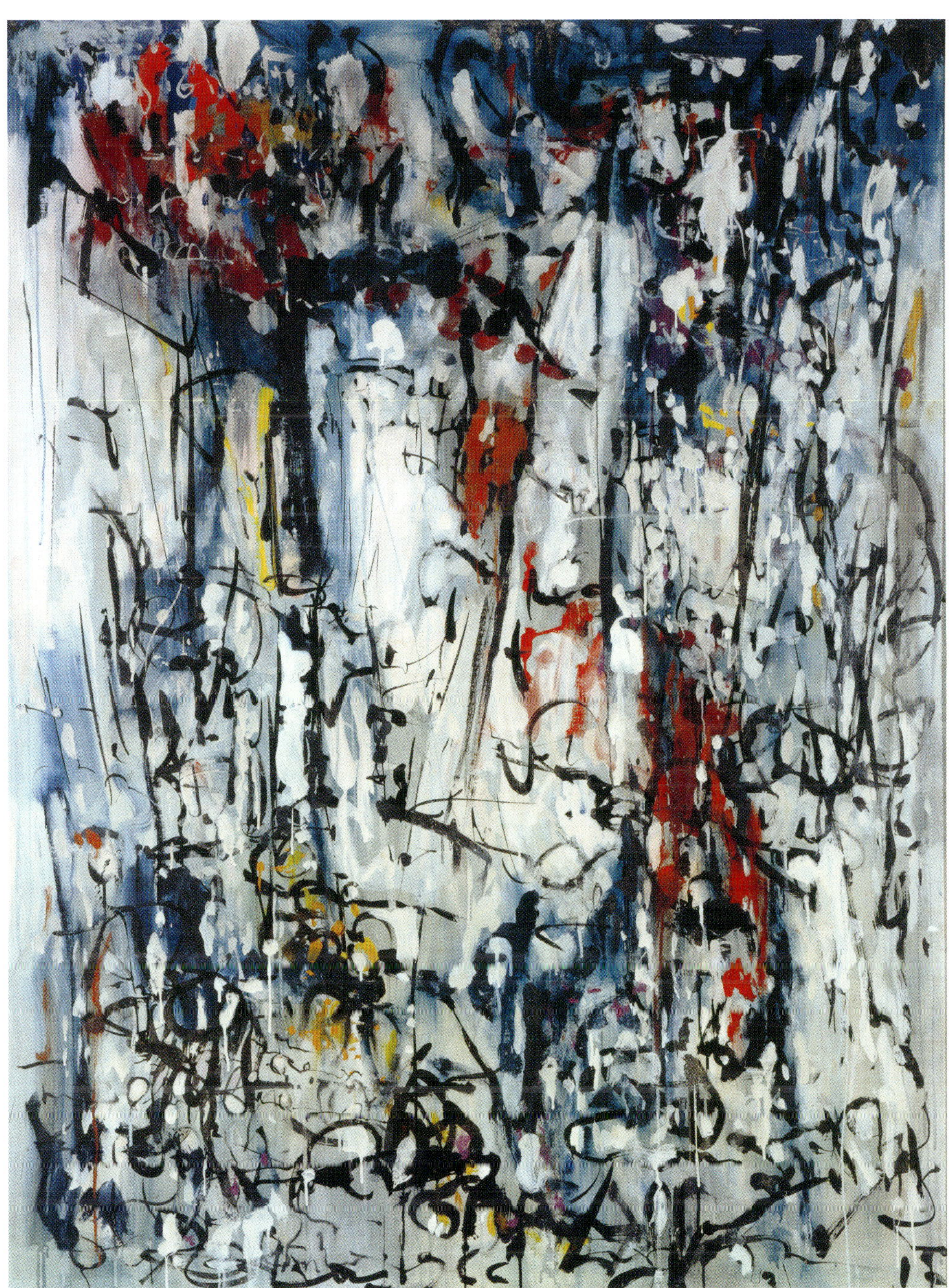

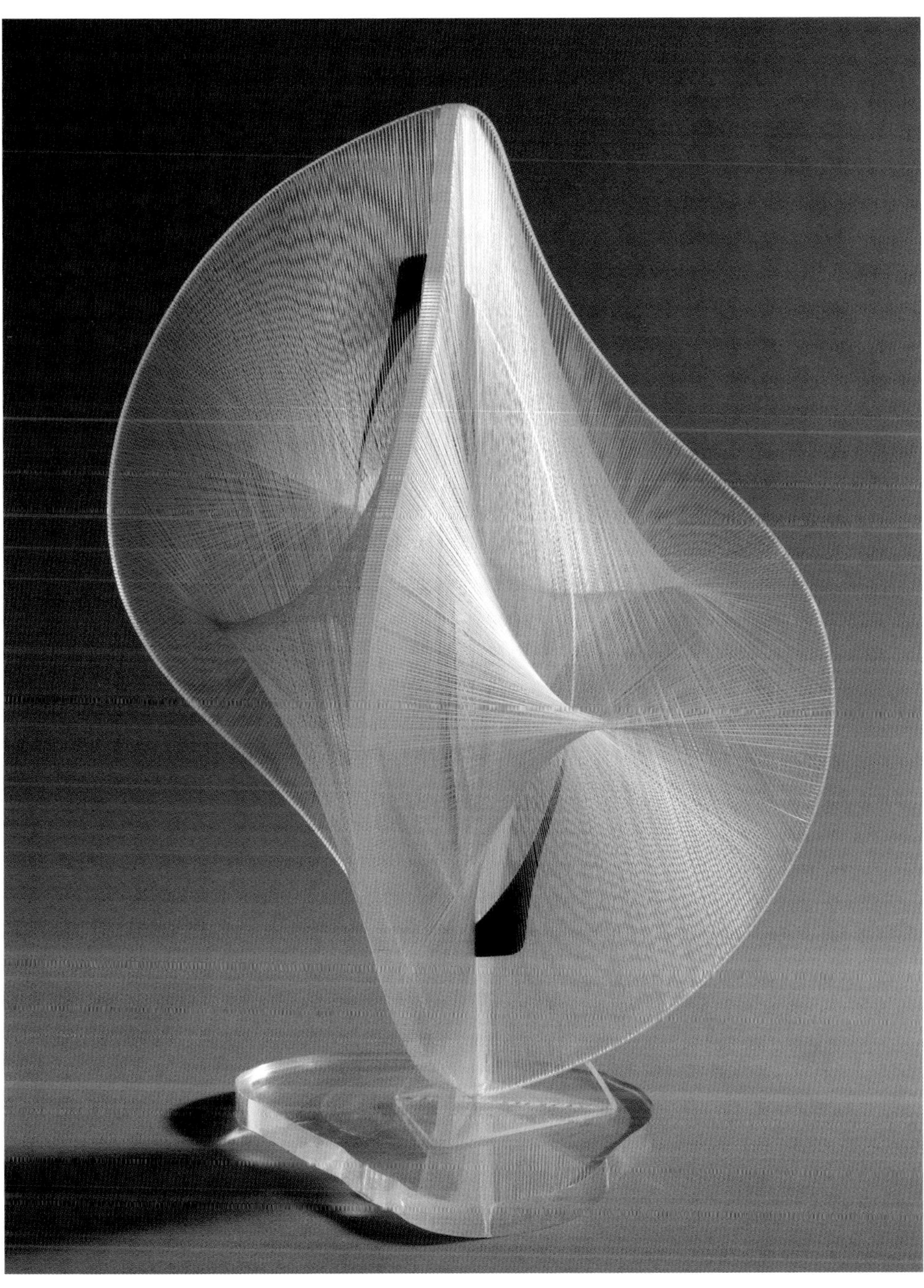

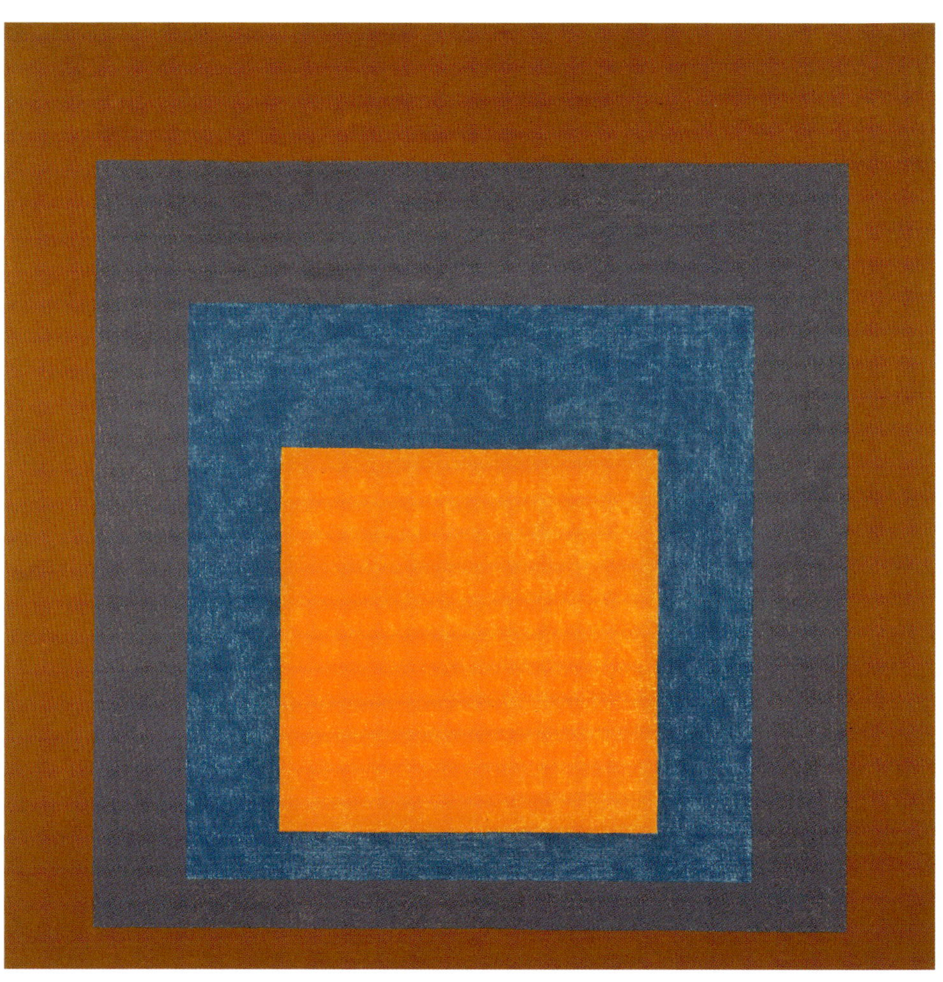

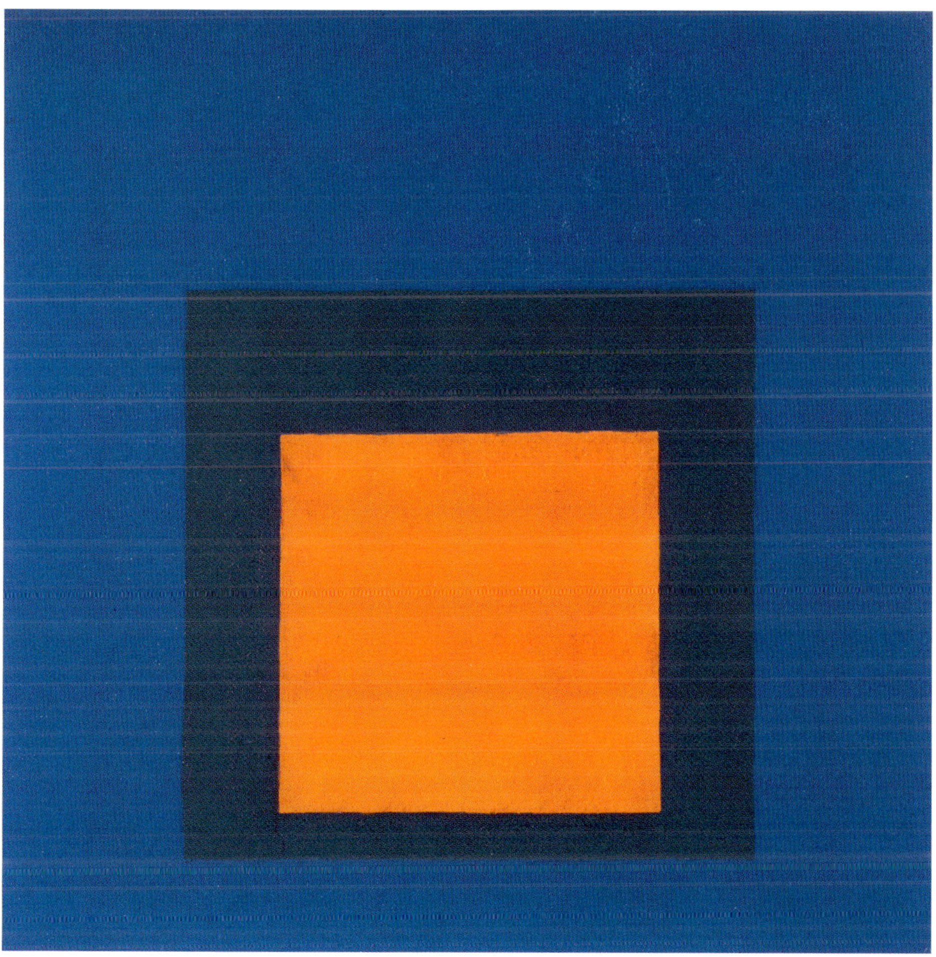

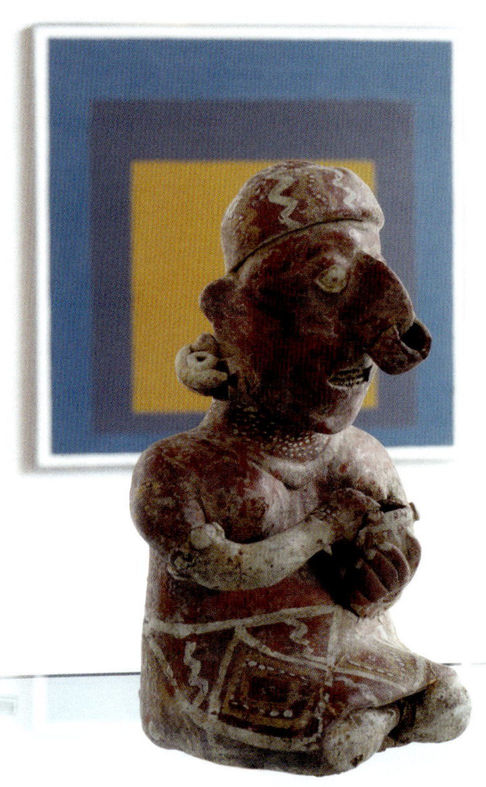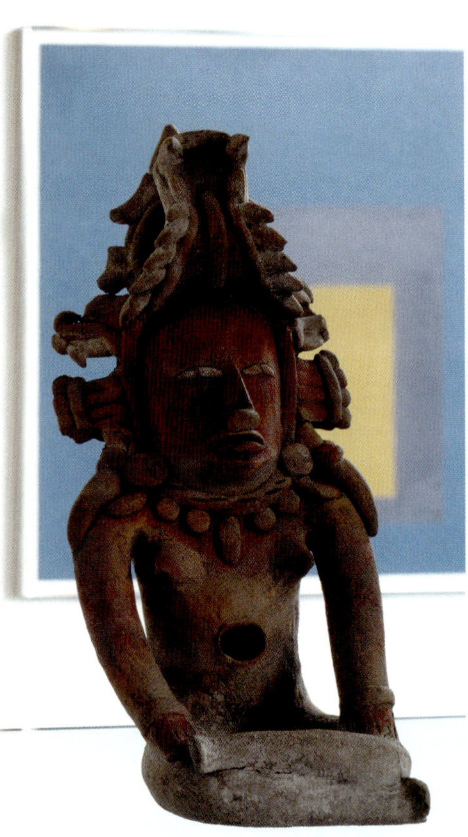

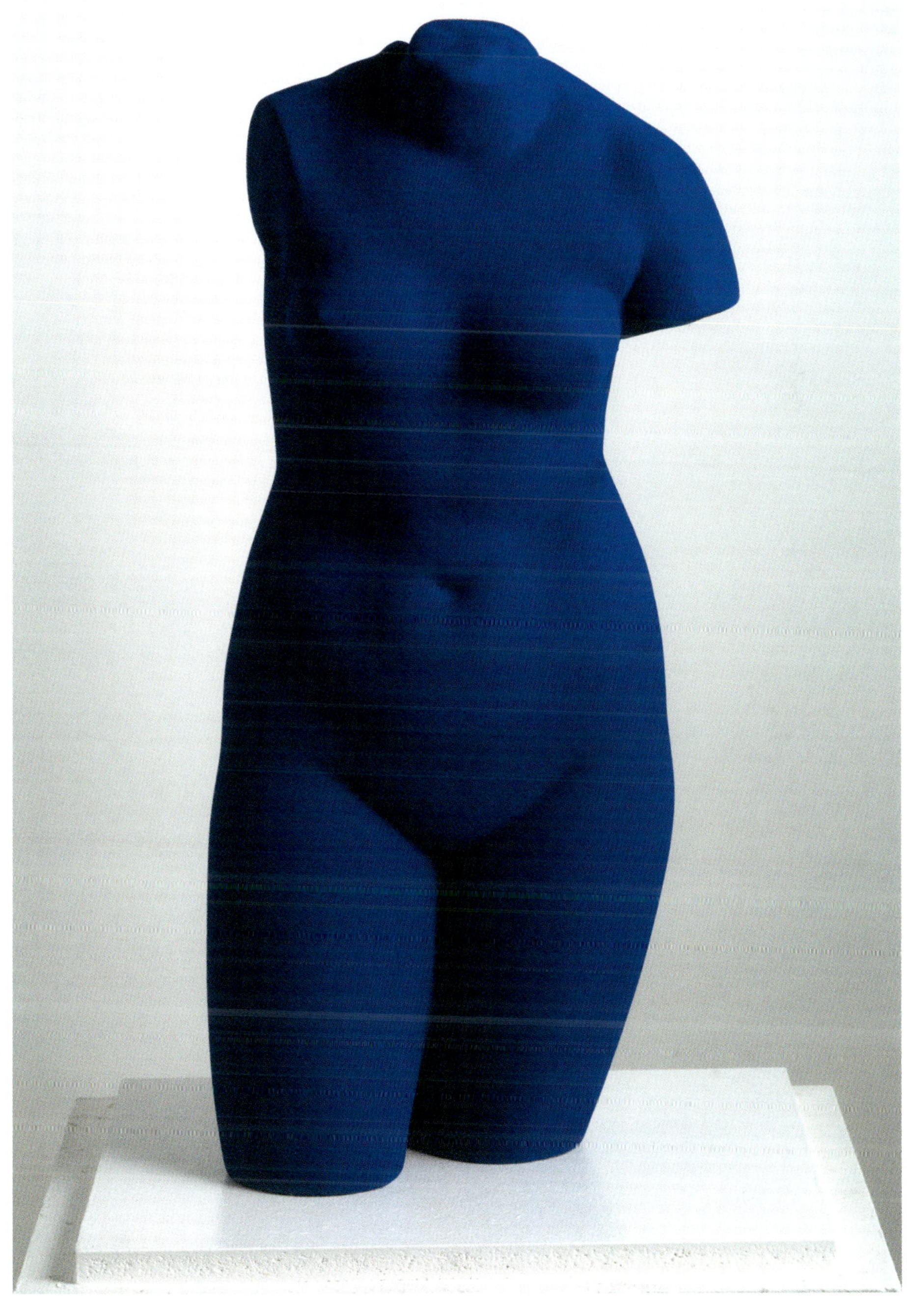

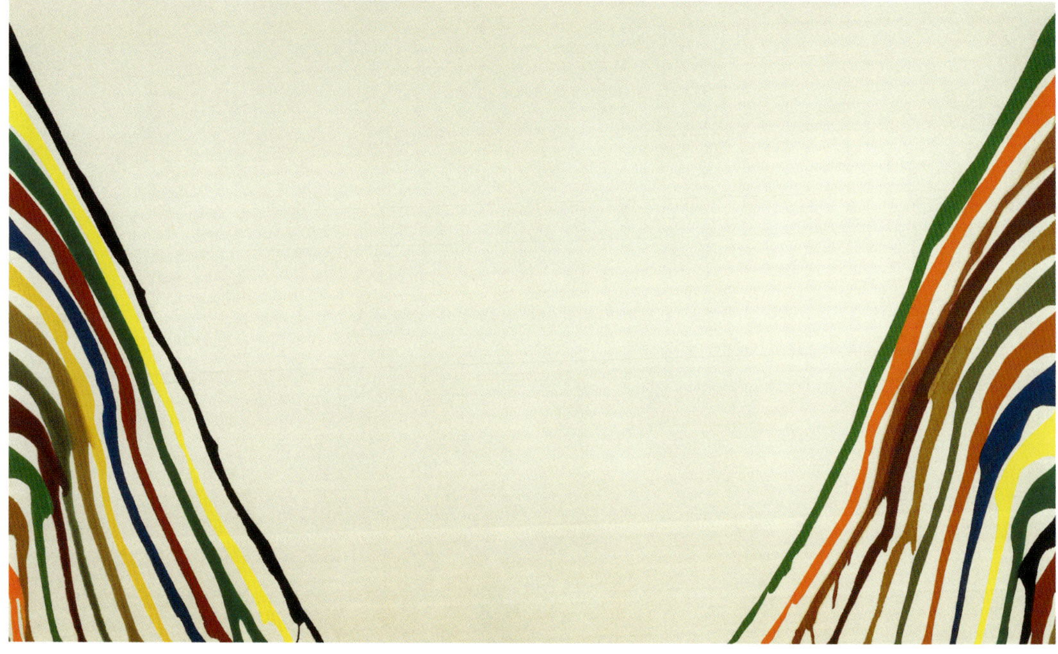

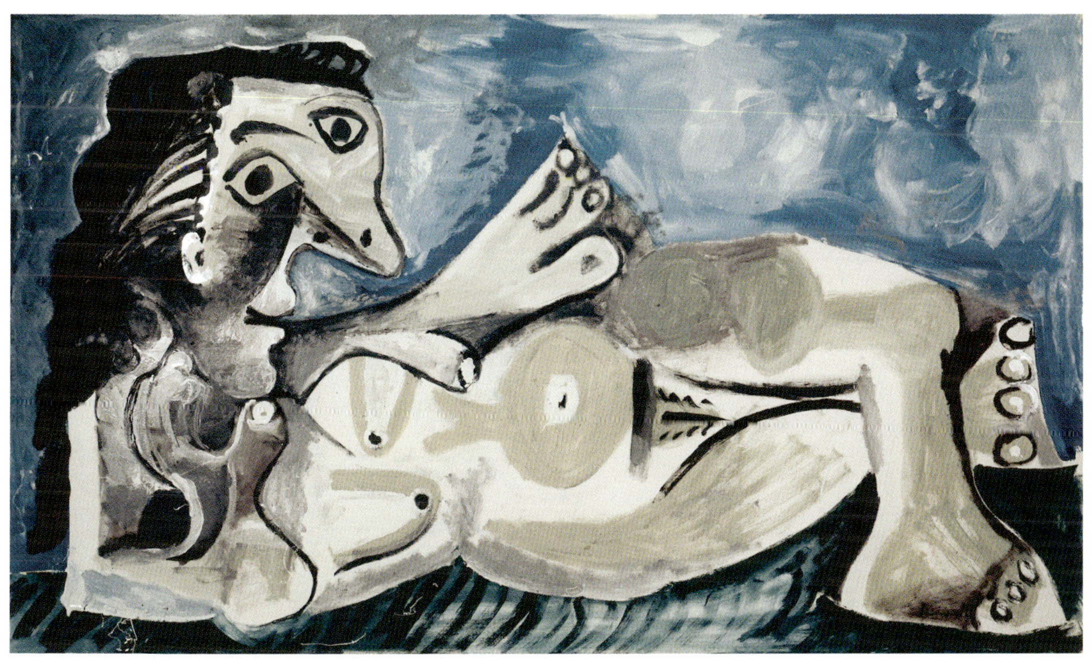

A
upper part

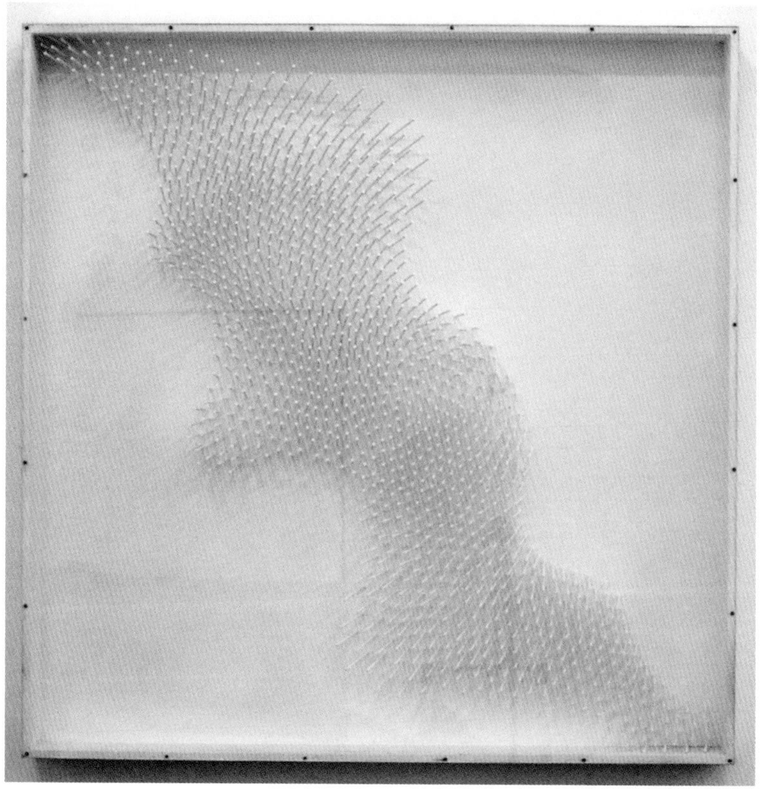

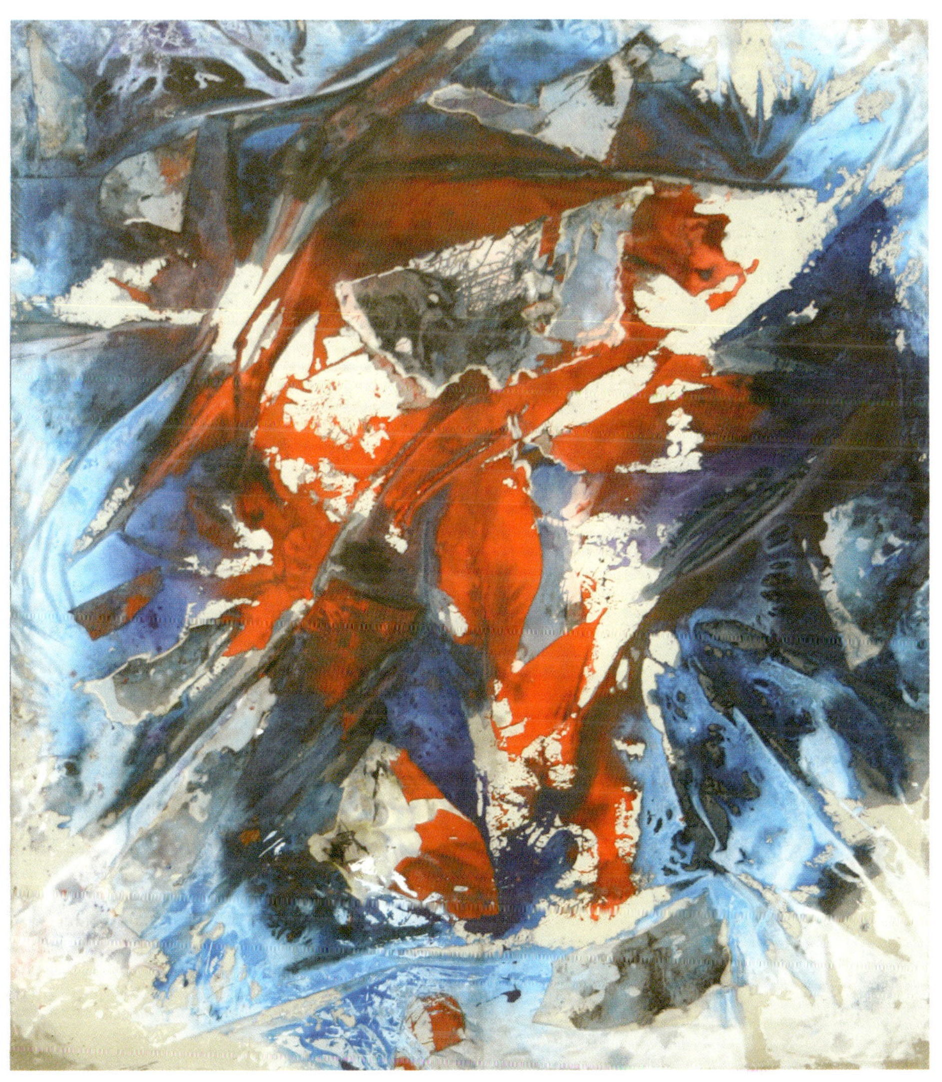

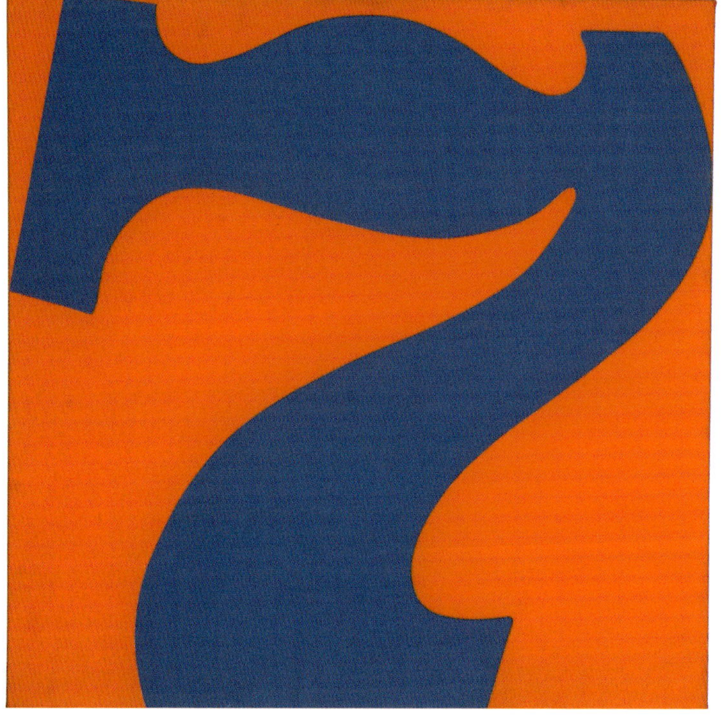

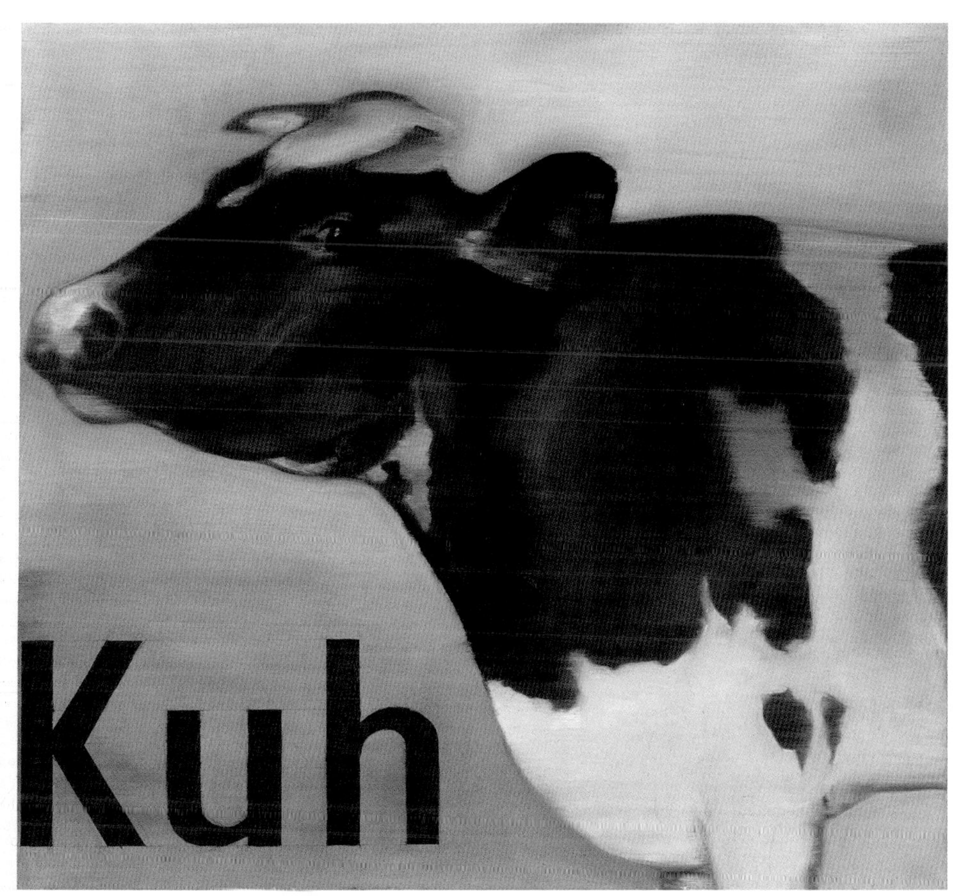

Kuh

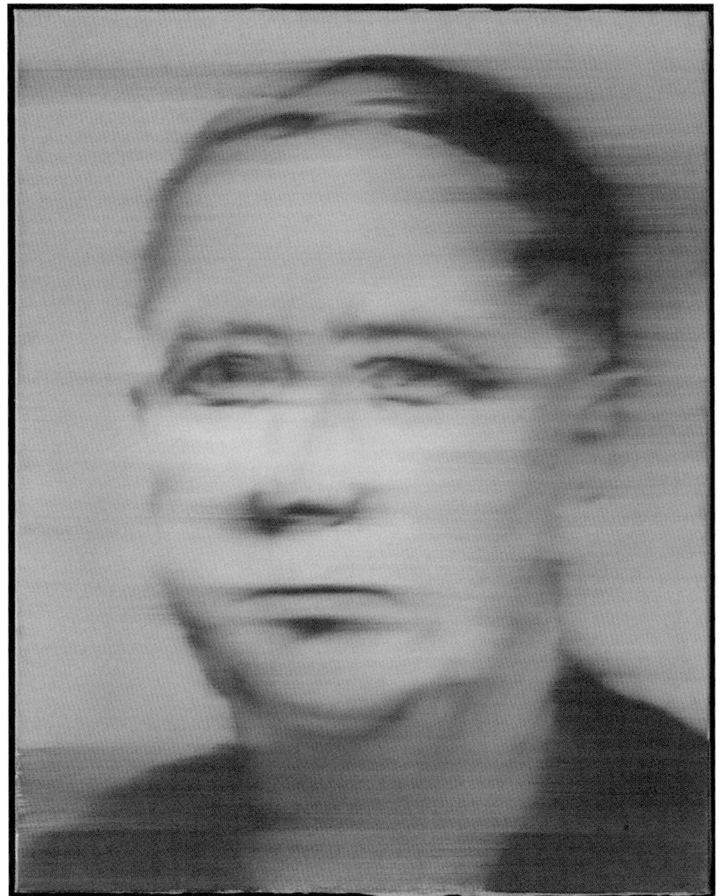

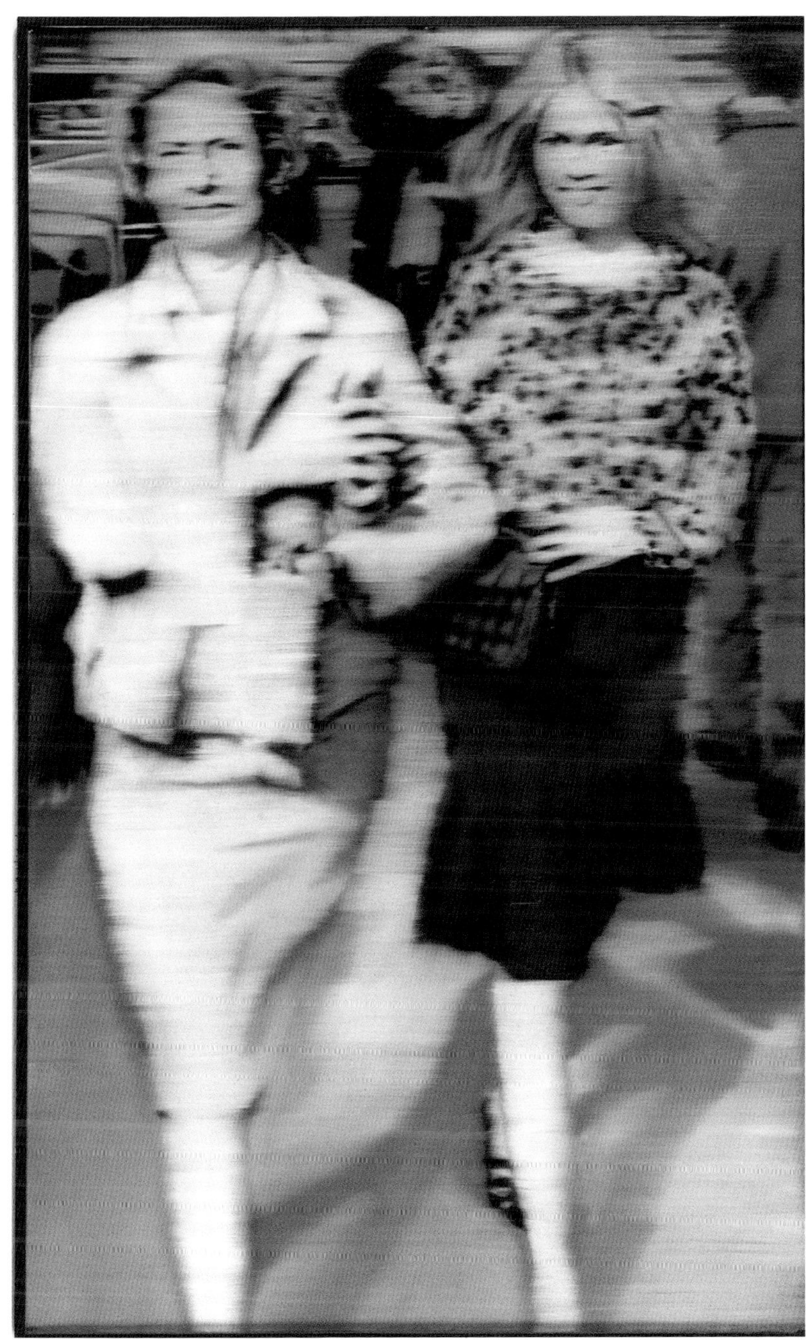

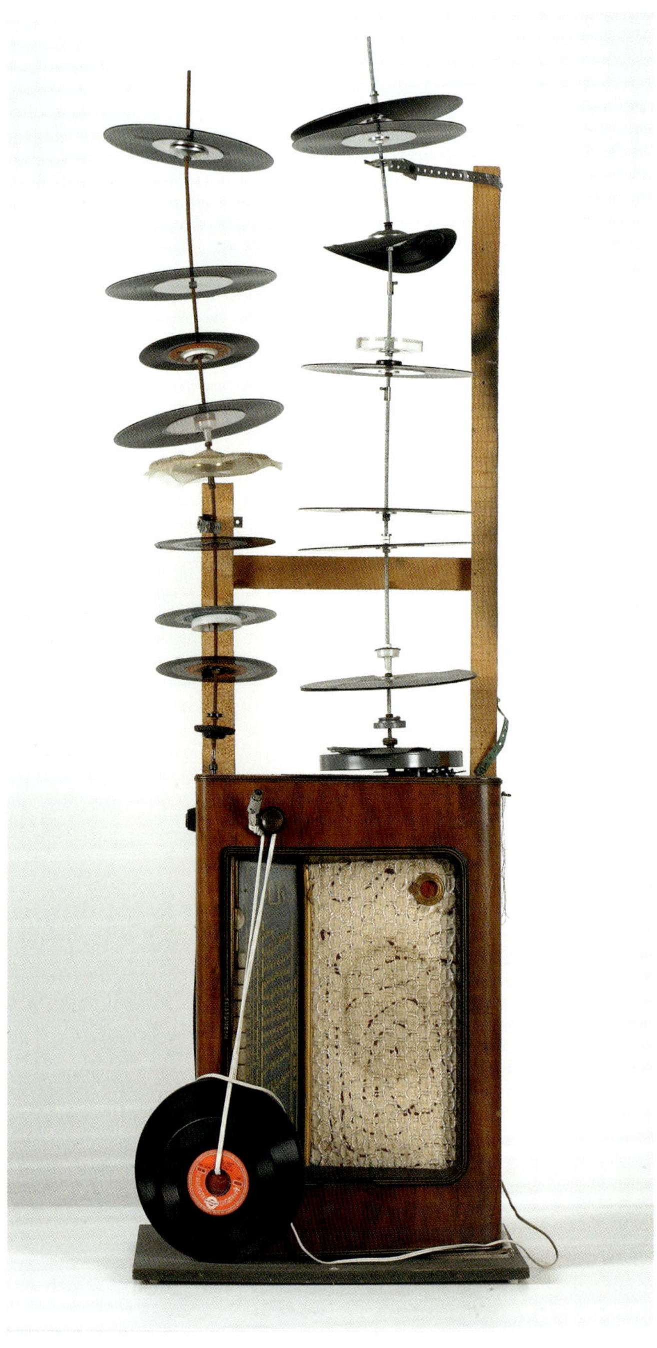

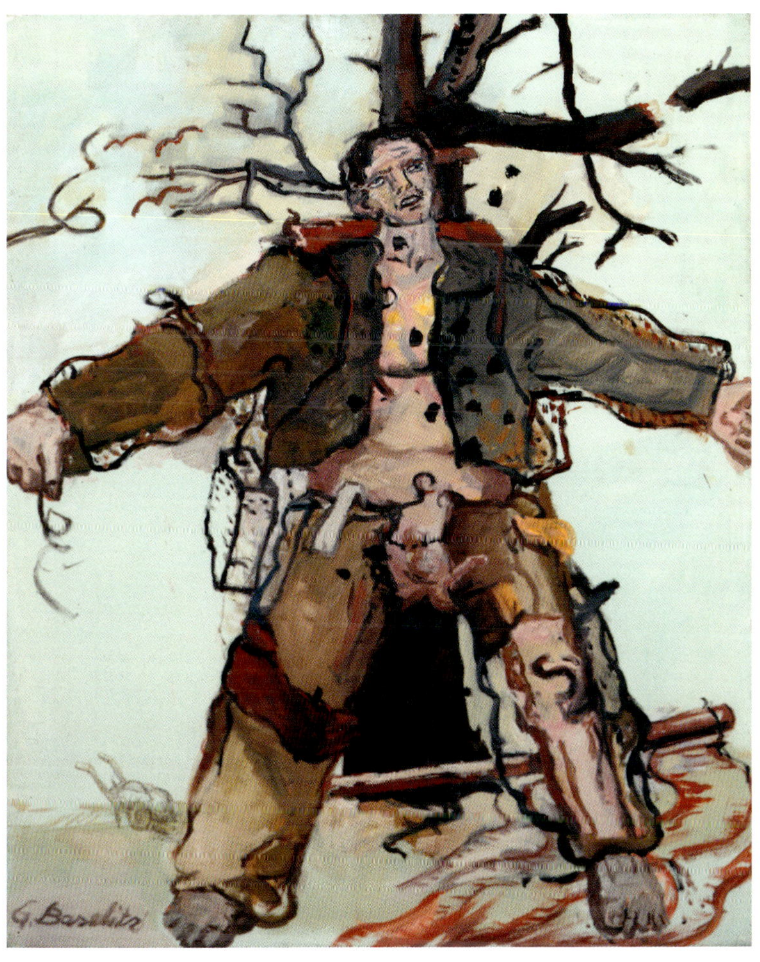

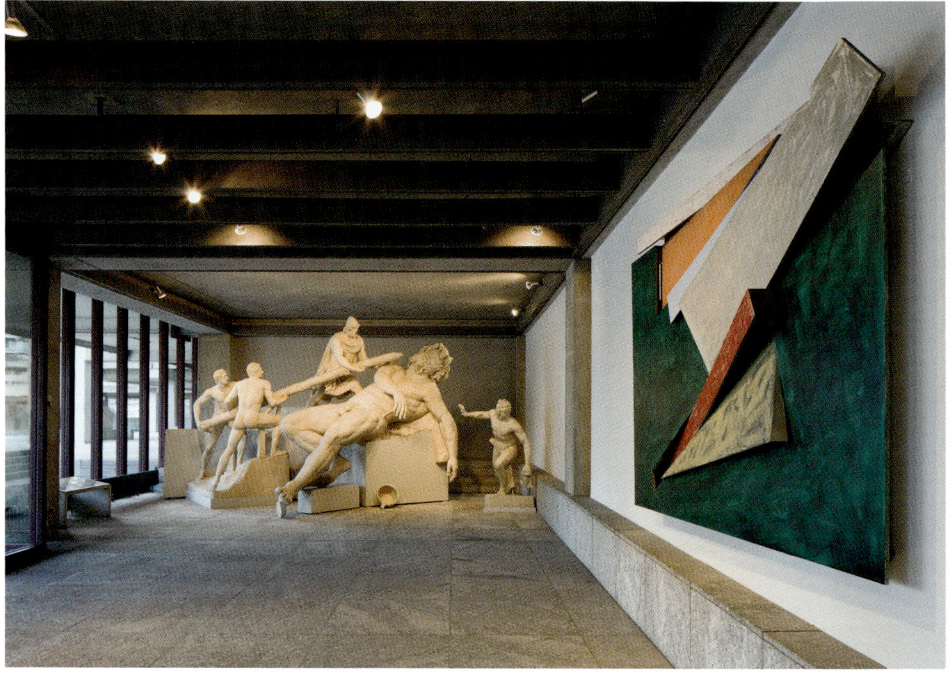

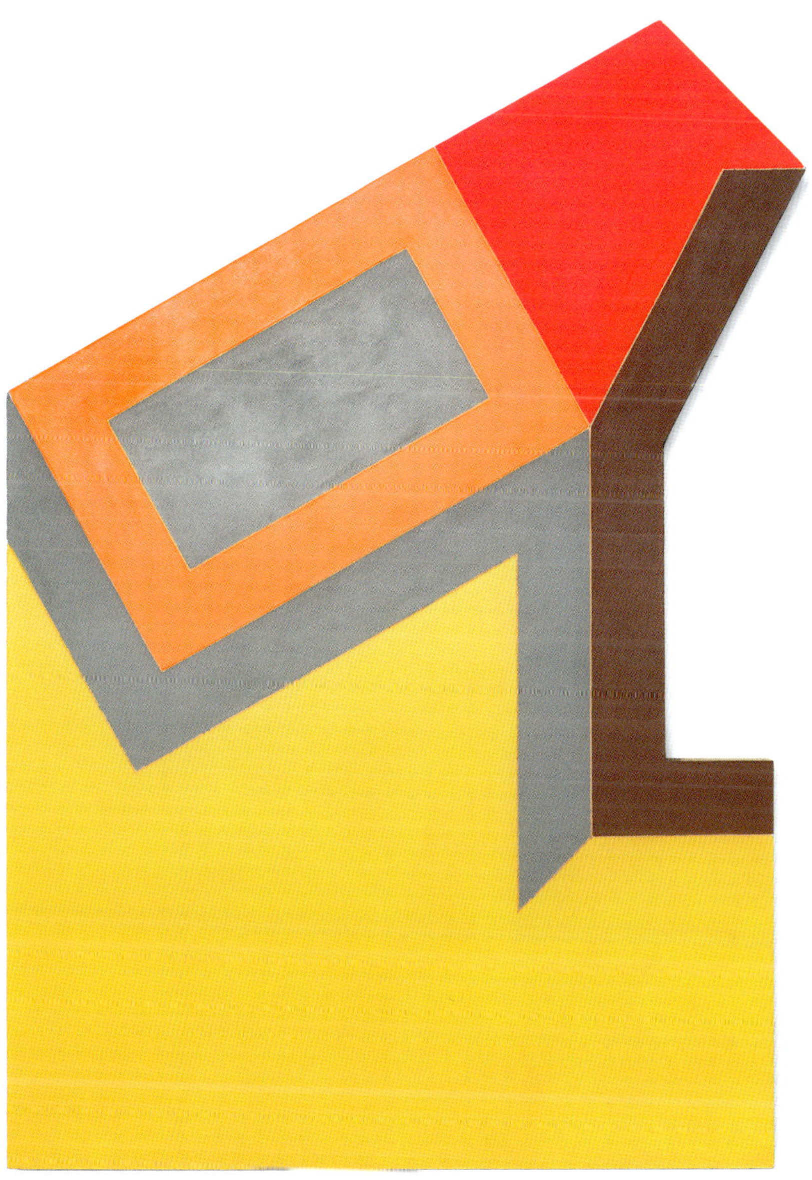

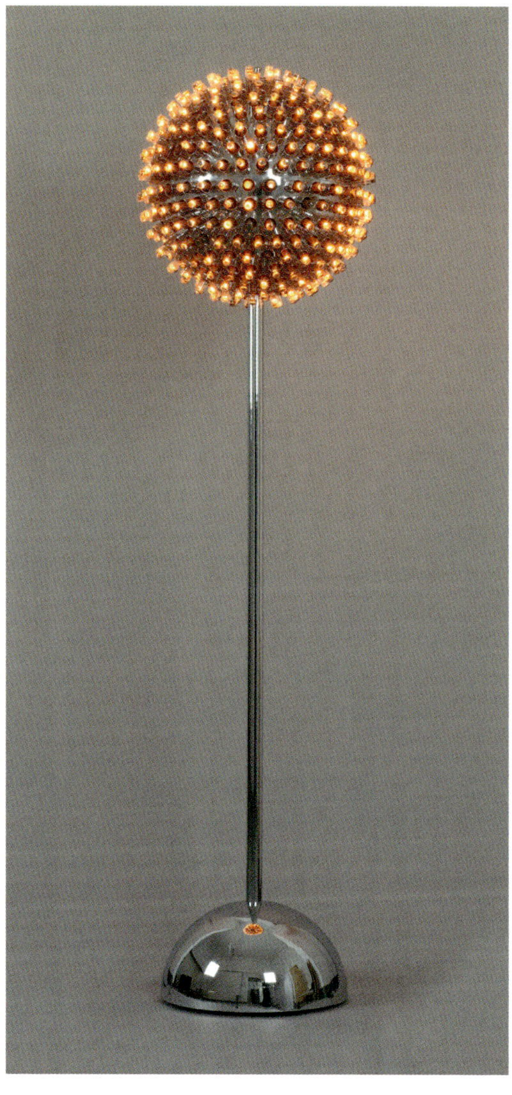

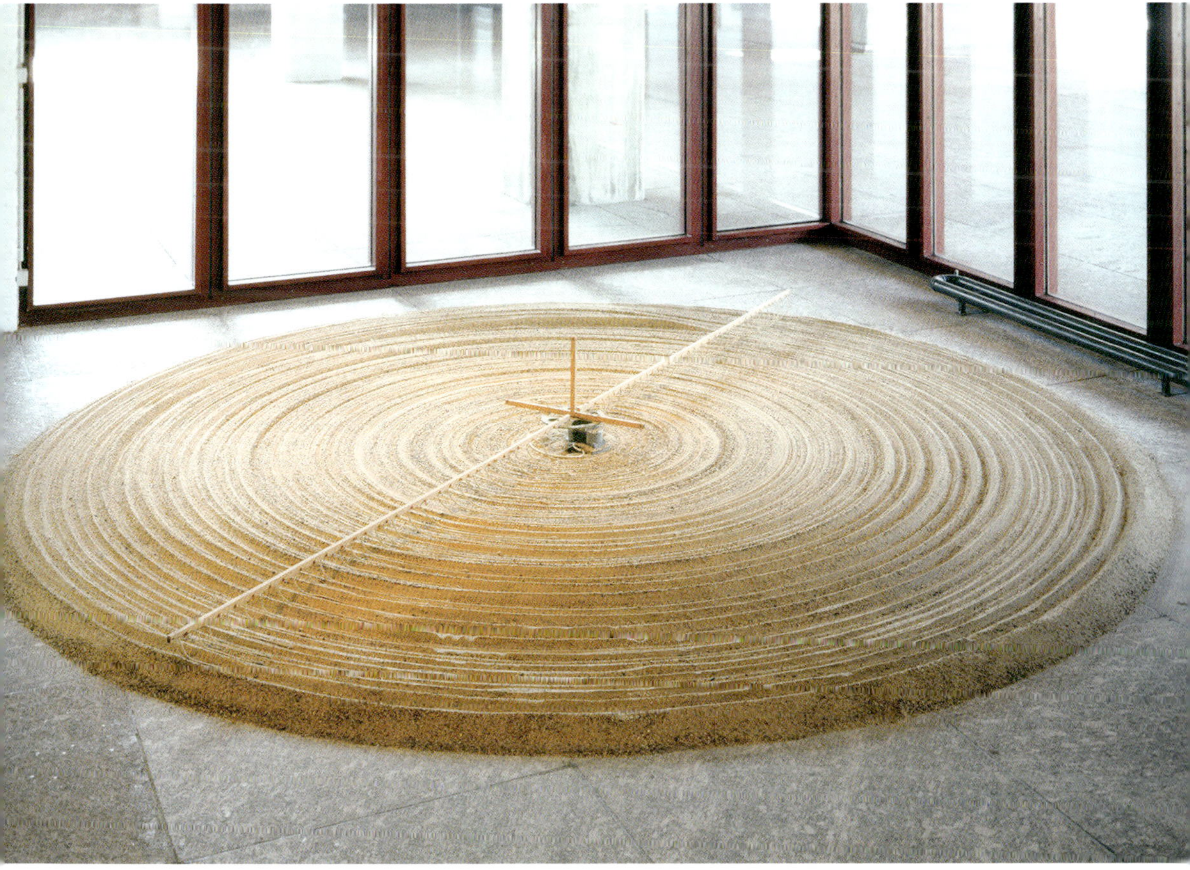

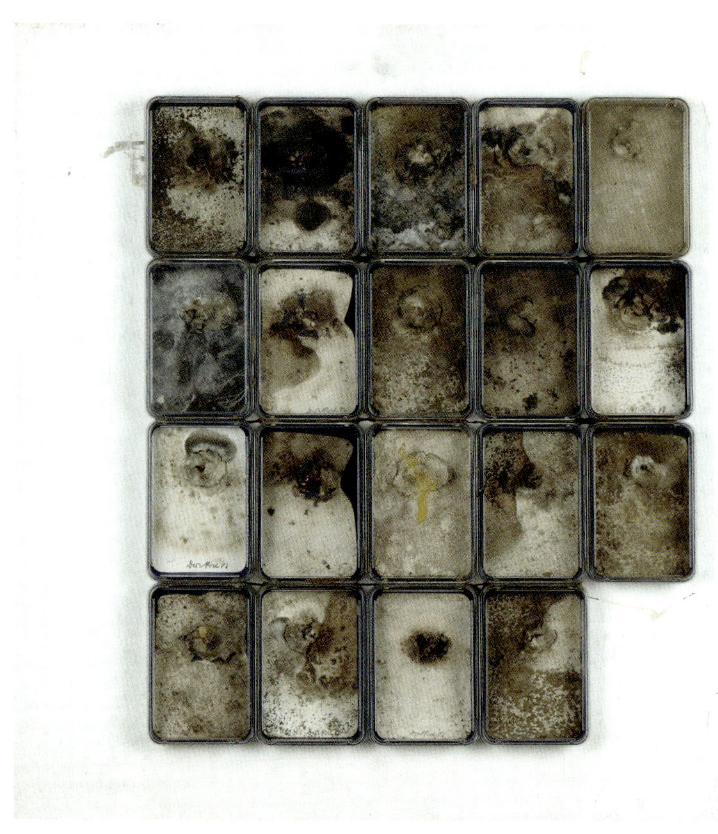

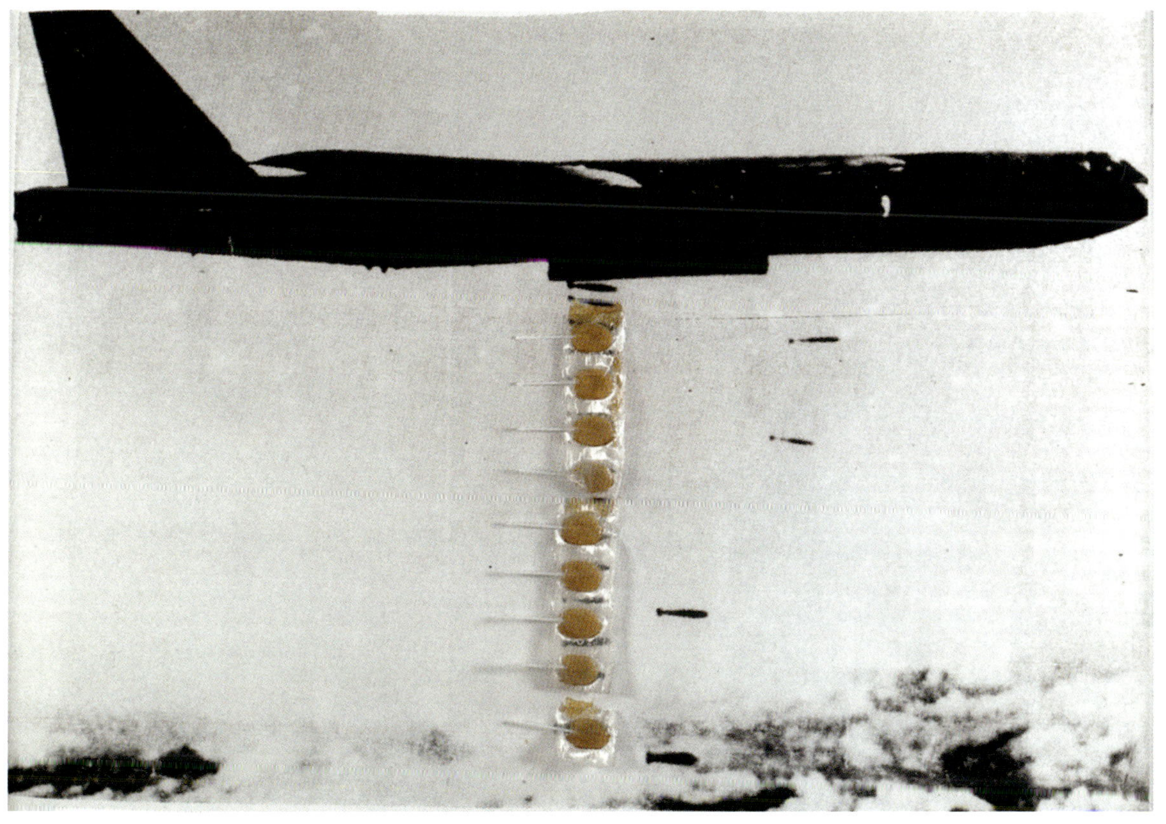

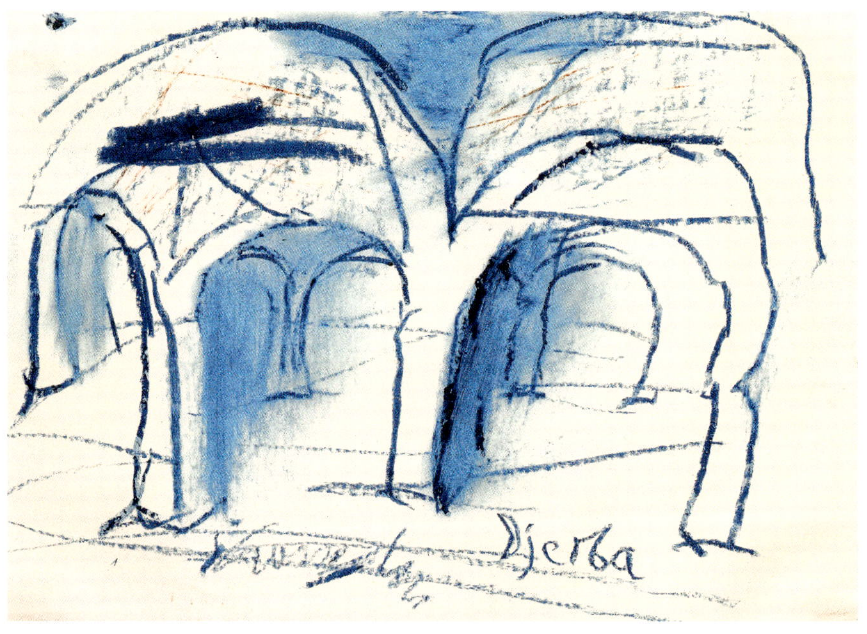
Djerba

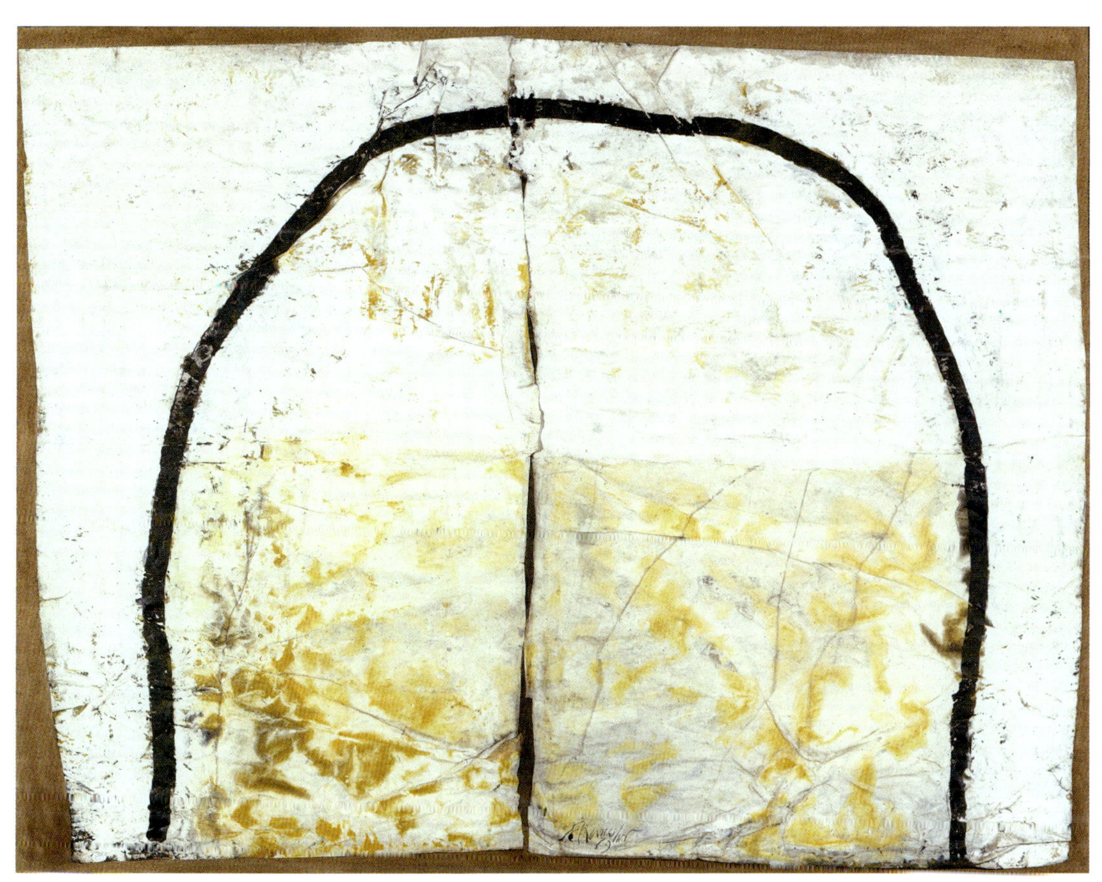

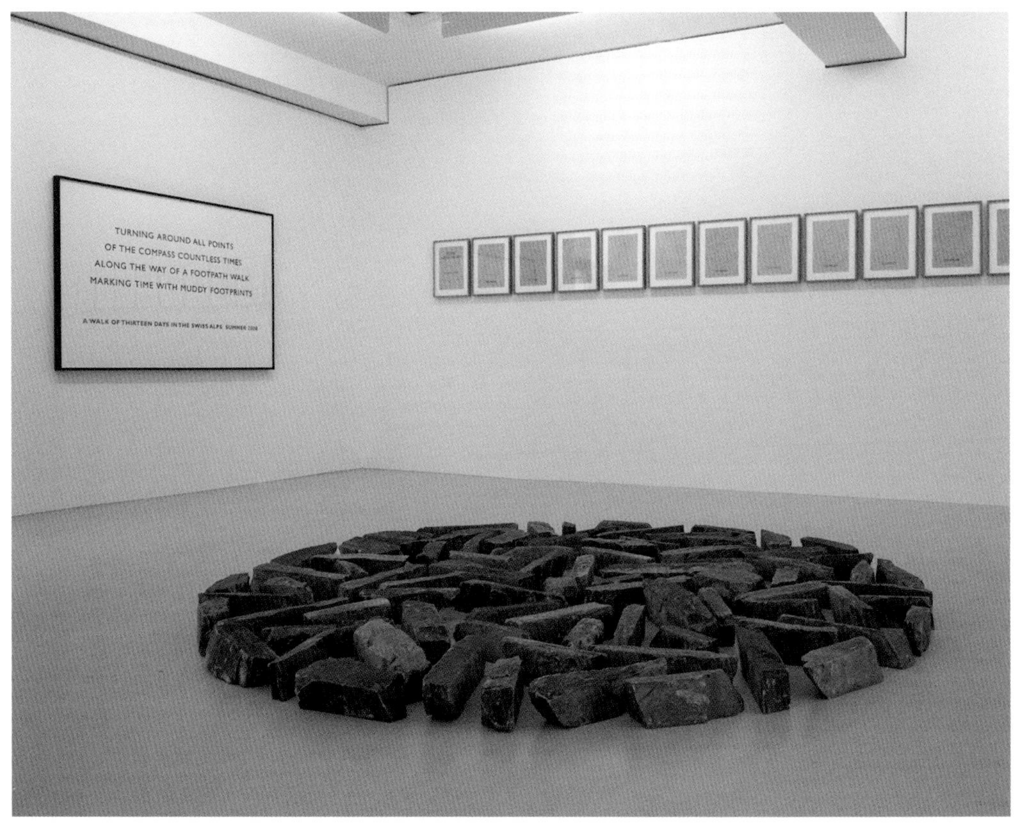
TURNING AROUND ALL POINTS
OF THE COMPASS COUNTLESS TIMES
ALONG THE WAY OF A FOOTPATH WALK
MARKING TIME WITH MUDDY FOOTPRINTS

A WALK OF THIRTEEN DAYS IN THE SWISS ALPS SUMMER 2008

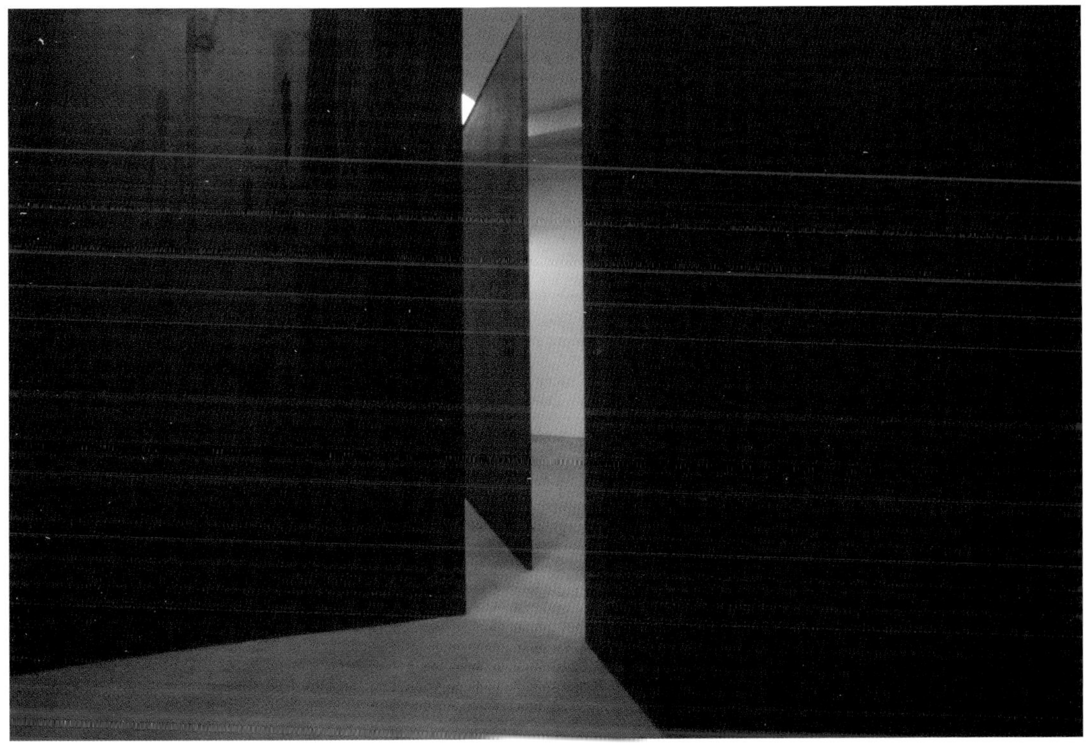

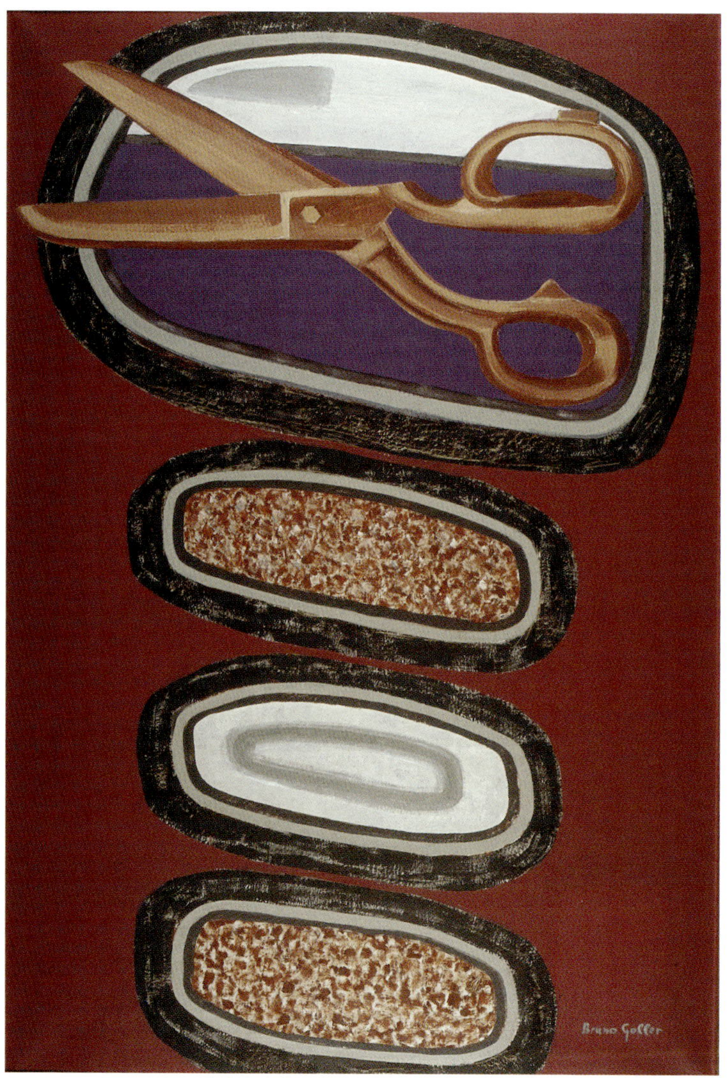

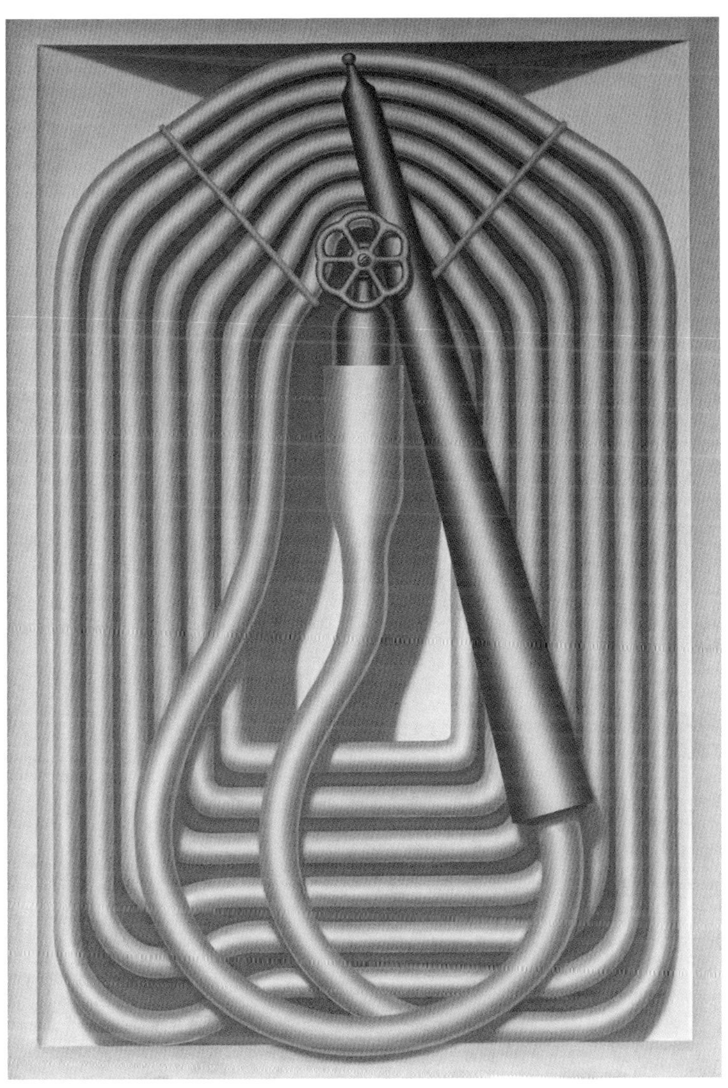

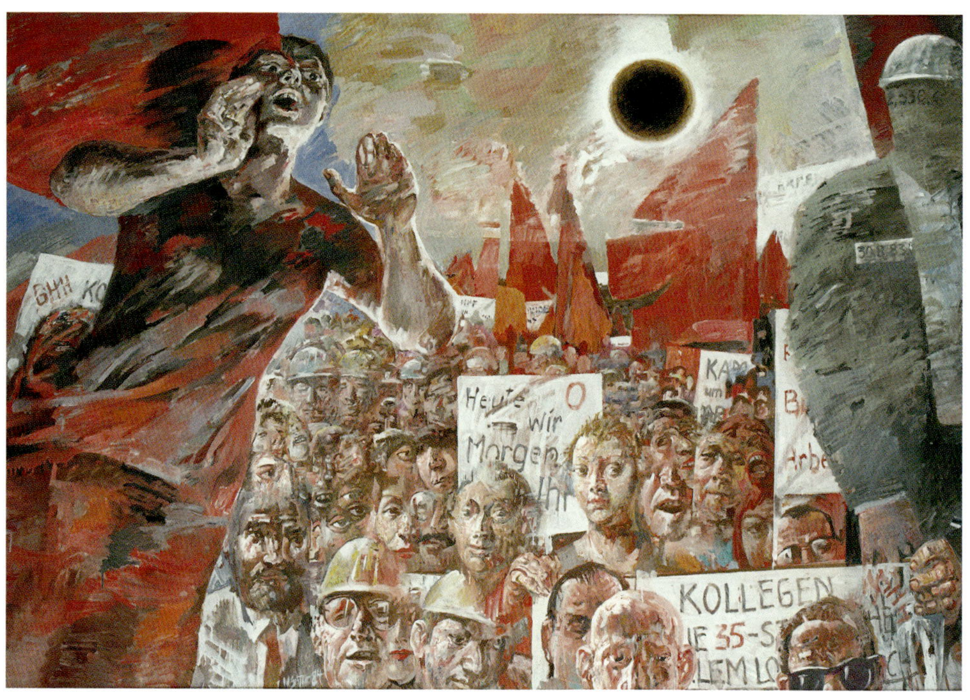
Heute
wir
Morgen
IHR
KOLLEGEN
35-S
EM LO

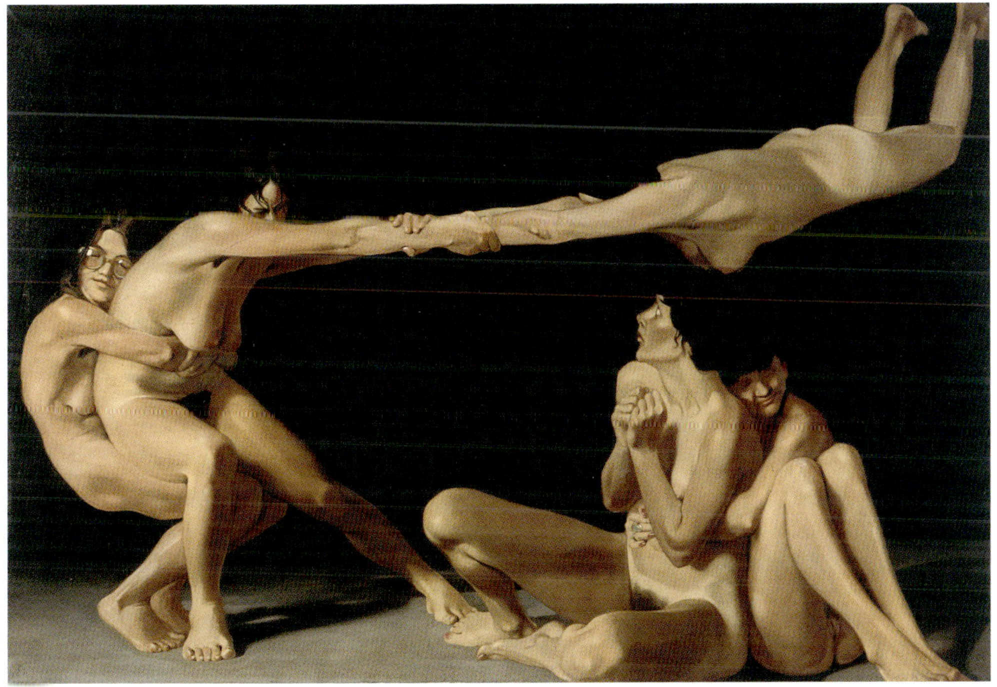

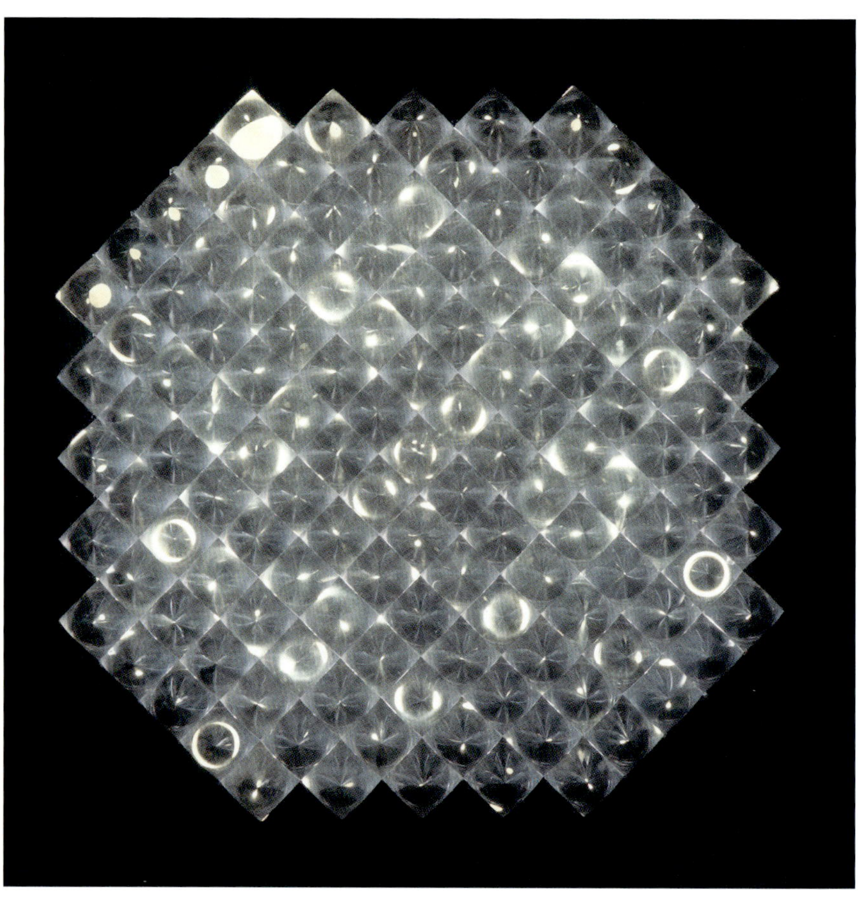

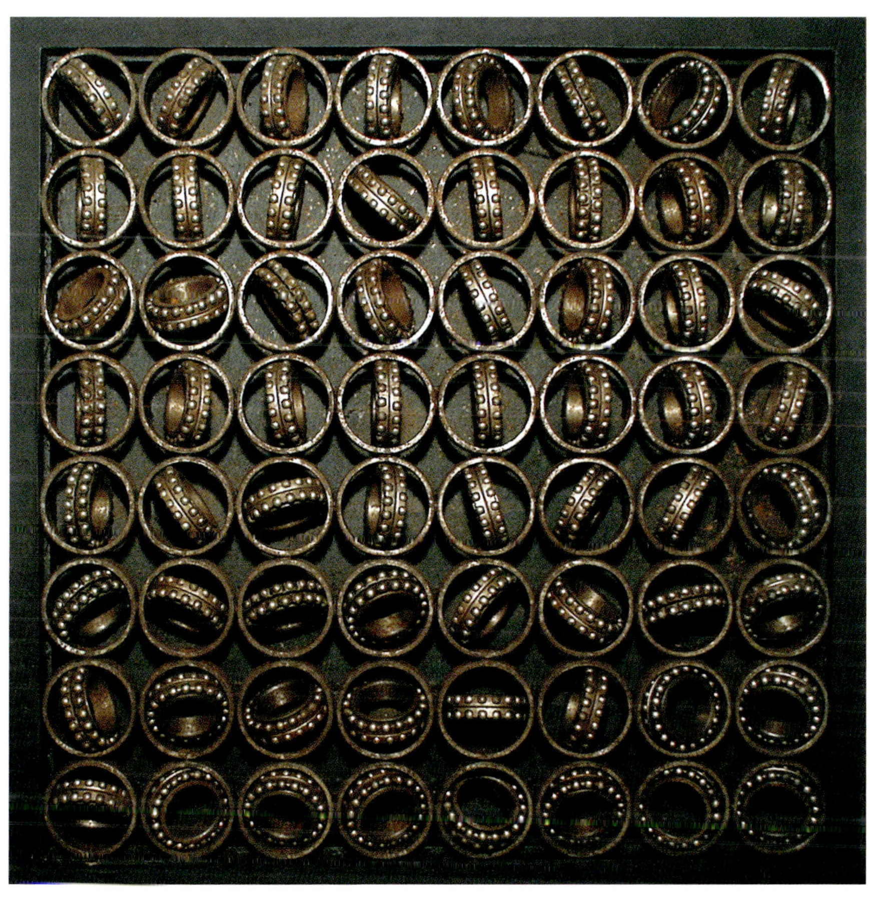

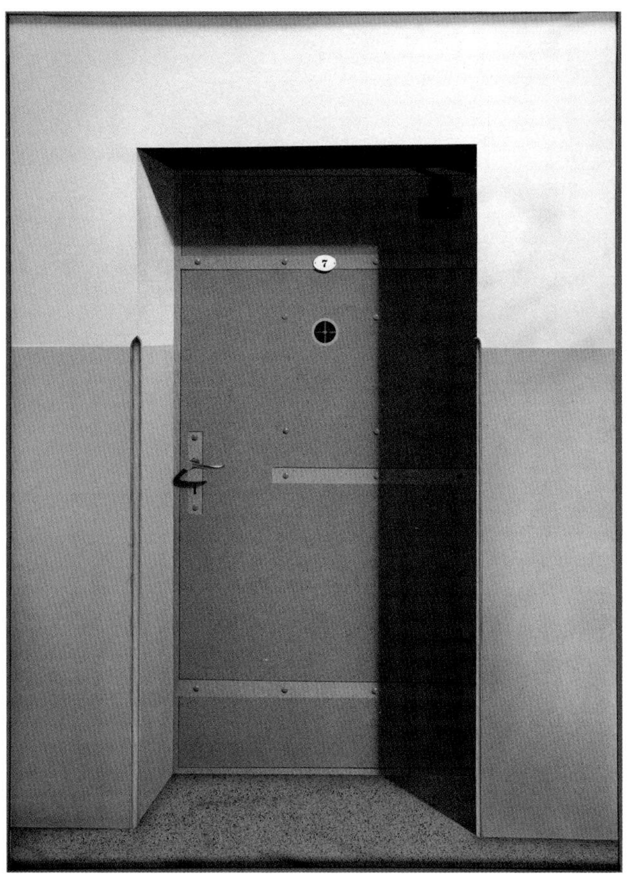

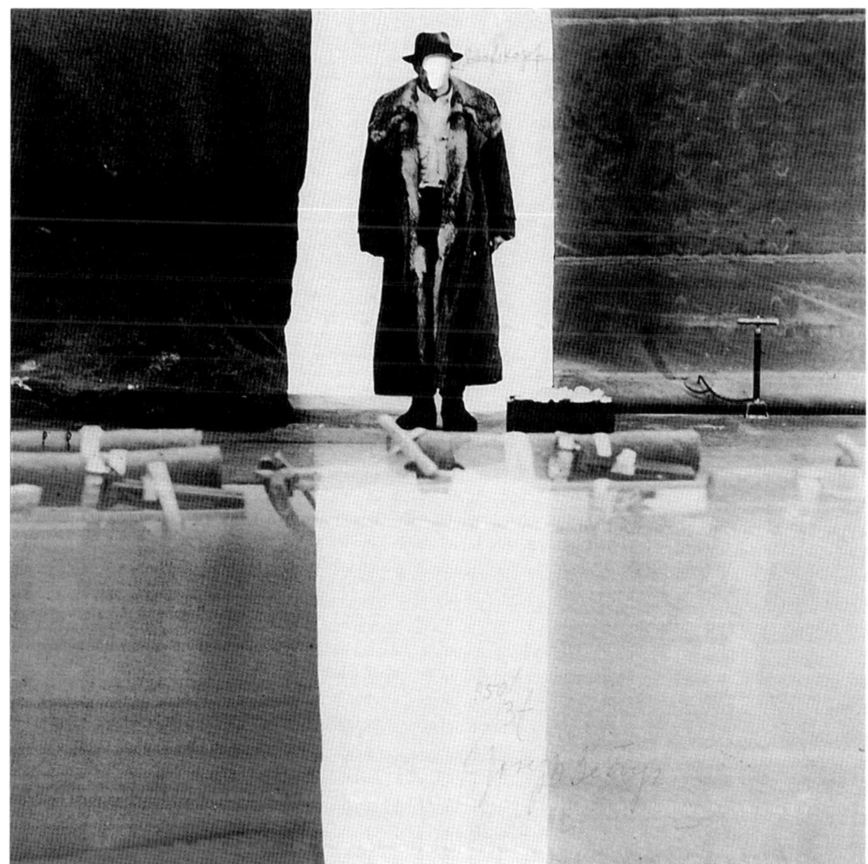

 ANTON STANKOWSKI ▐ LICHTZONE ▐ 1977 ▐ KUNSTMUSEUM GELSENKIRCHEN
GUNTER RAMBOW ▐ OTHELLO ▐ 1999 ▐ DEUTSCHES PLAKAT MUSEUM IM MUSEUM FOLKWANG, ESSEN

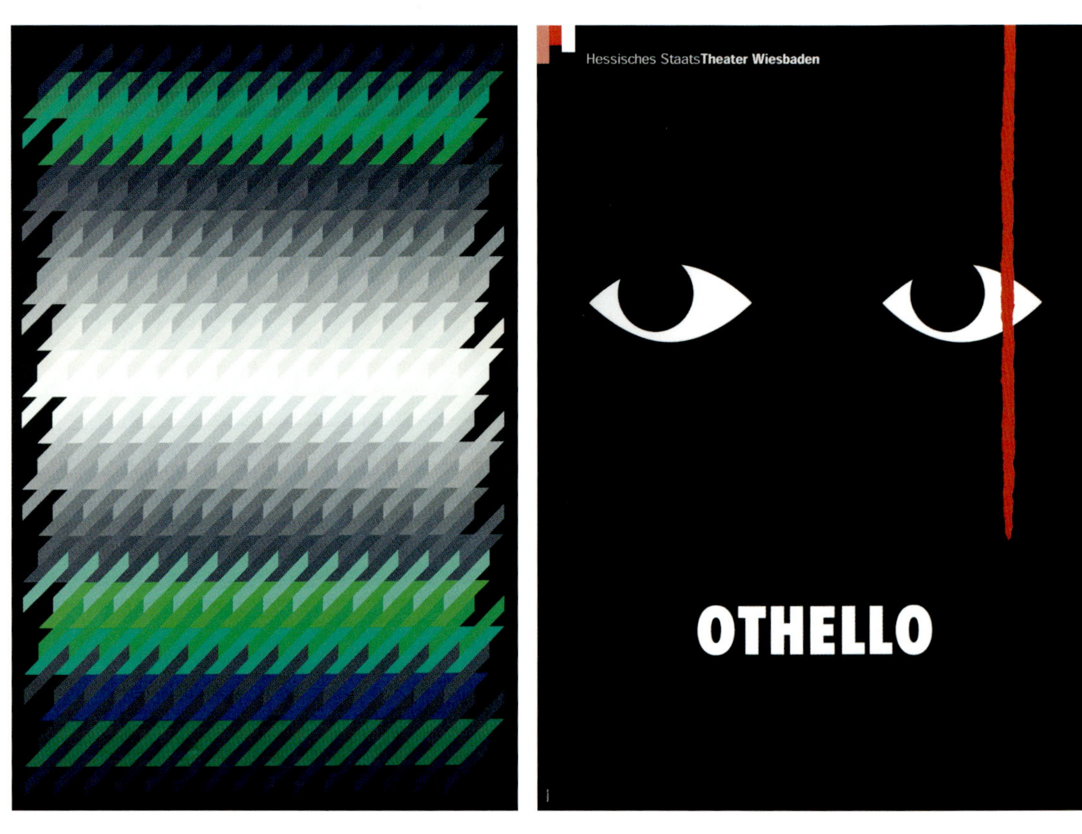

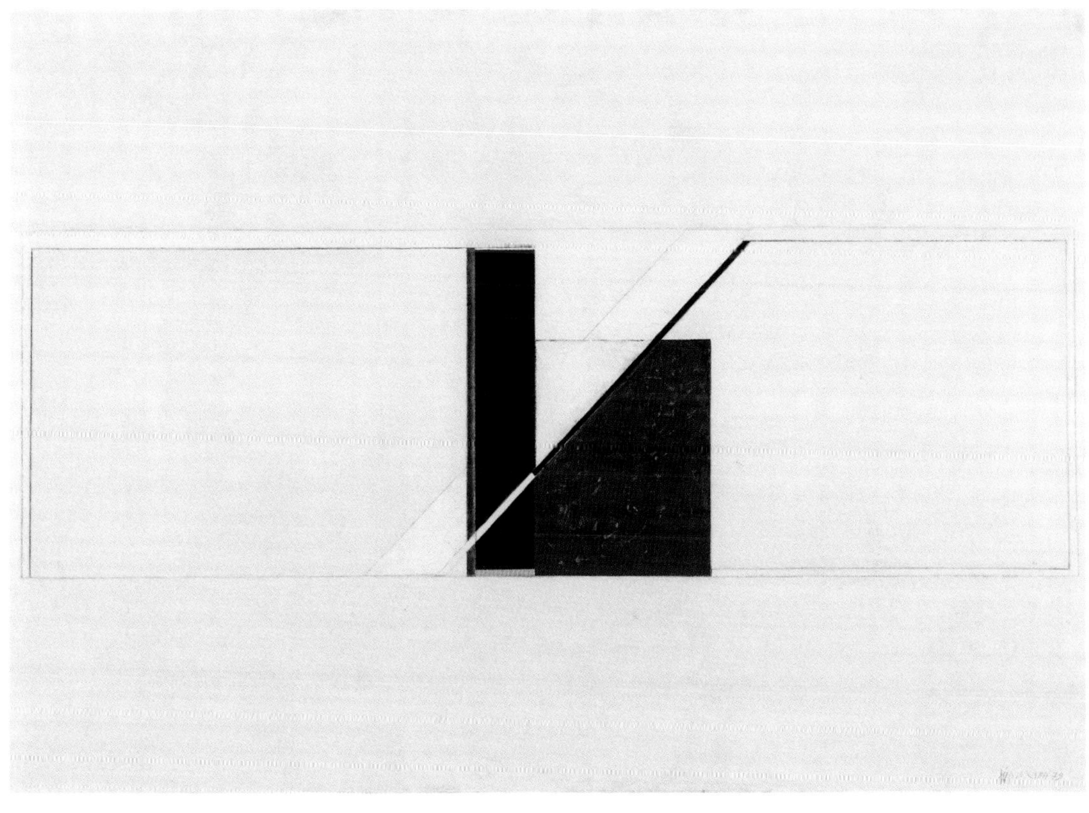

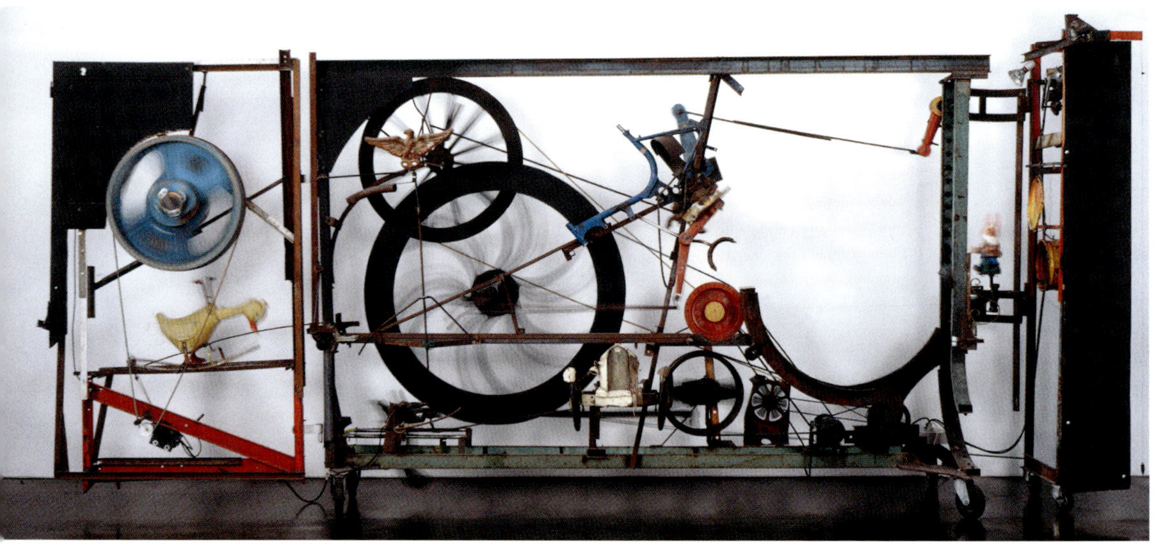

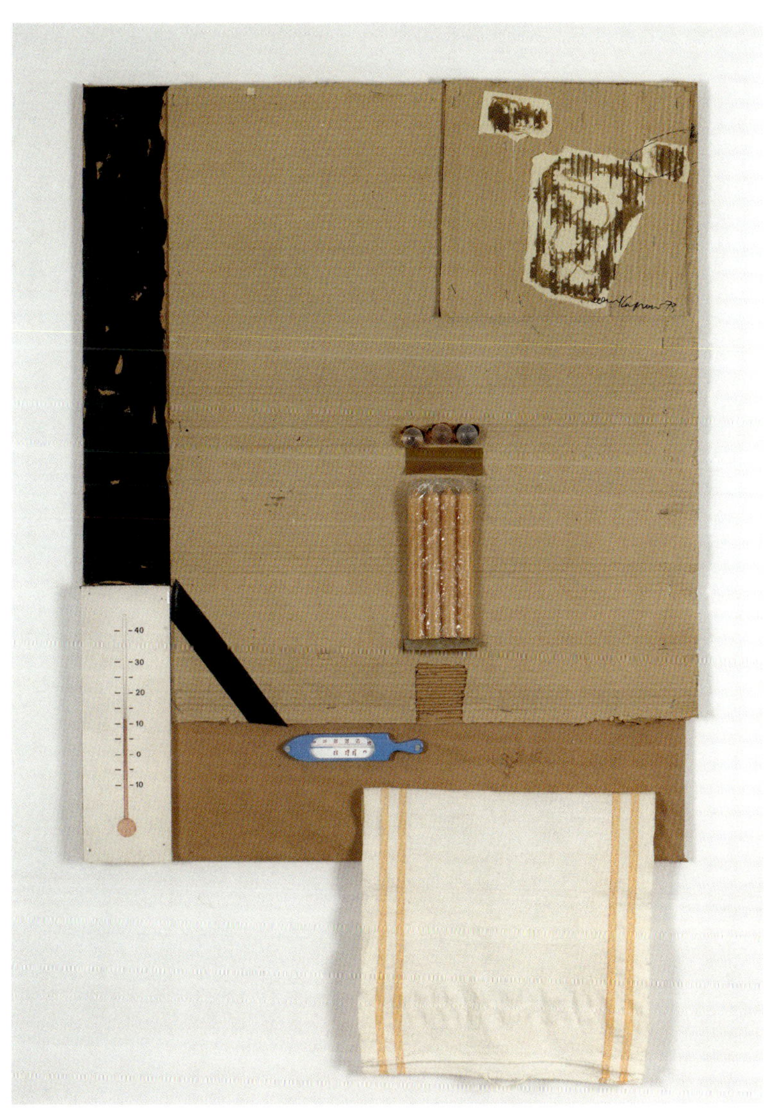

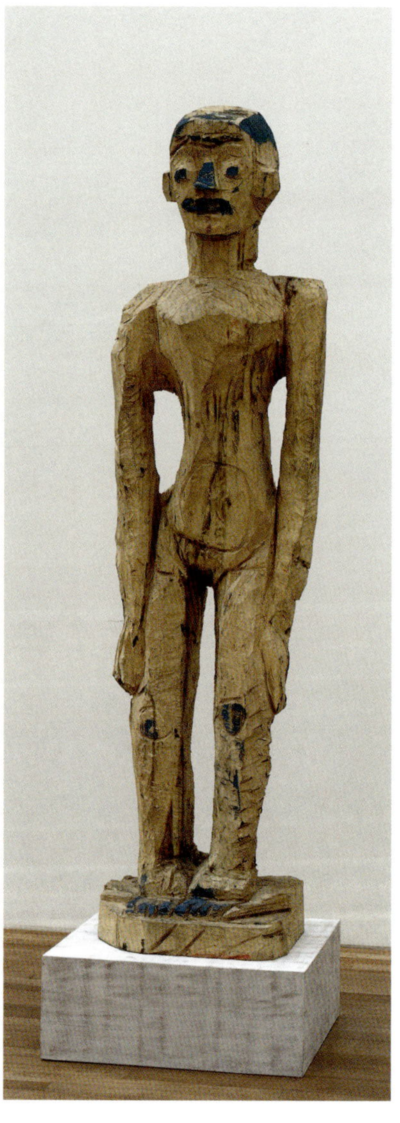

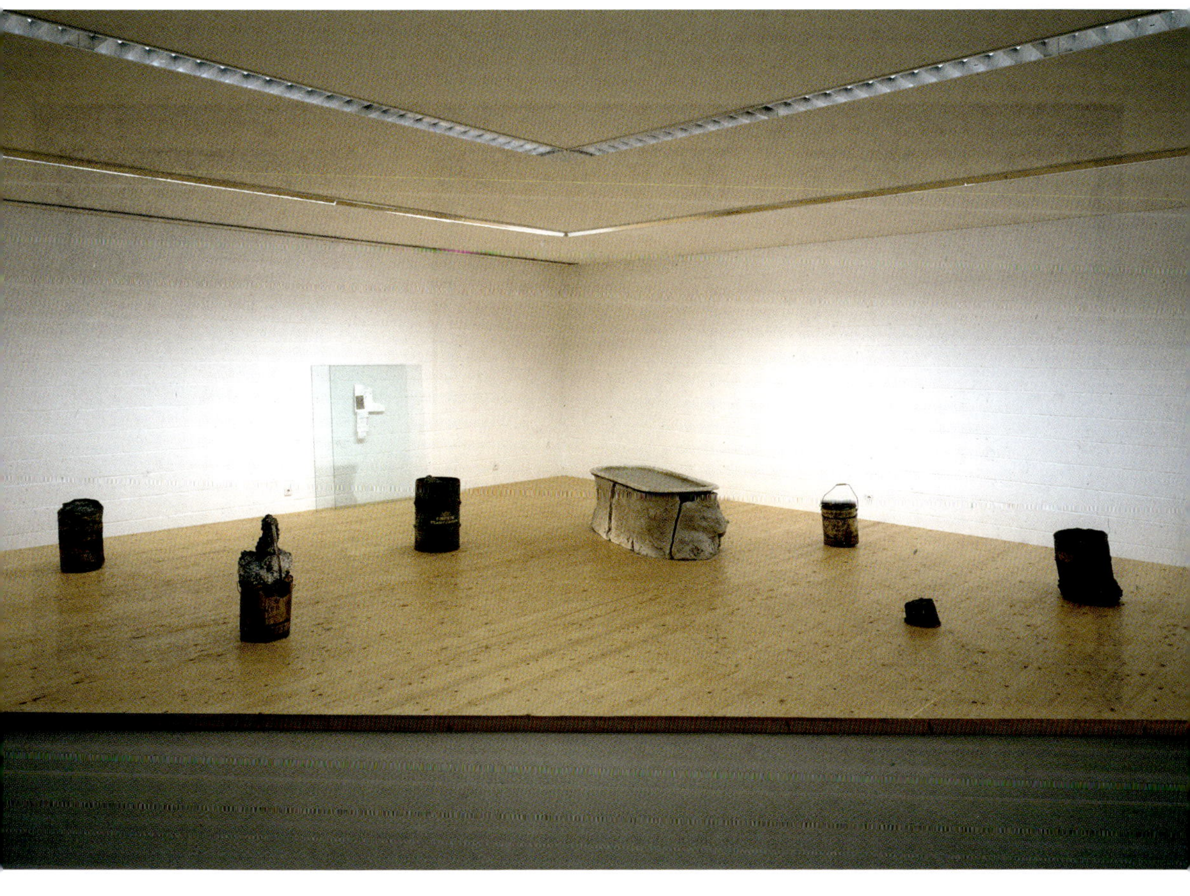

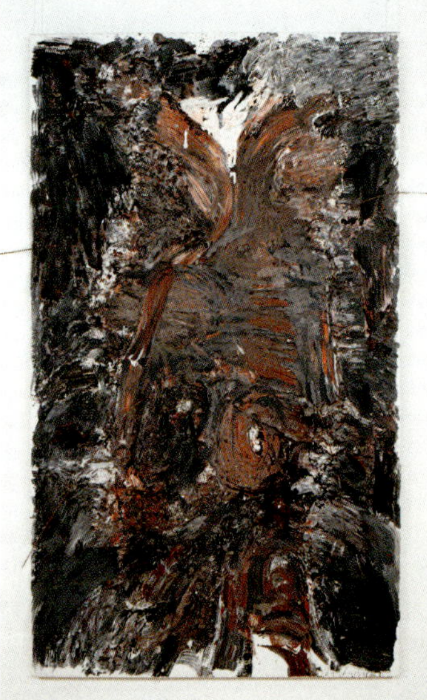
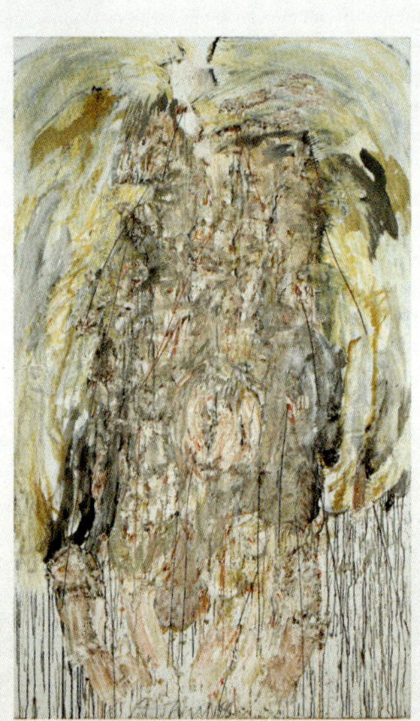
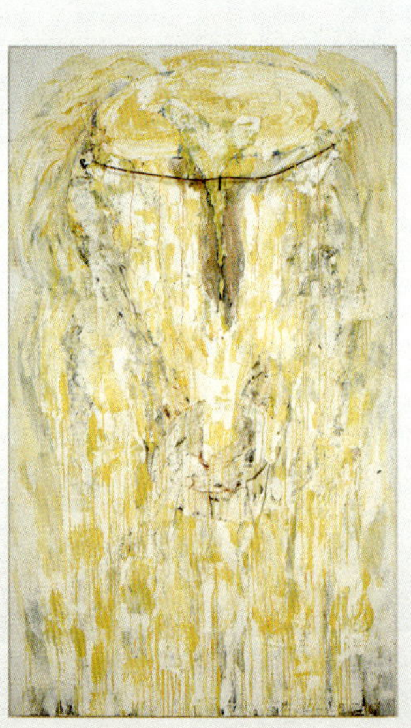

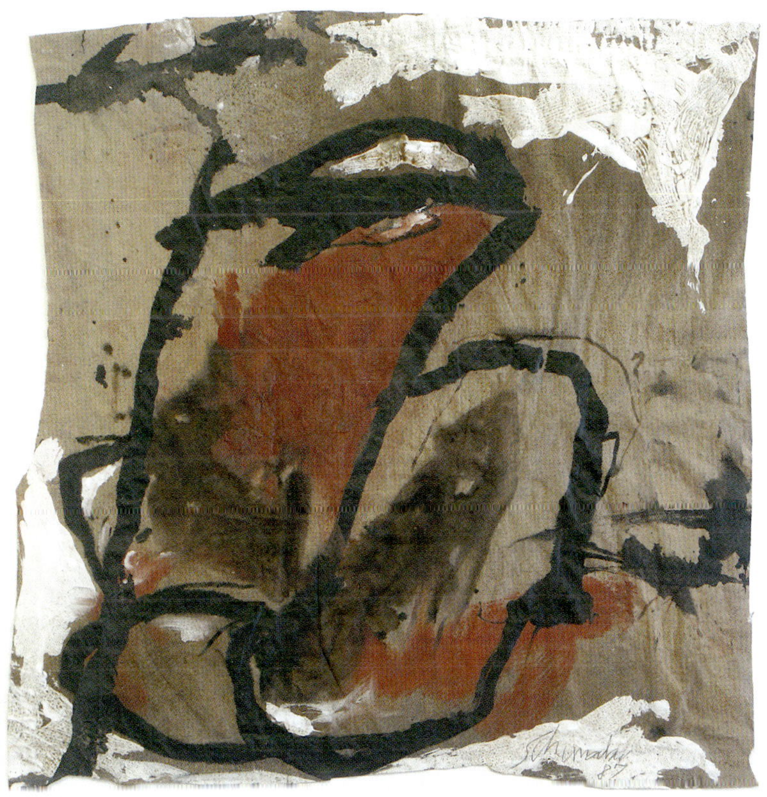

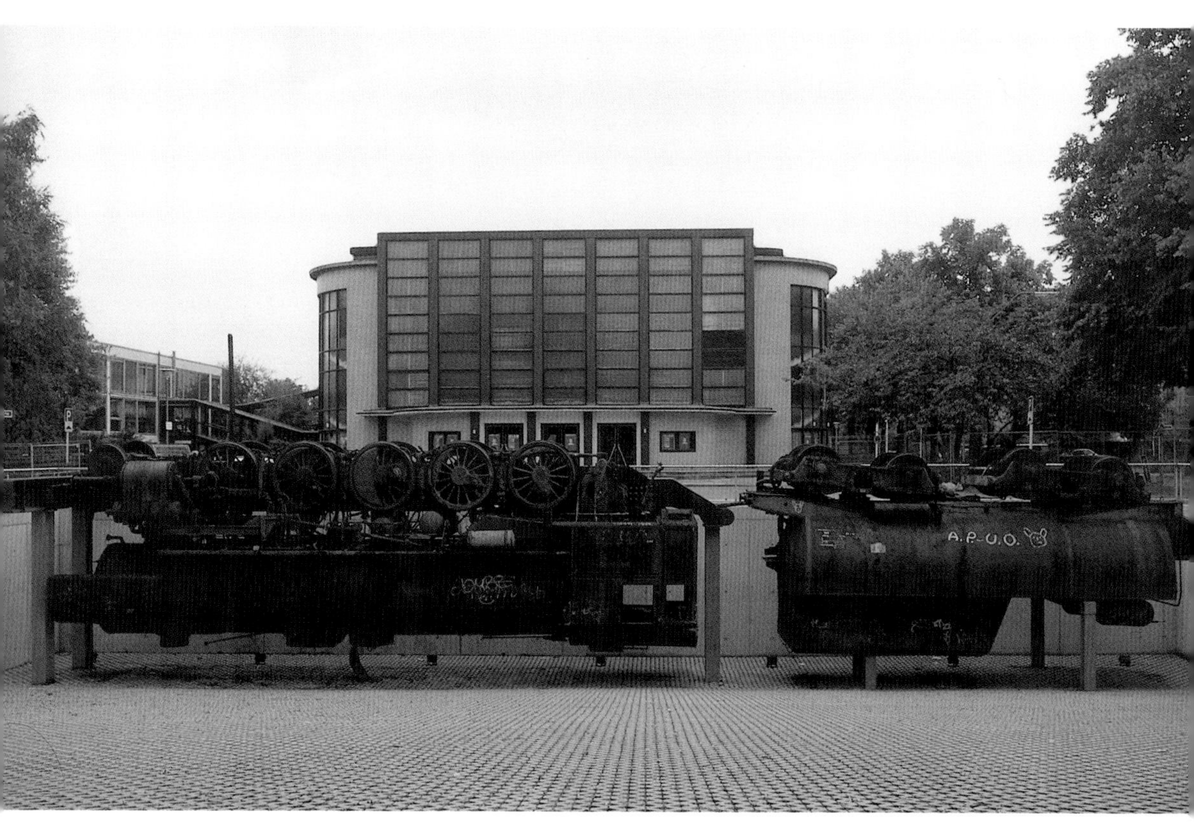

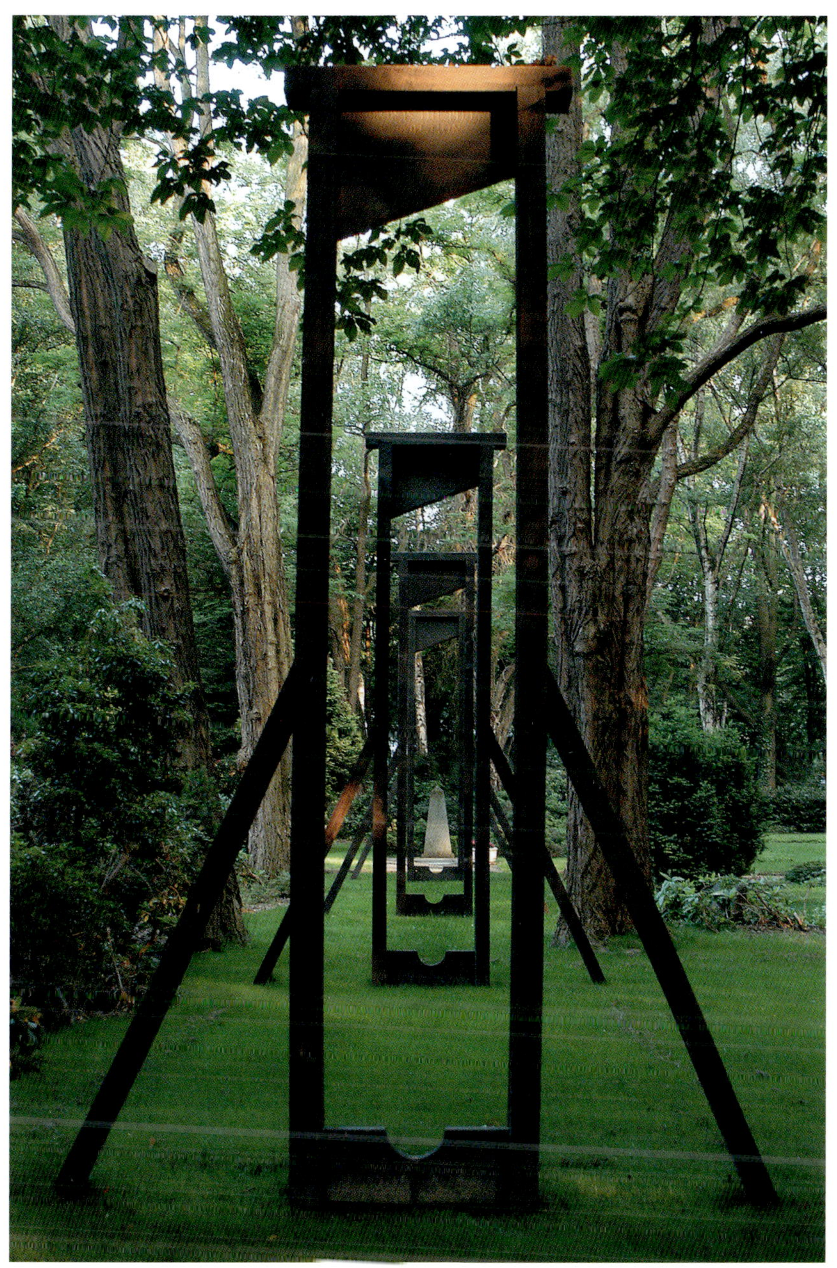

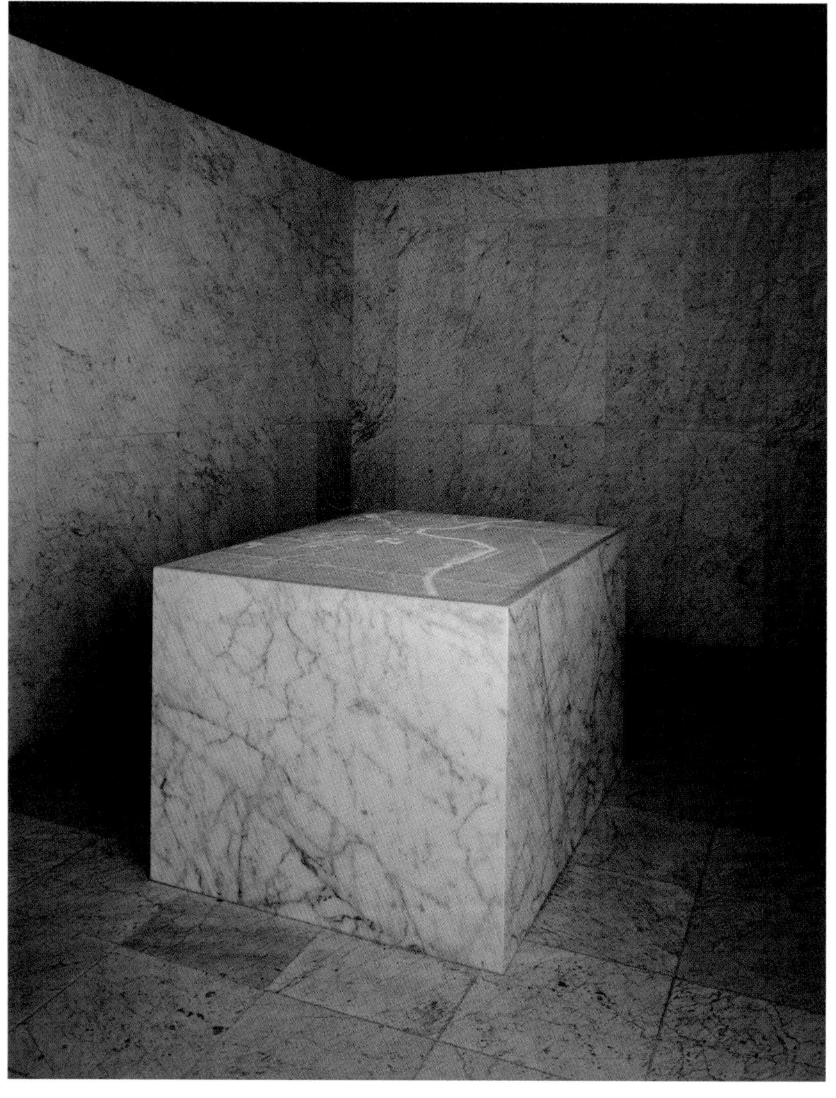

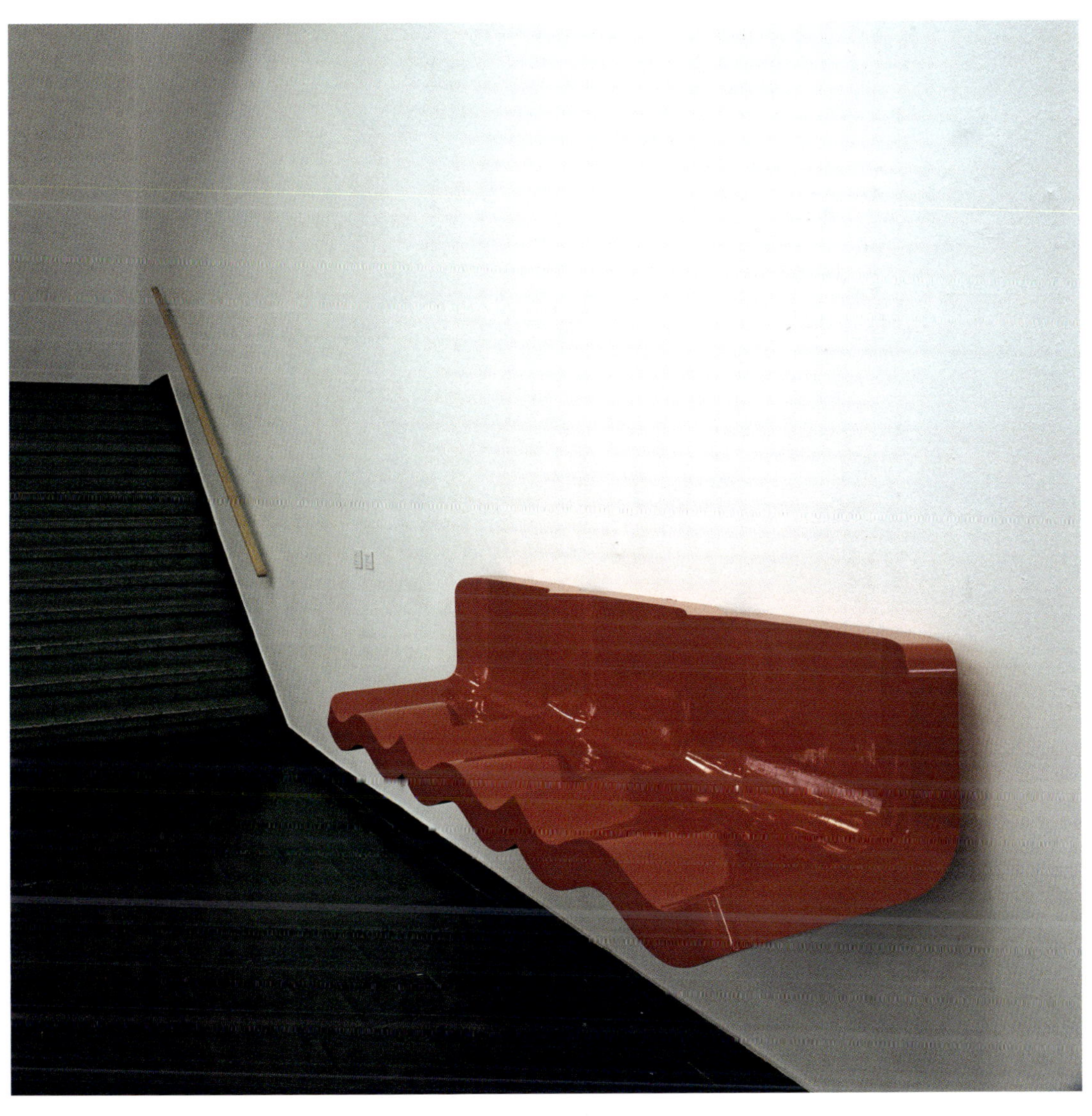

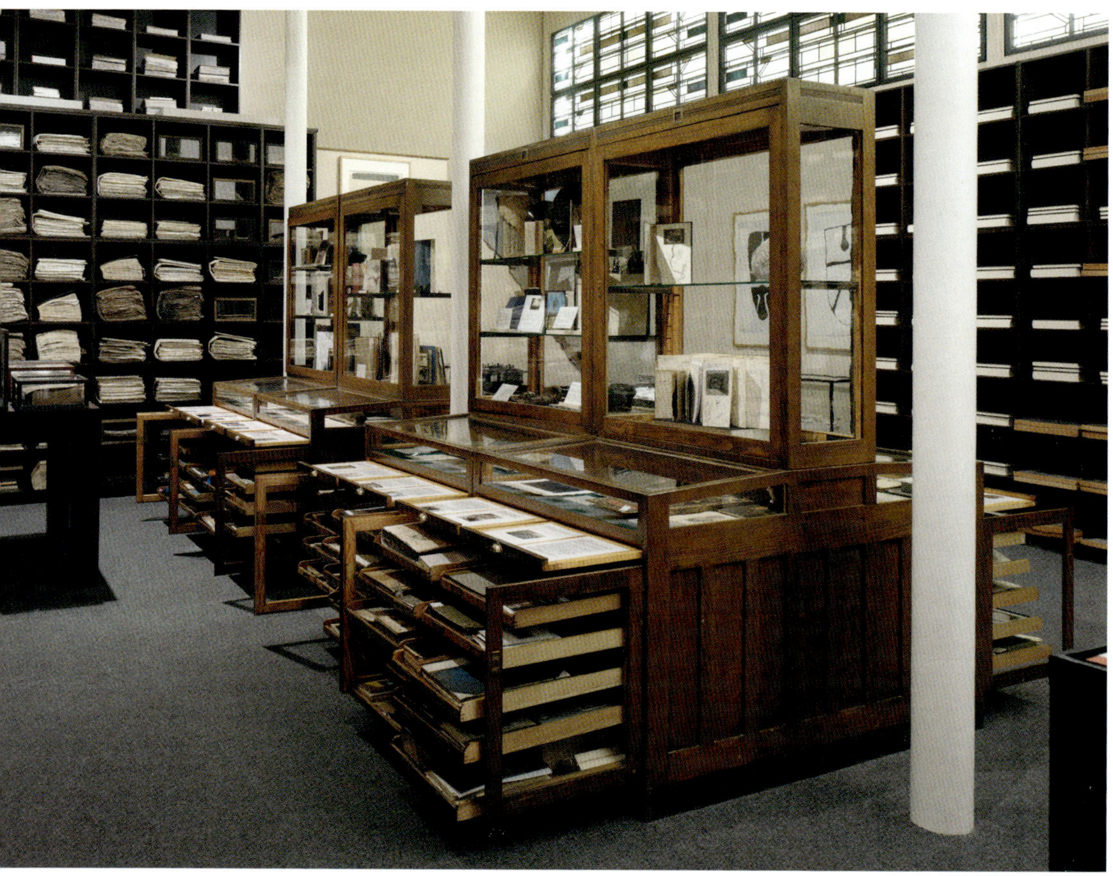

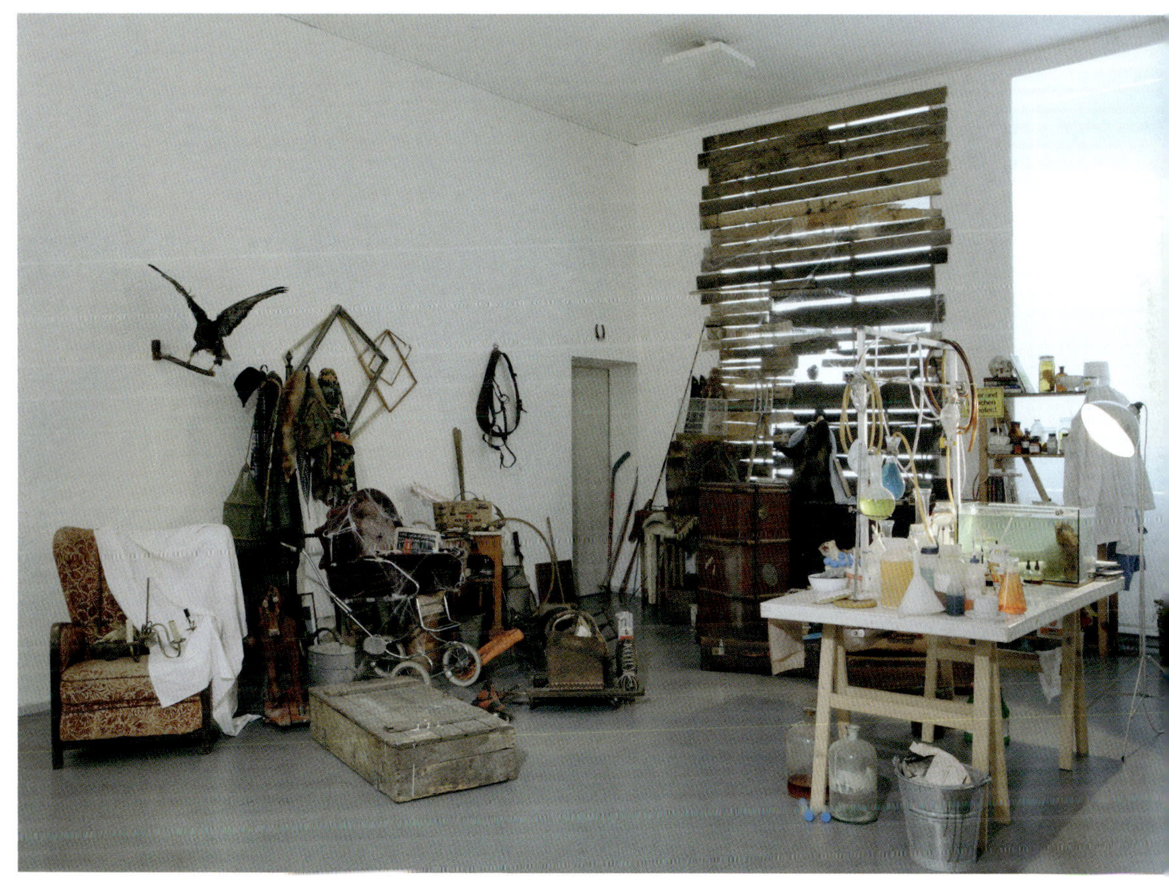

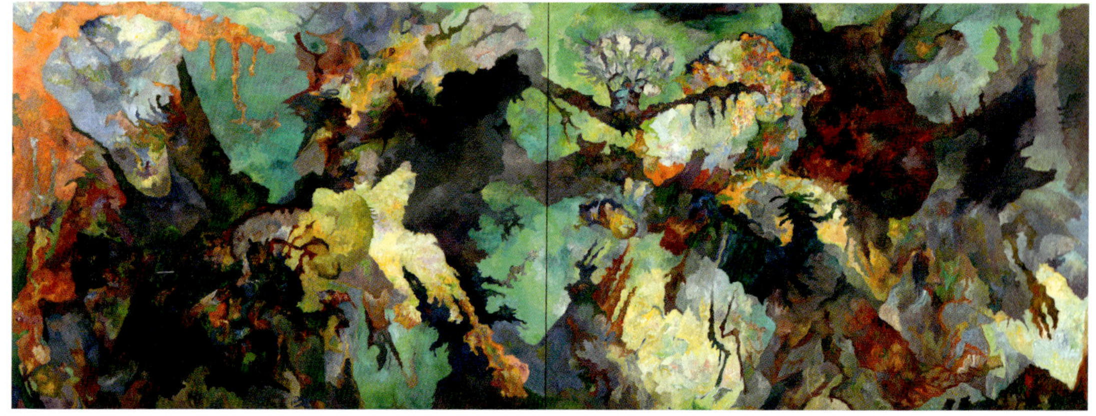

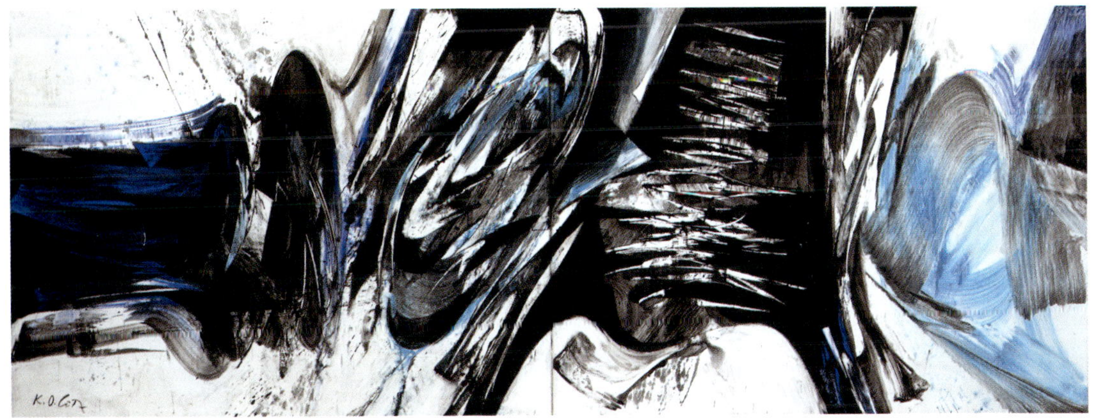

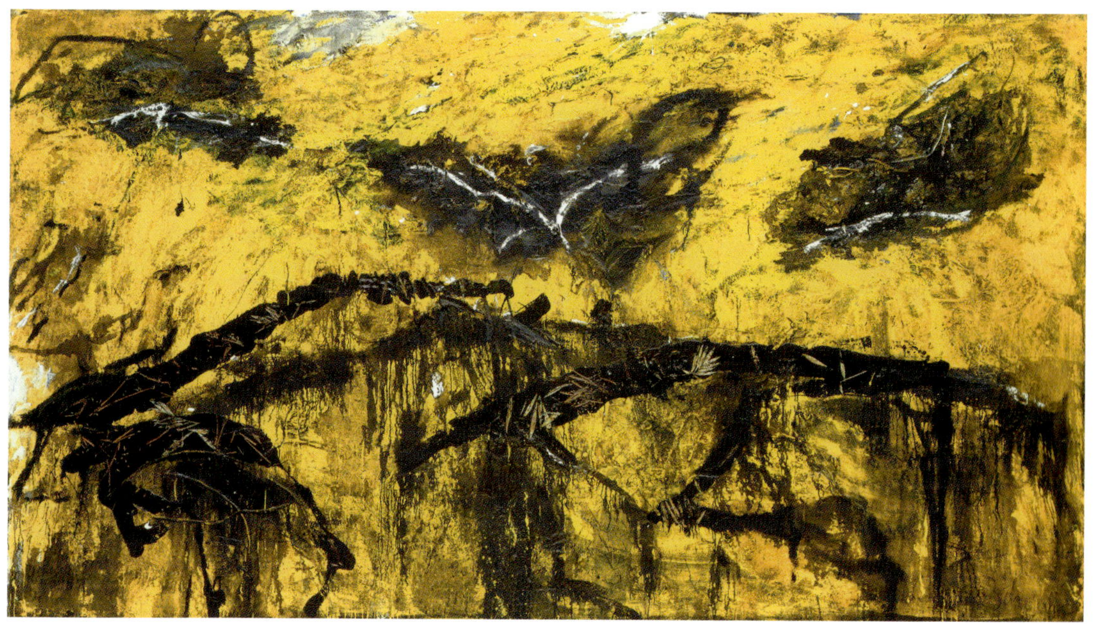

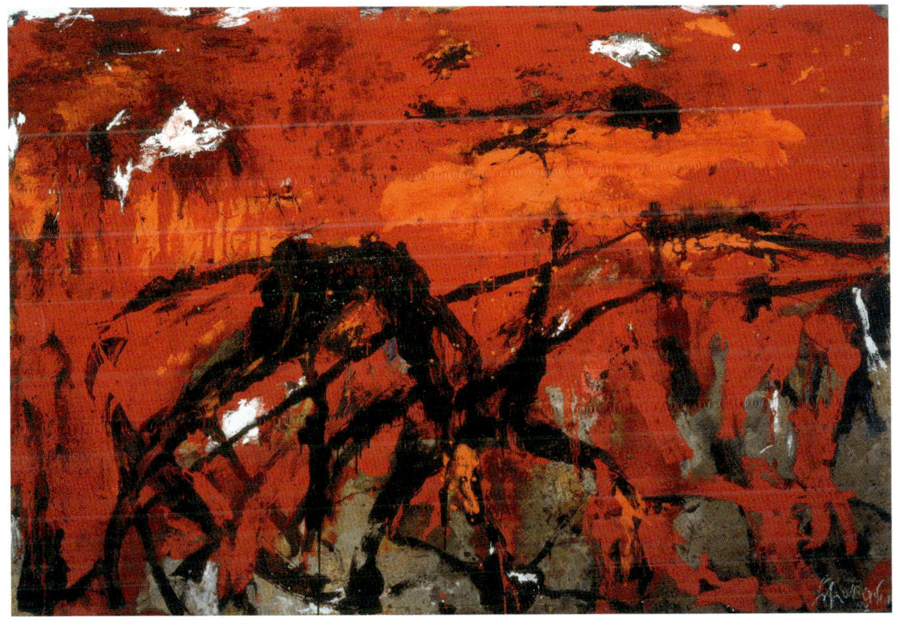

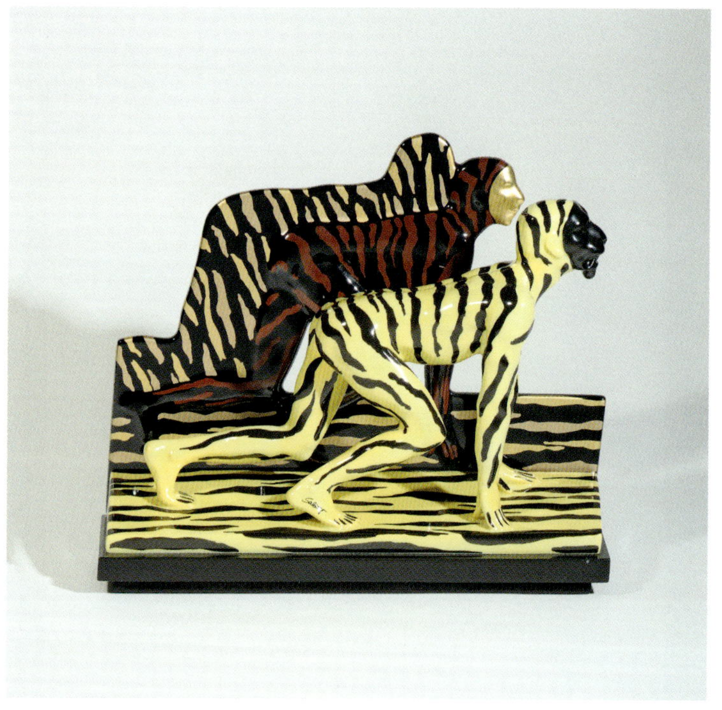

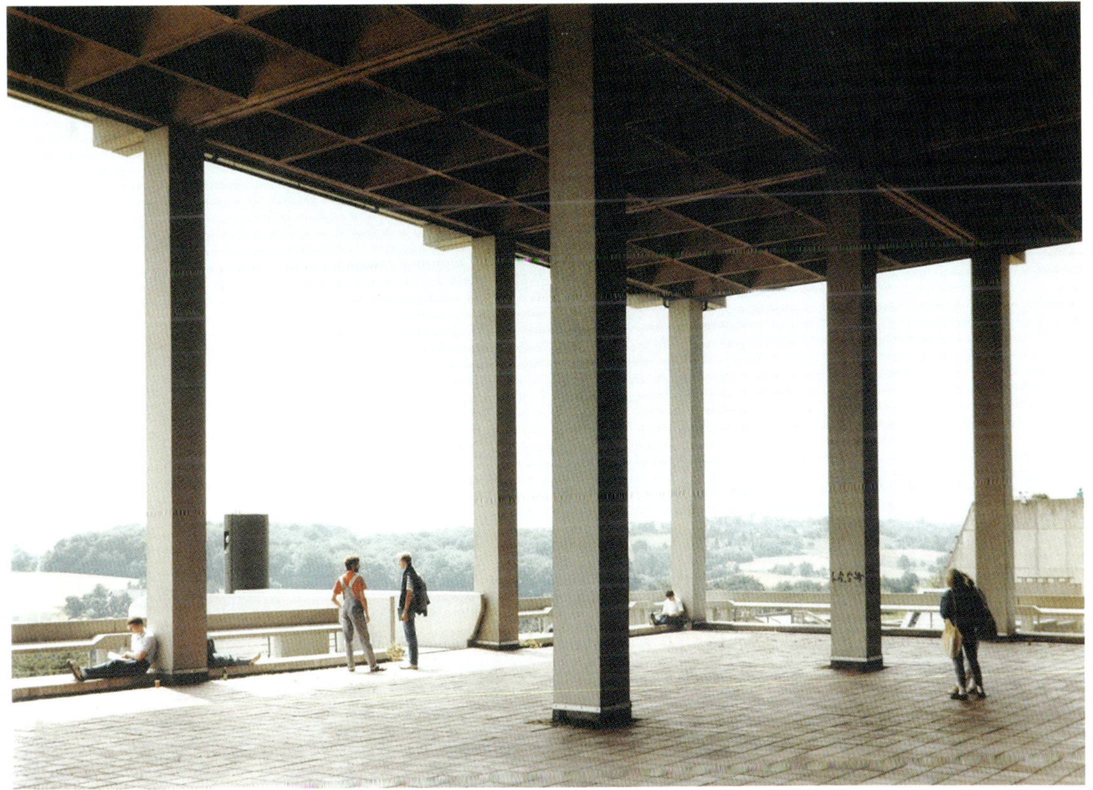

ANDREAS GURSKY ▮ RUHR-UNIVERSITÄT BOCHUM ▮ 1988 (ABZUG 1999) ▮ KUNSTSAMMLUNGEN DER RUHR-UNIVERSITÄT BOCHUM, CAMPUSMUSEUM

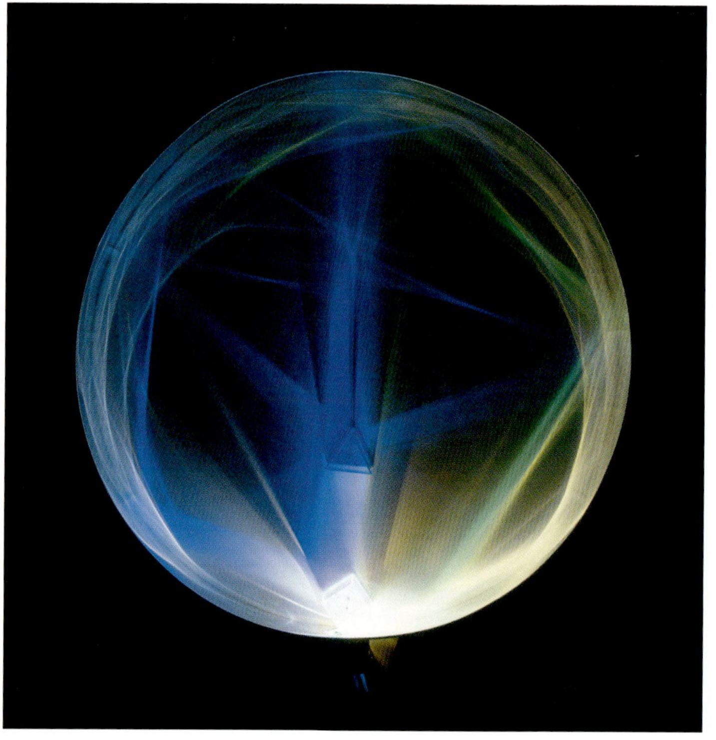

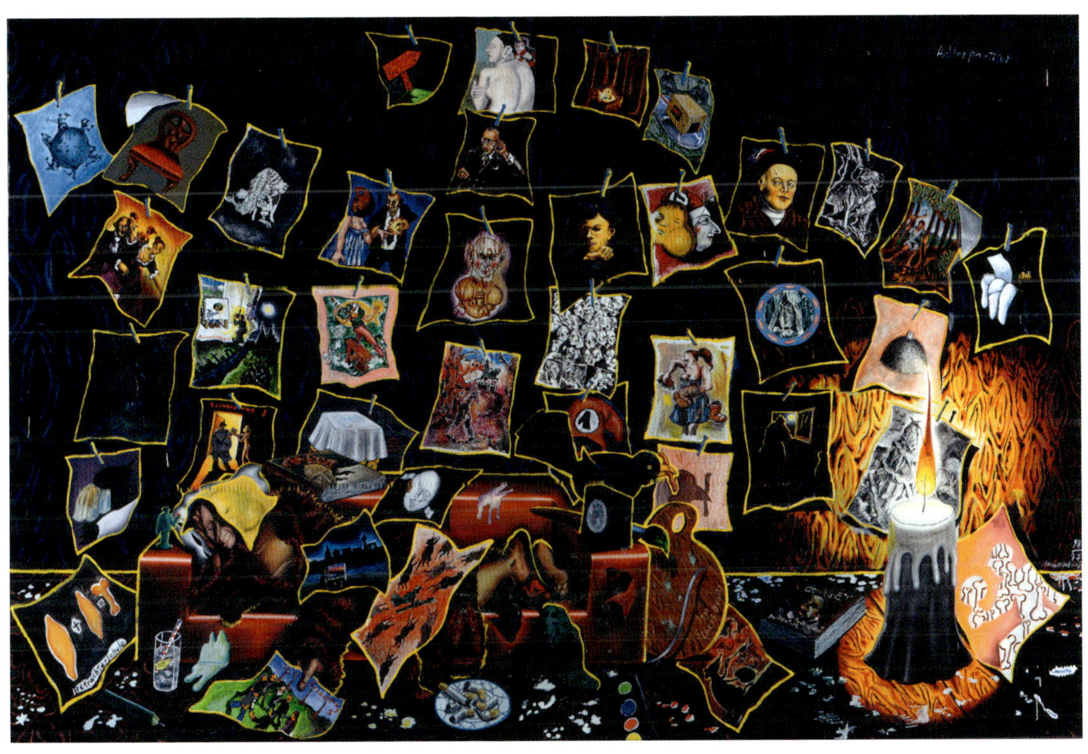

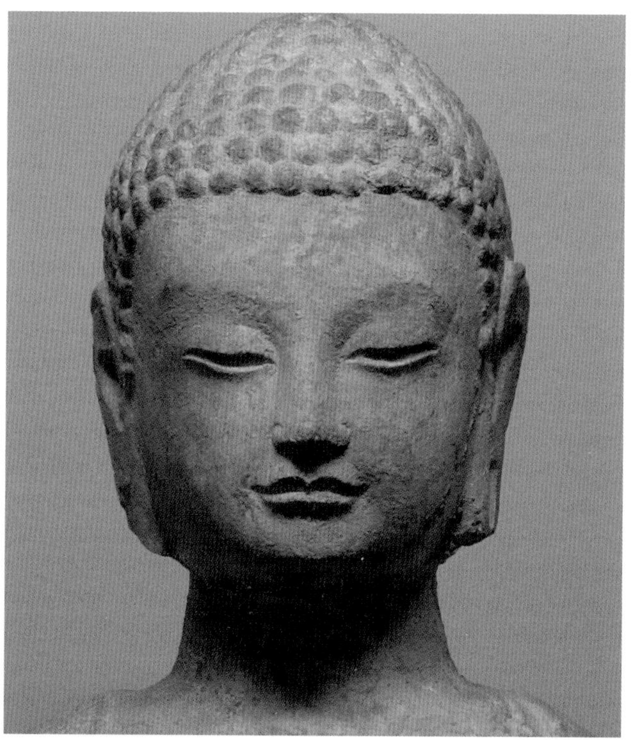

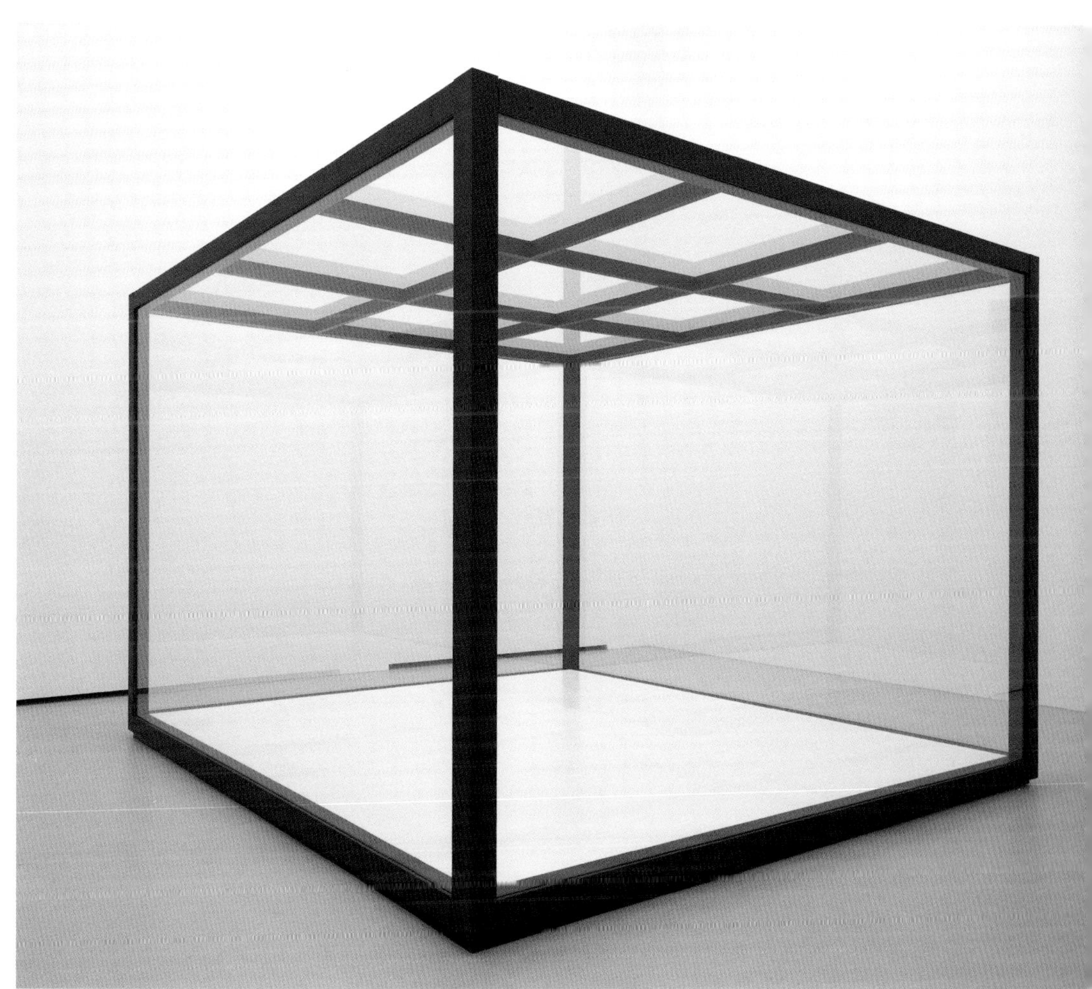

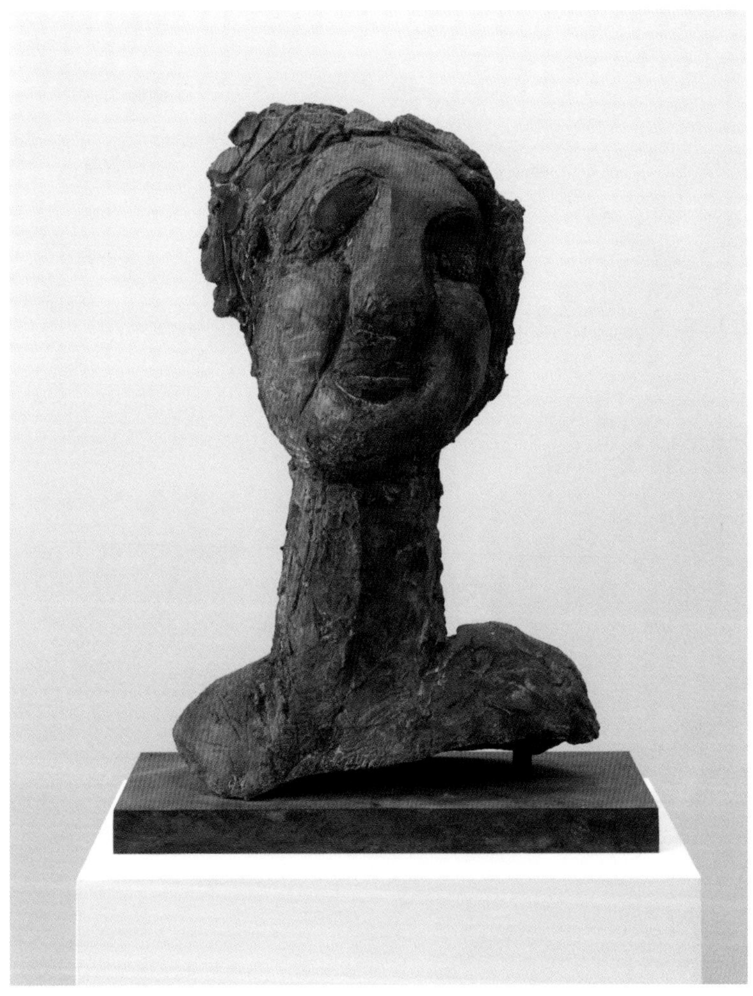

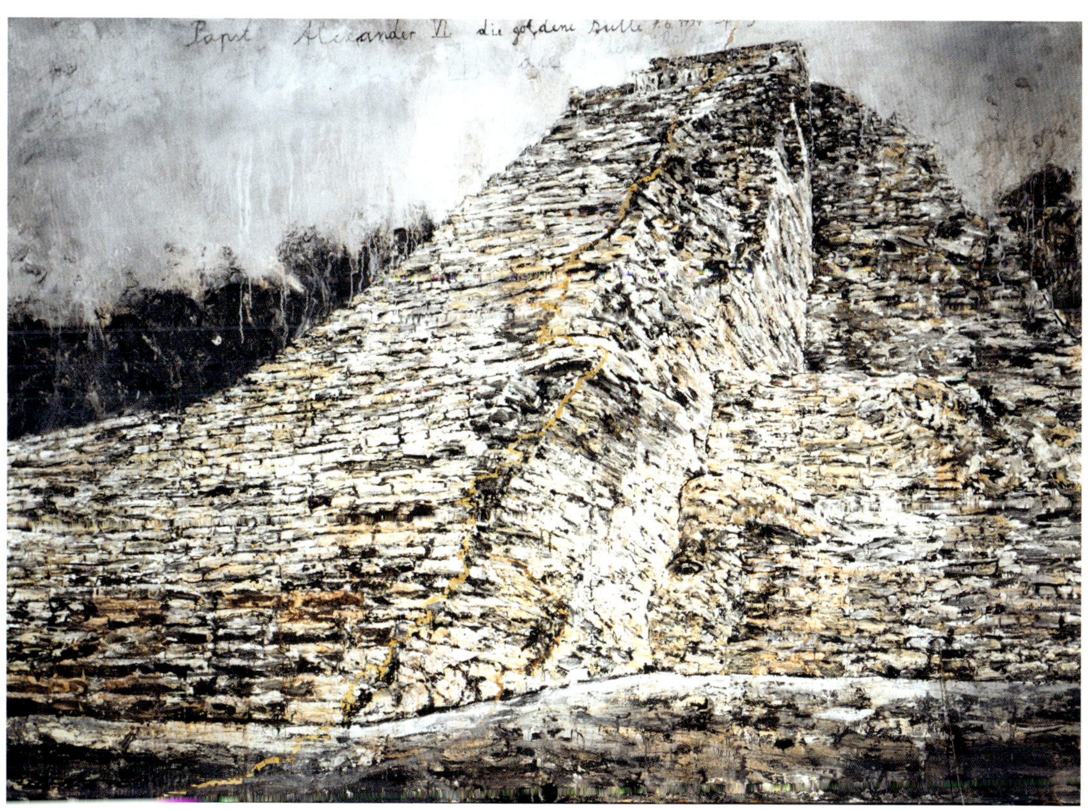

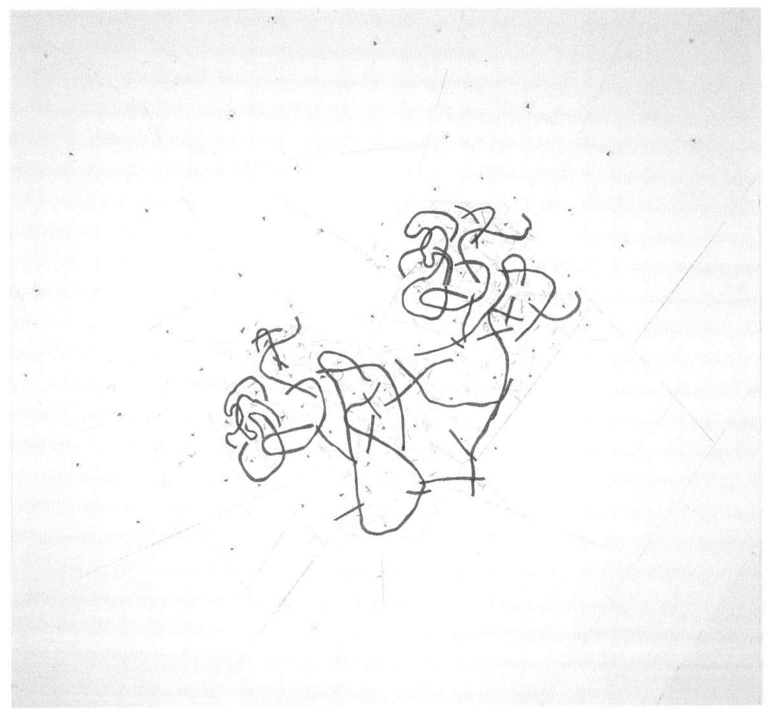

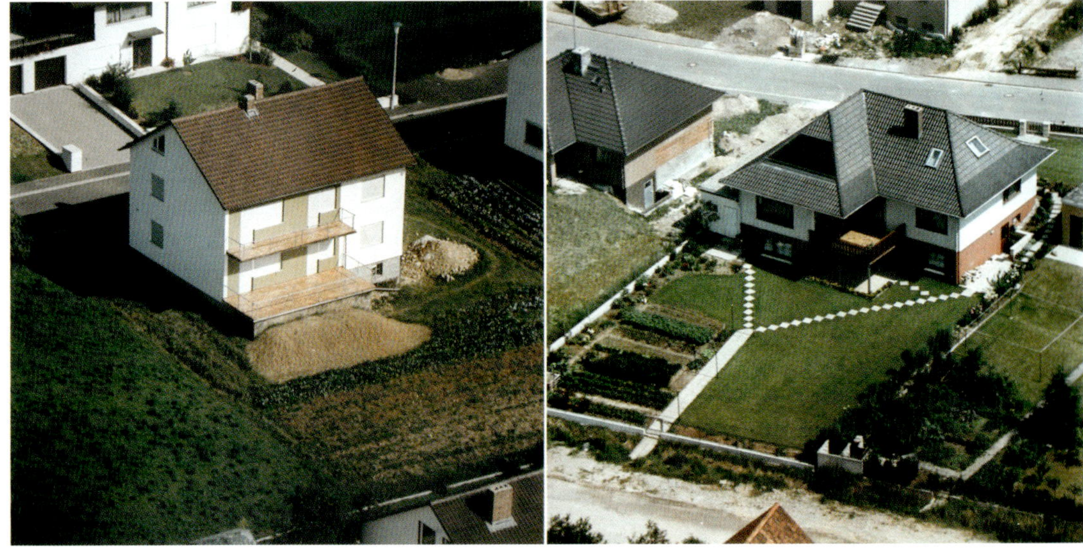

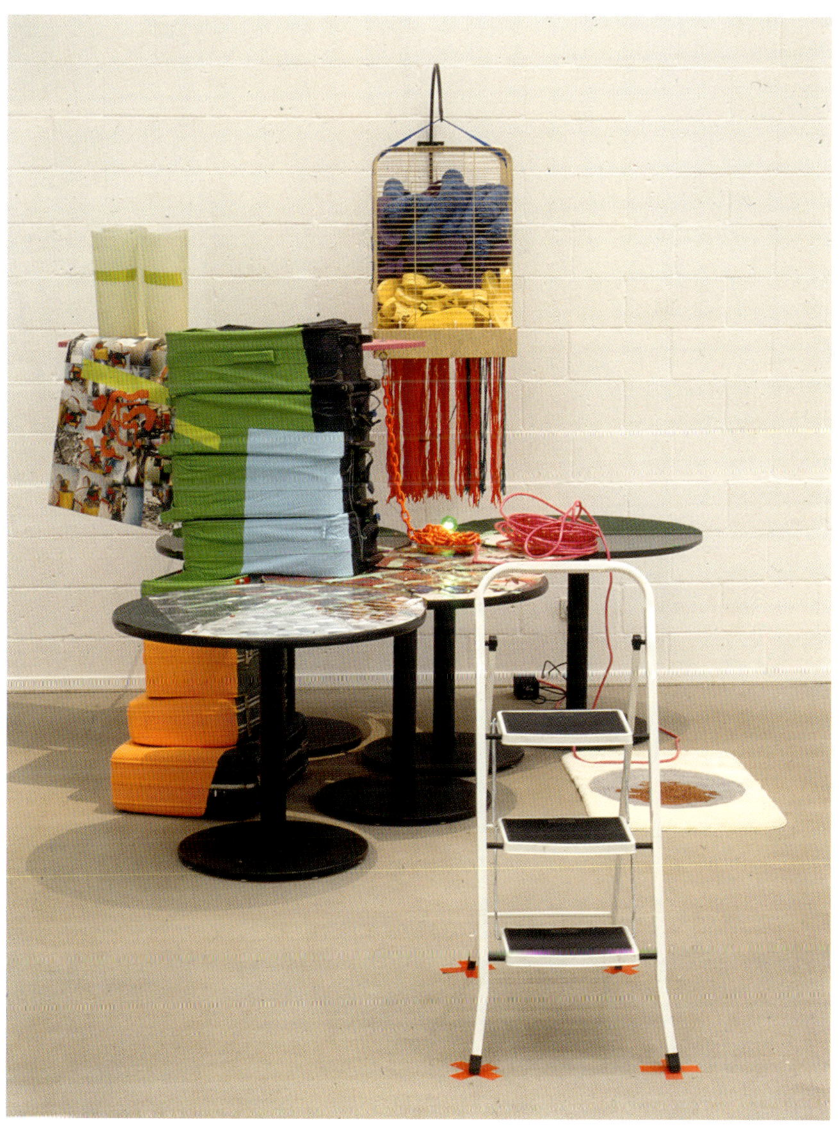

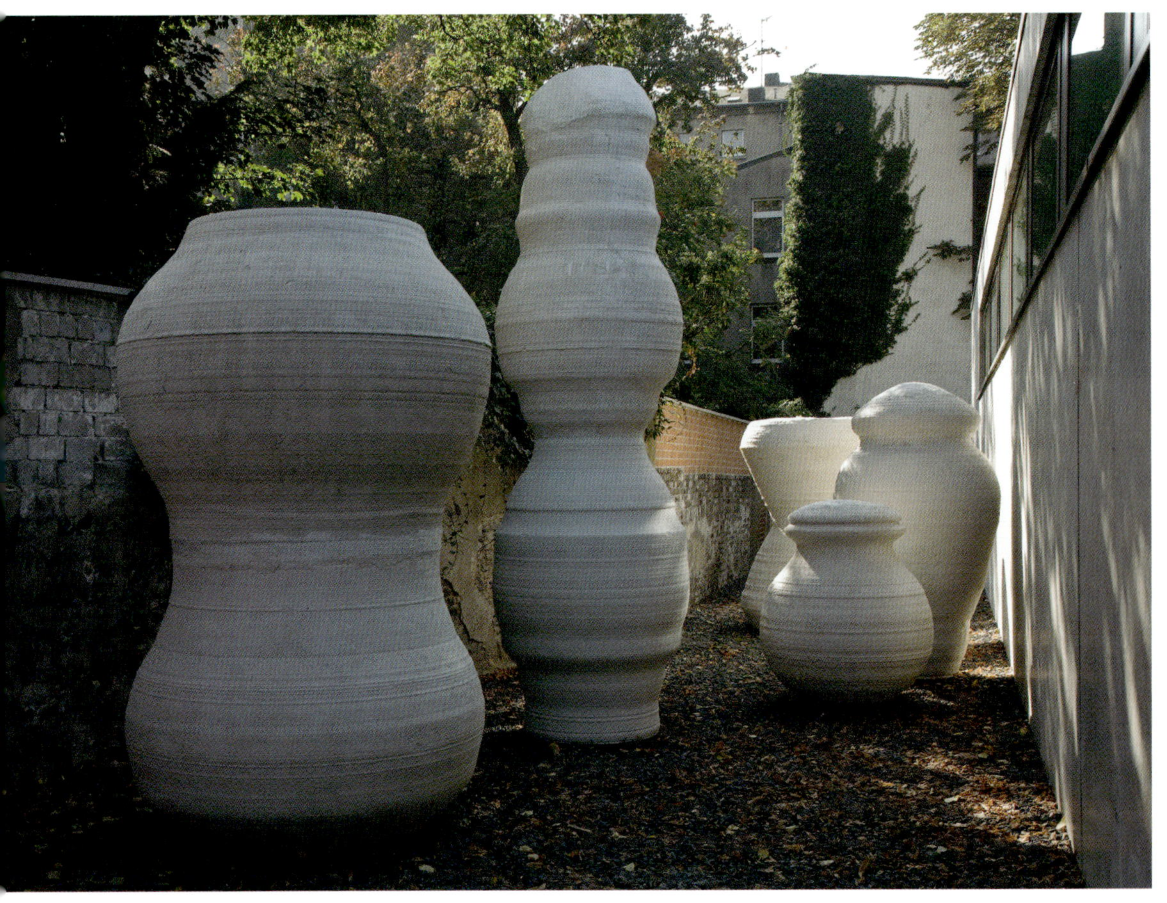

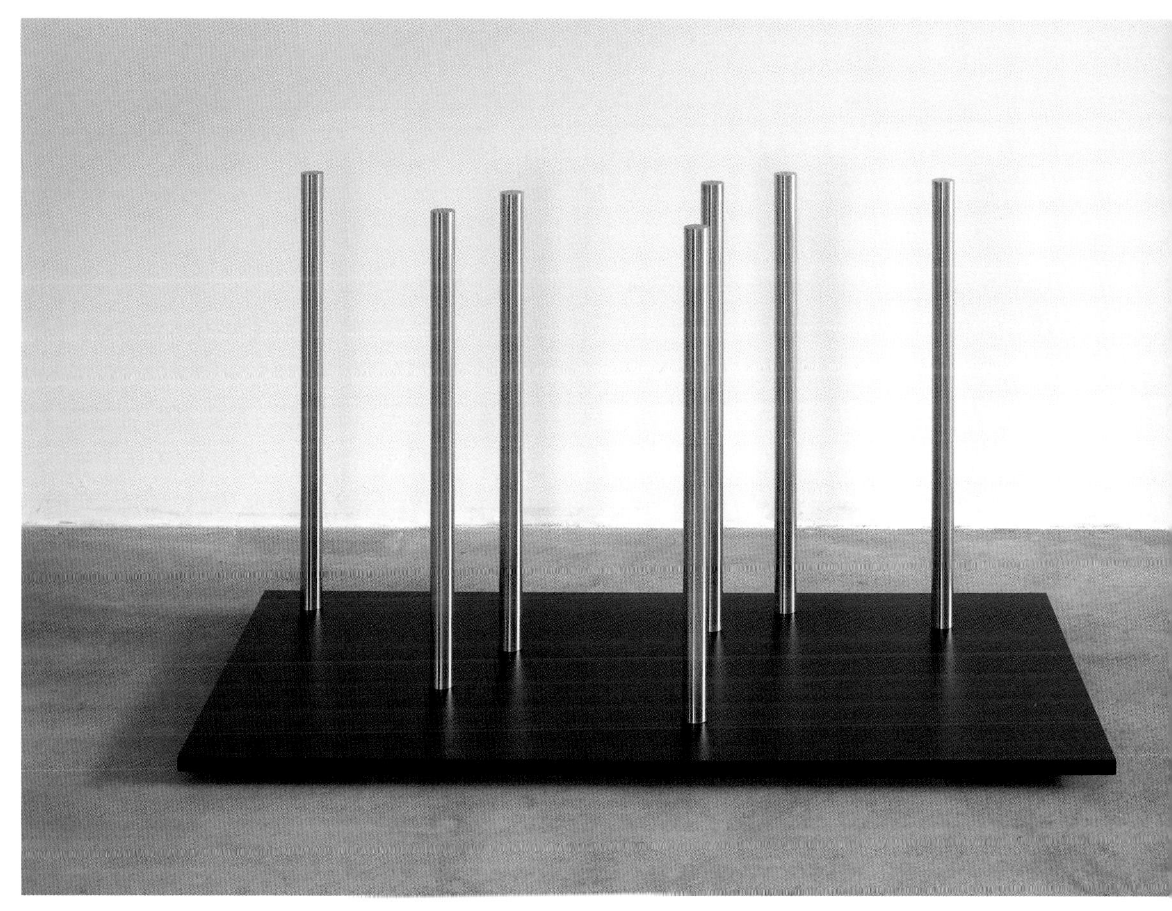

 AHNENBILDER (IM VORDERGRUND: 2 GELEHRTENSTEINE) ▌1870–1890 ▌MUSEUM DKM | STIFTUNG DKM, DUISBURG

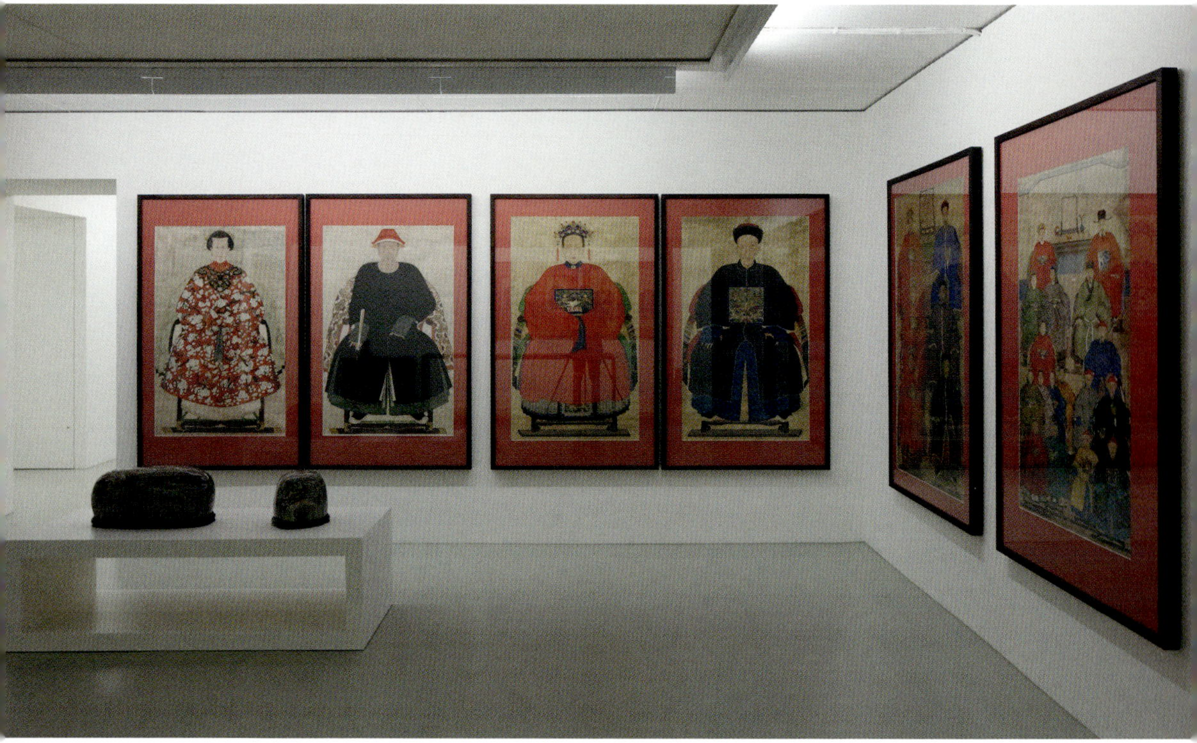

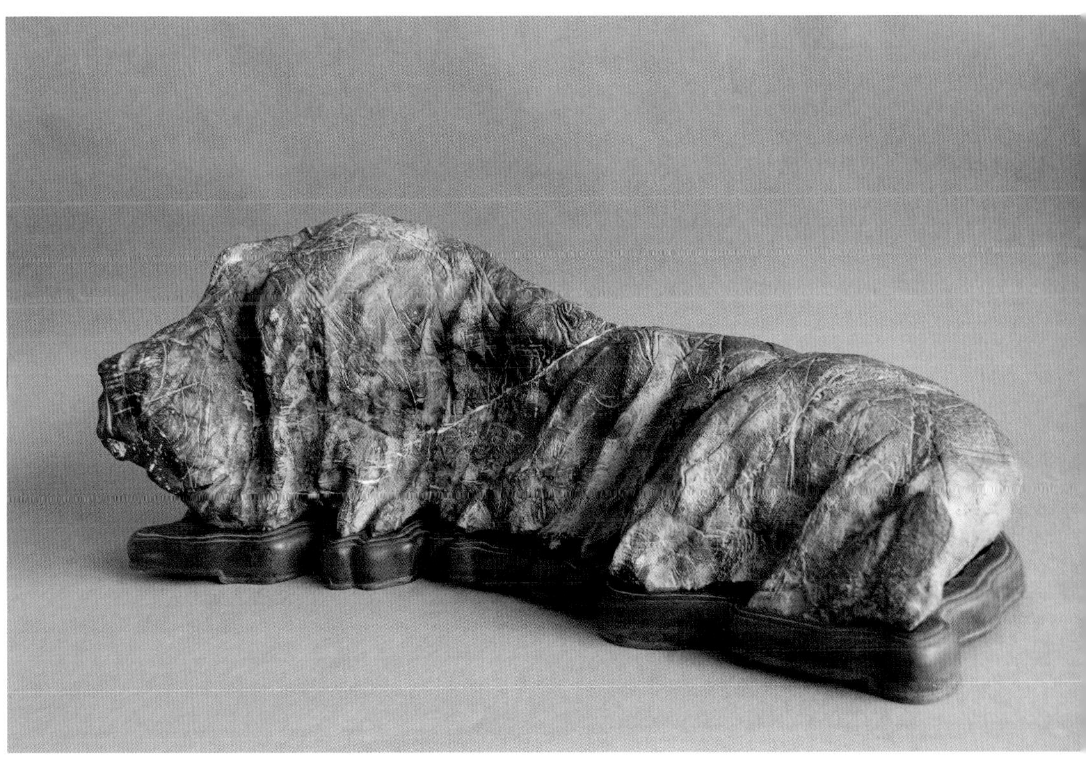

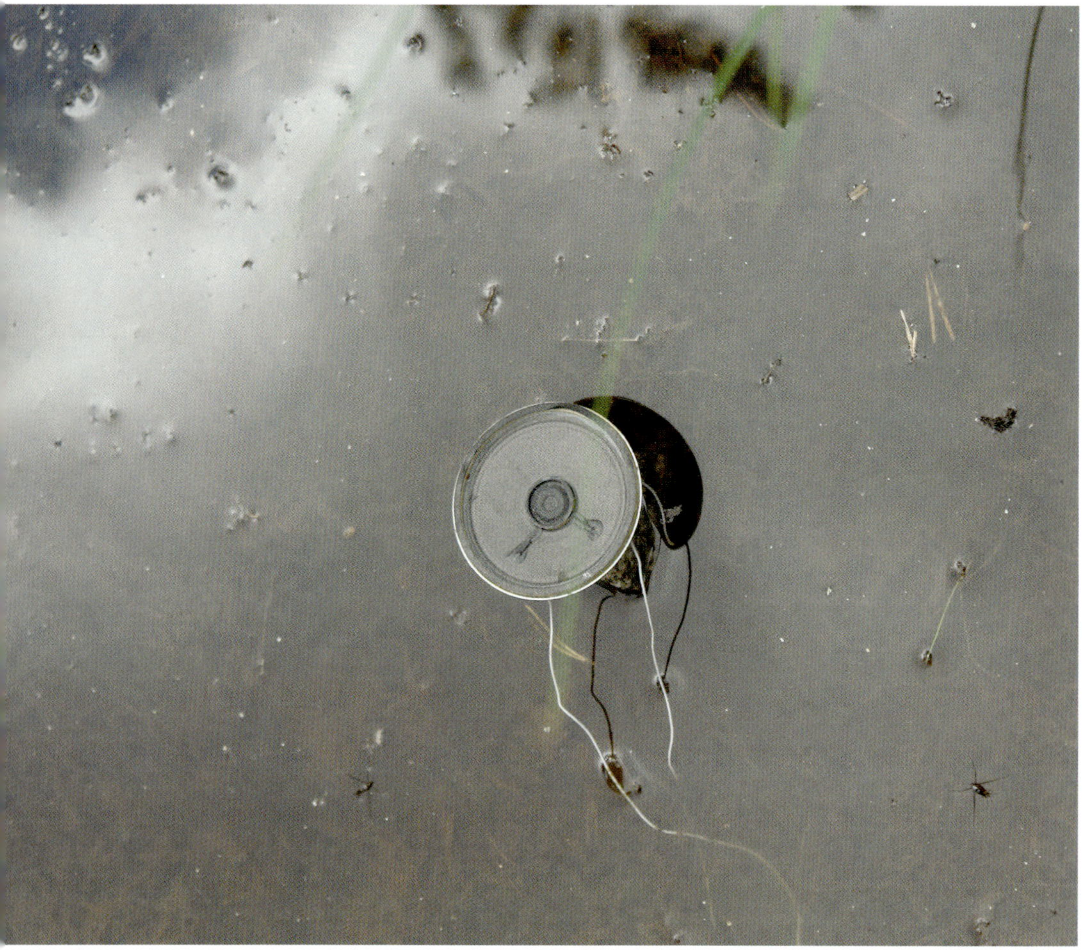

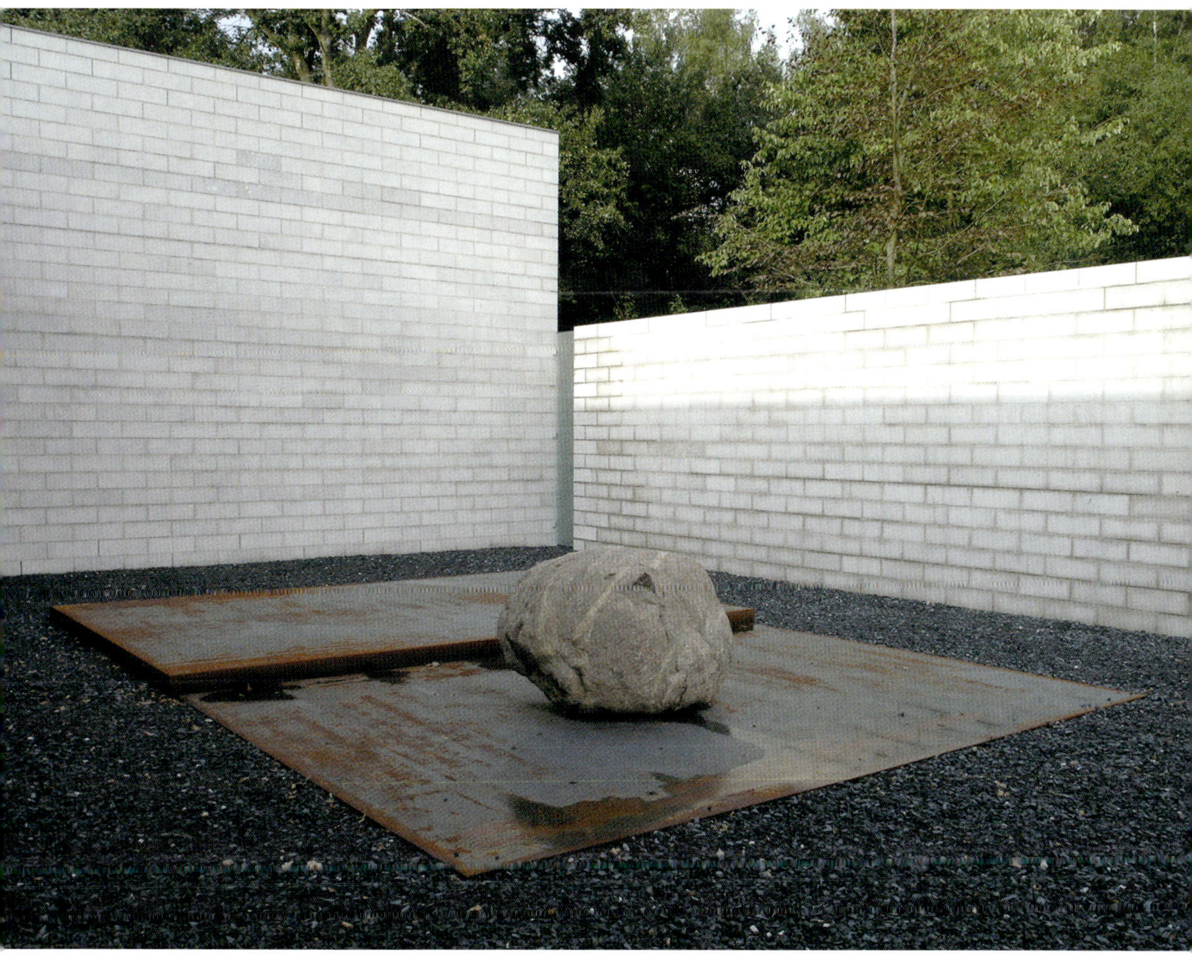

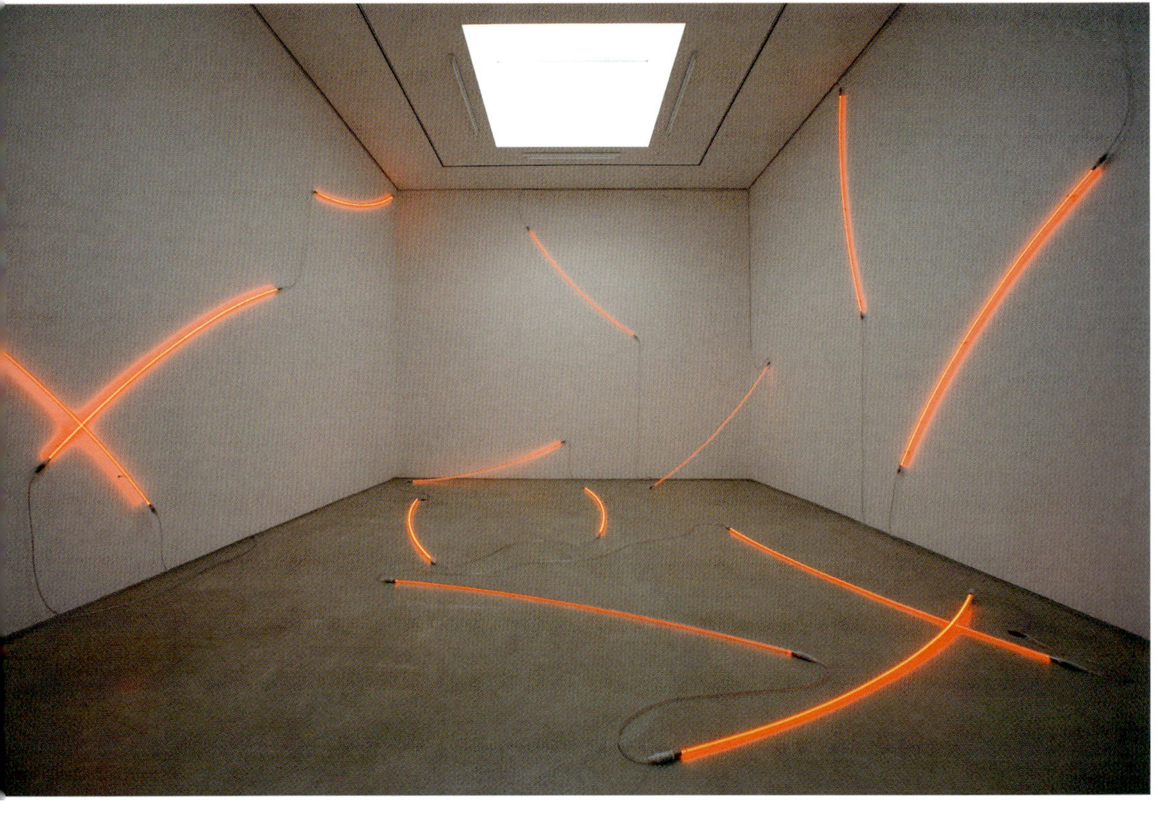

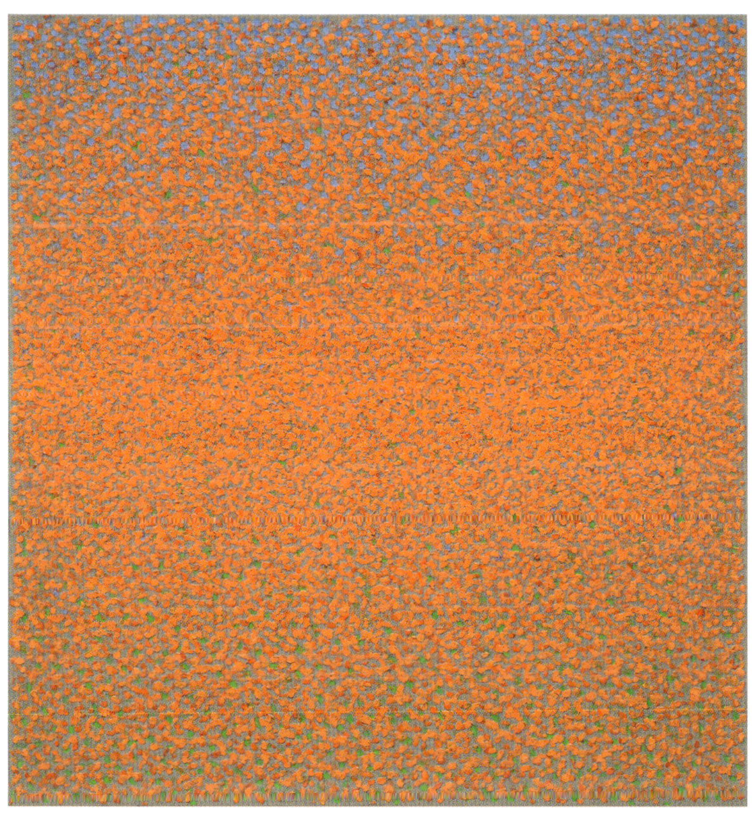

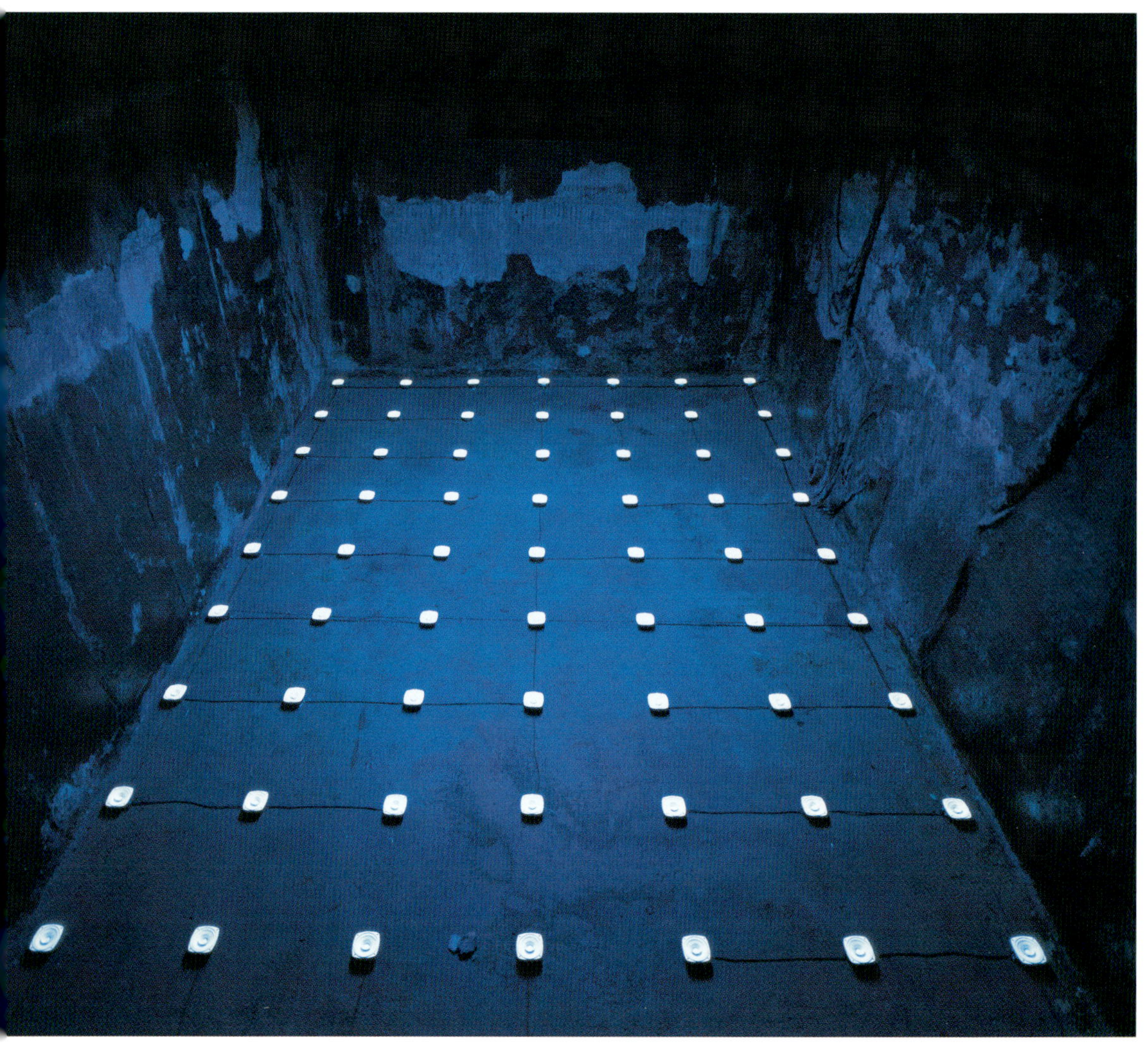

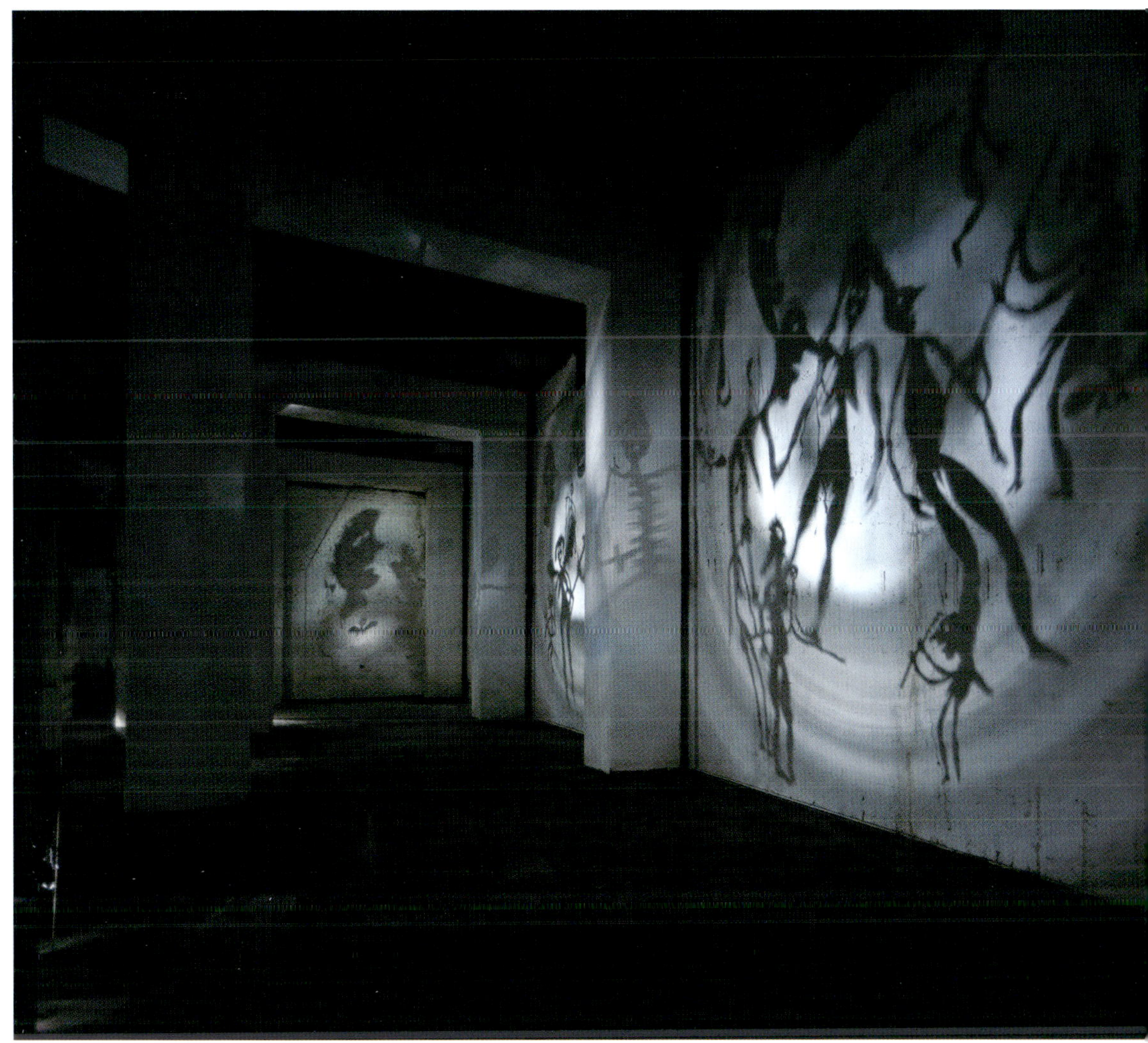

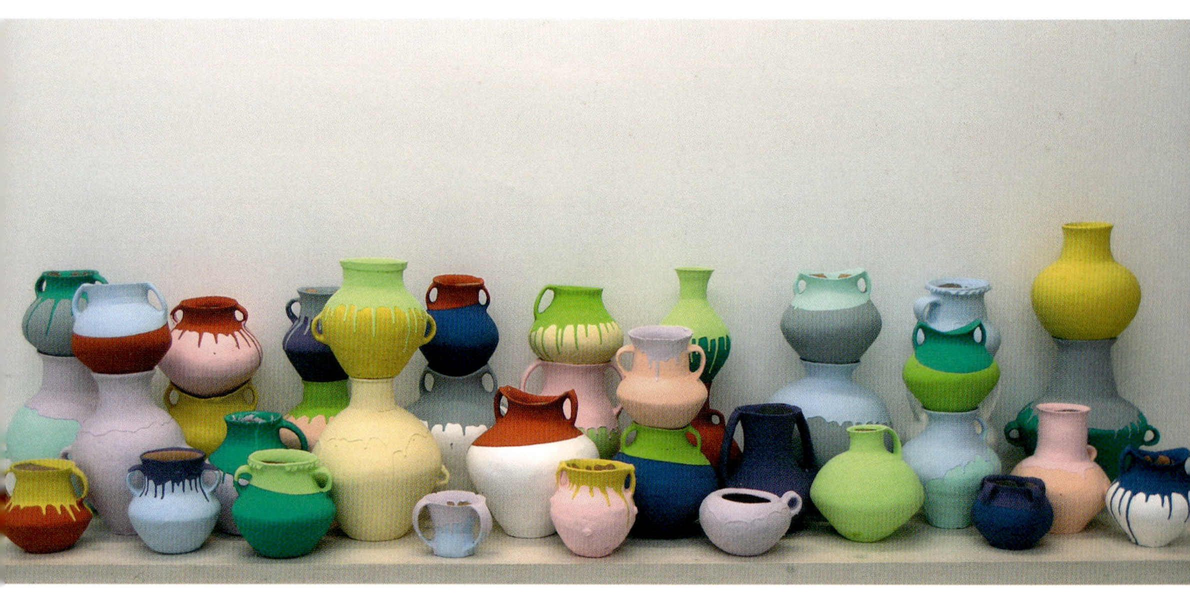

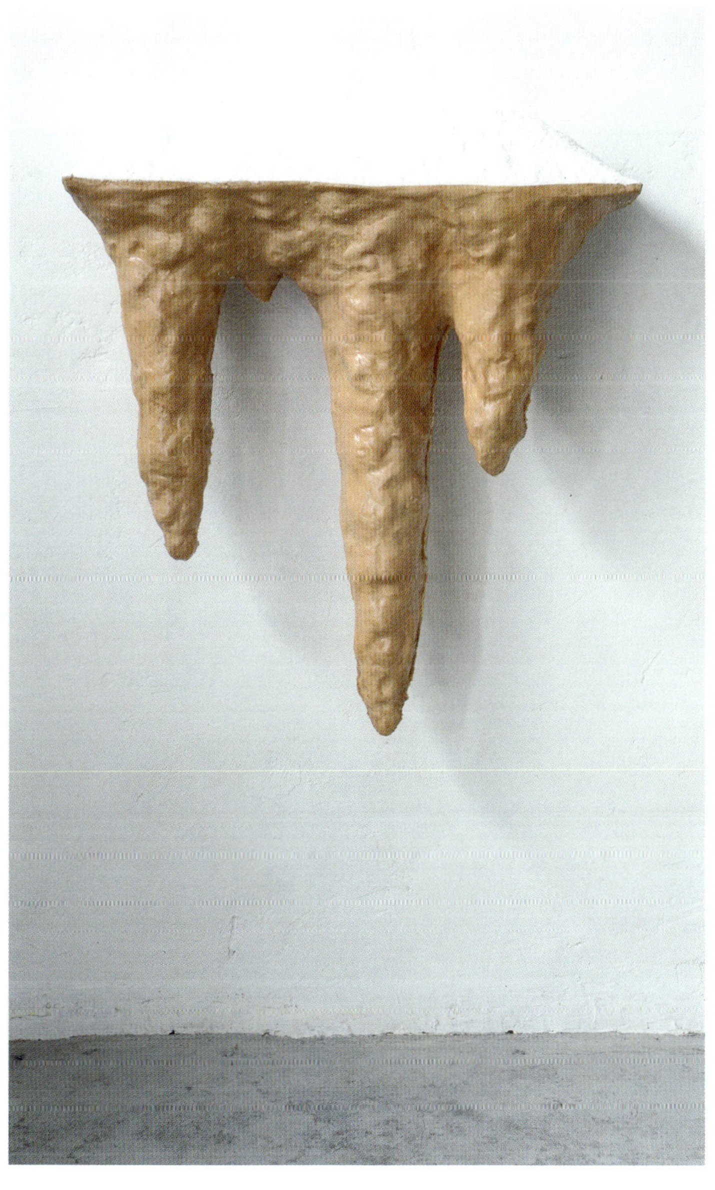

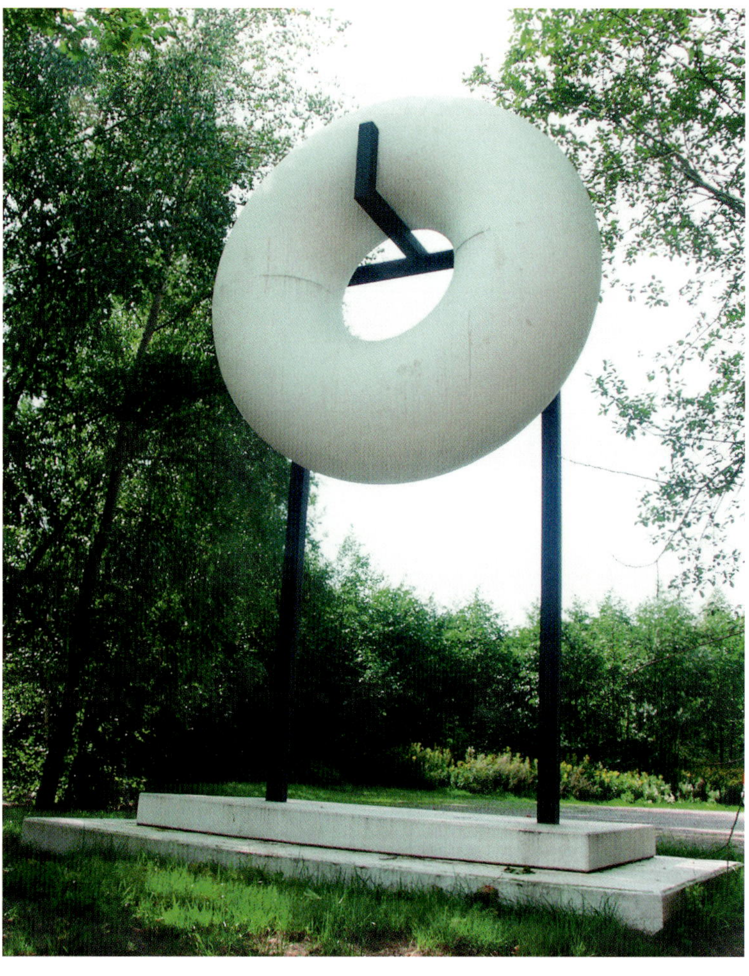

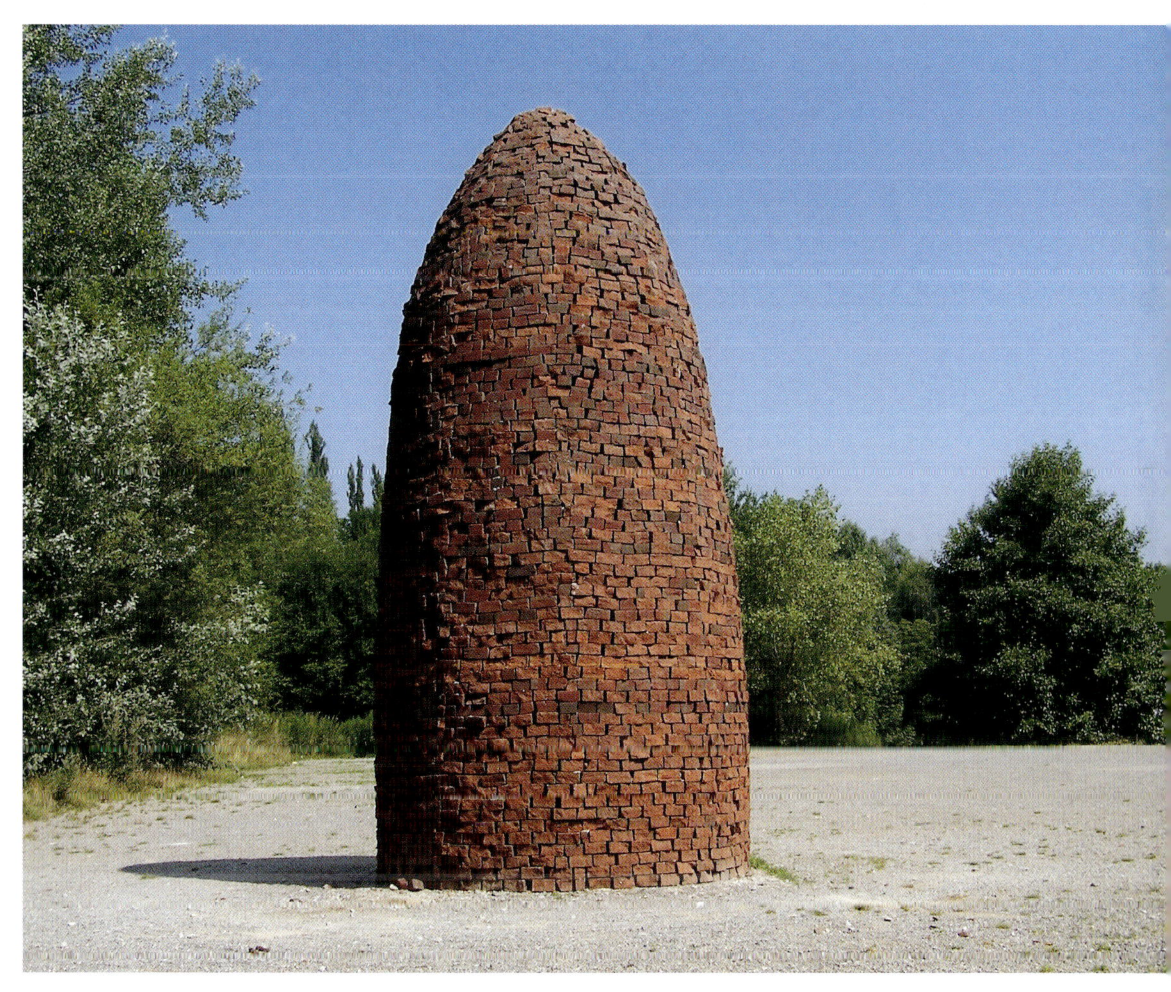

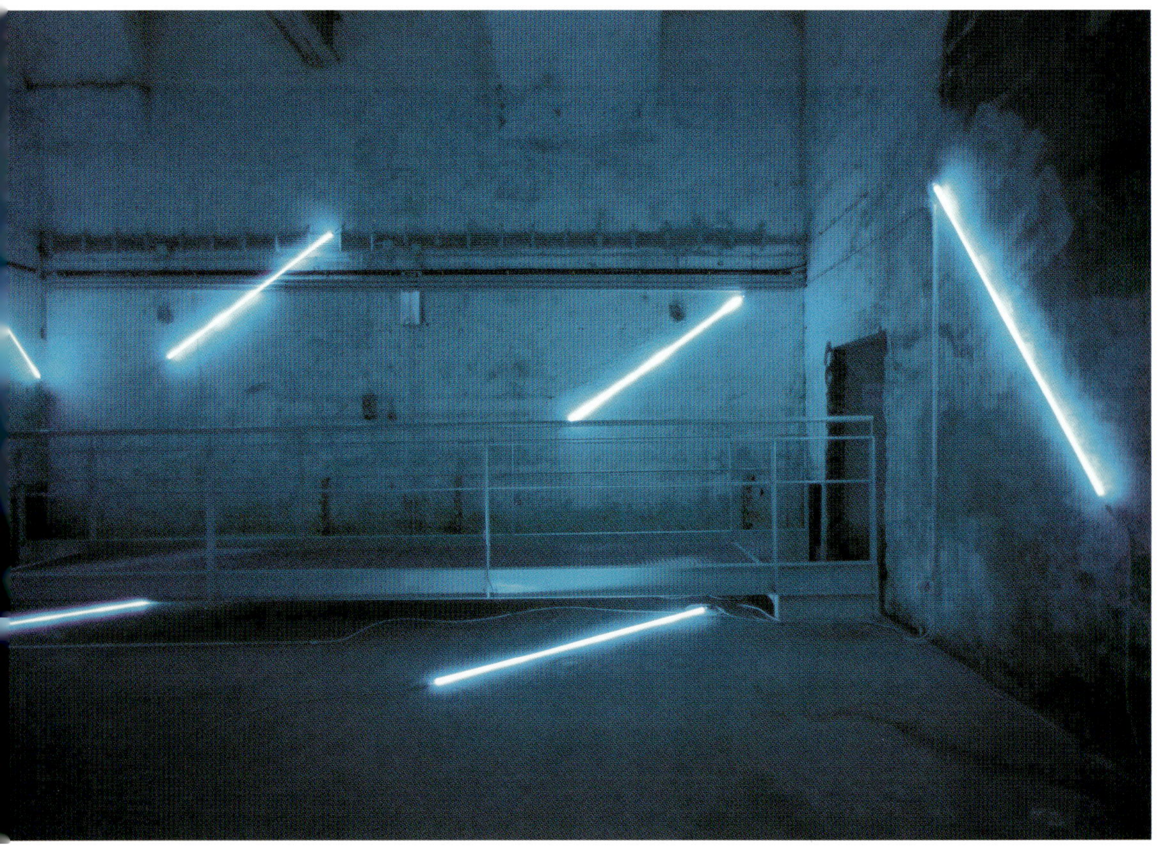

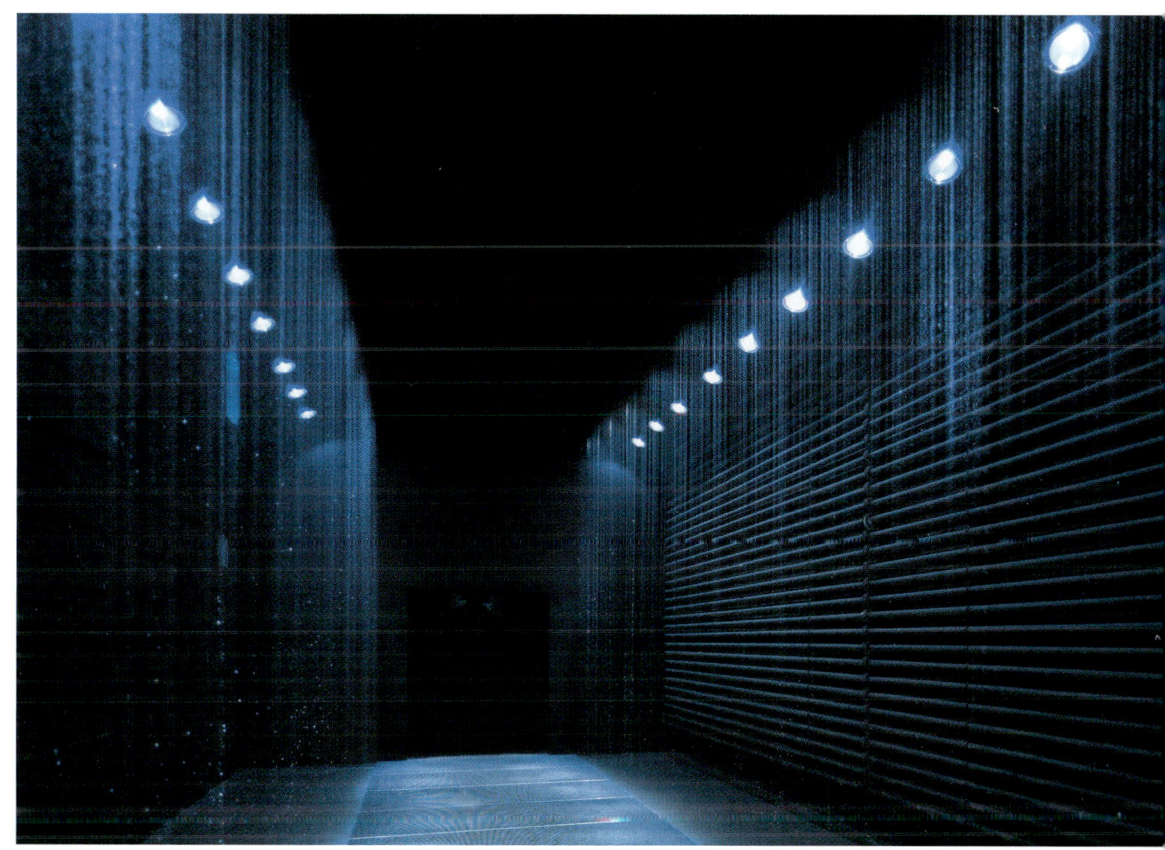

OLAFUR ELIASSON ▌ DER REFLEKTIERENDE KORRIDOR, ENTWURF ZUM STOPPEN DES FREIEN FALLS ▌ 2002 ▌ ZENTRUM FÜR INTERNATIONALE LICHTKUNST UNNA

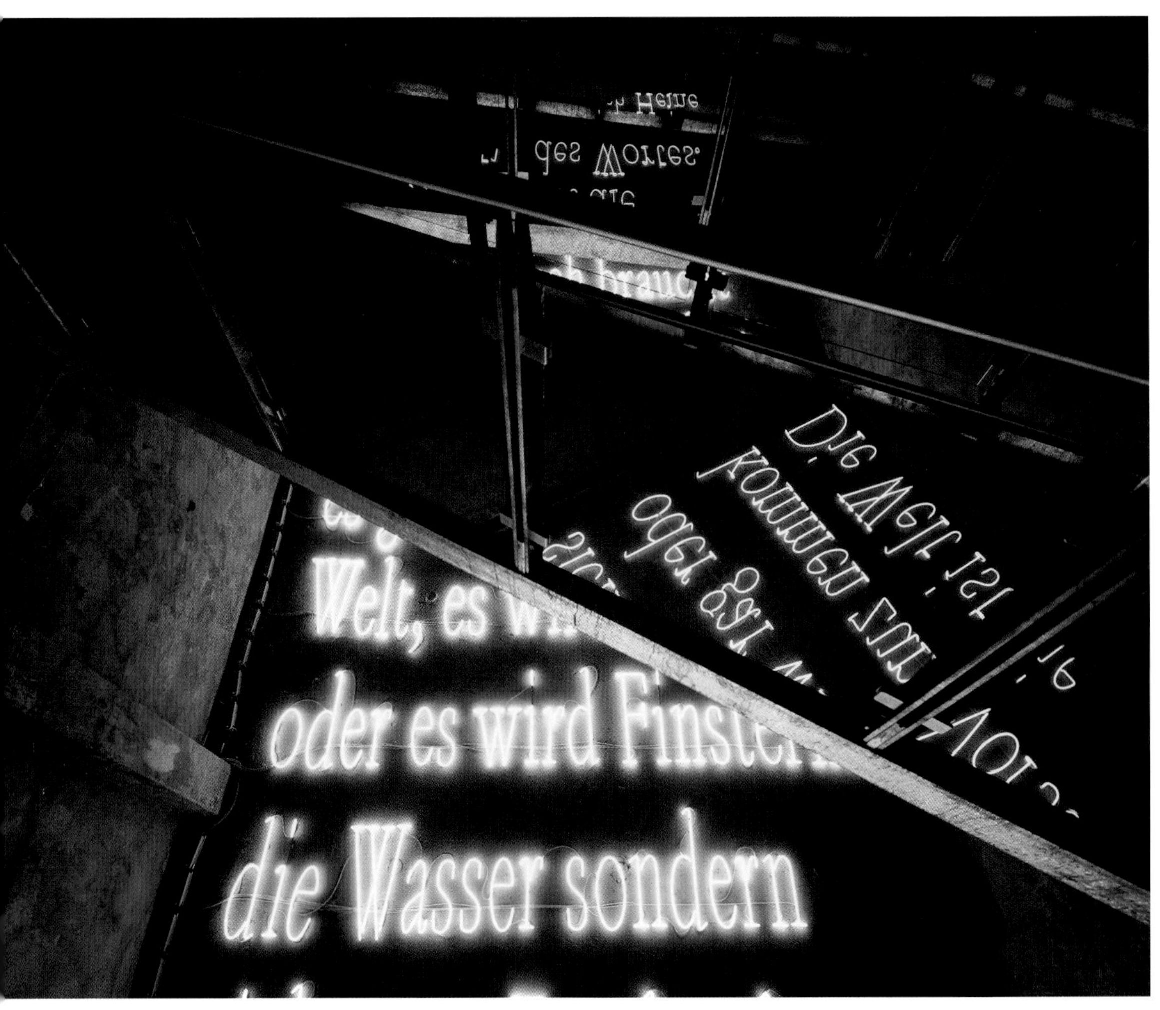
Welt, es wi
oder es wird Finster
die Wasser sondern
Die Welt ist
kommen sein

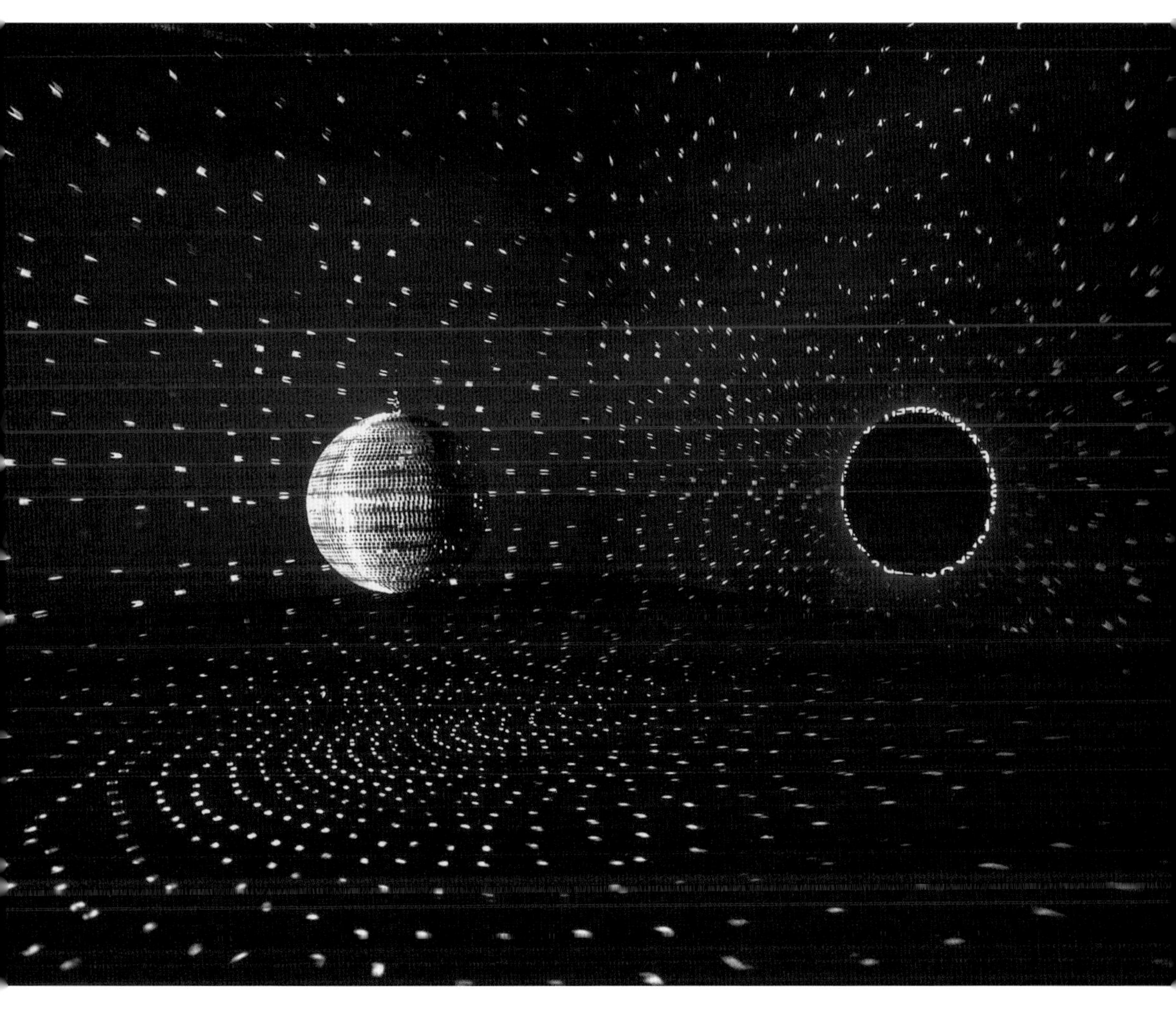

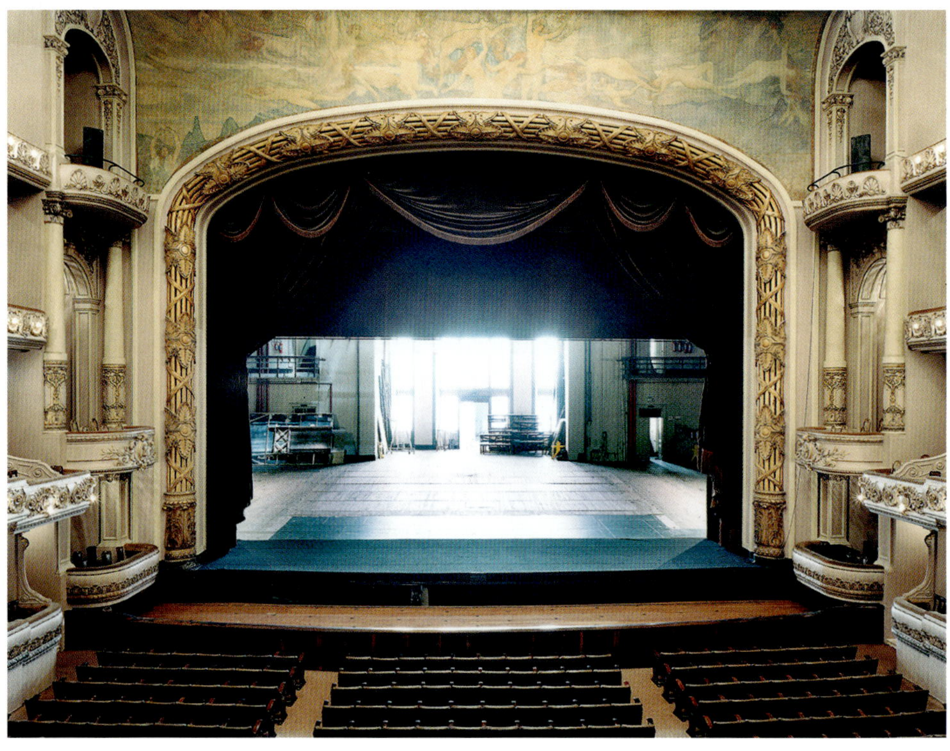

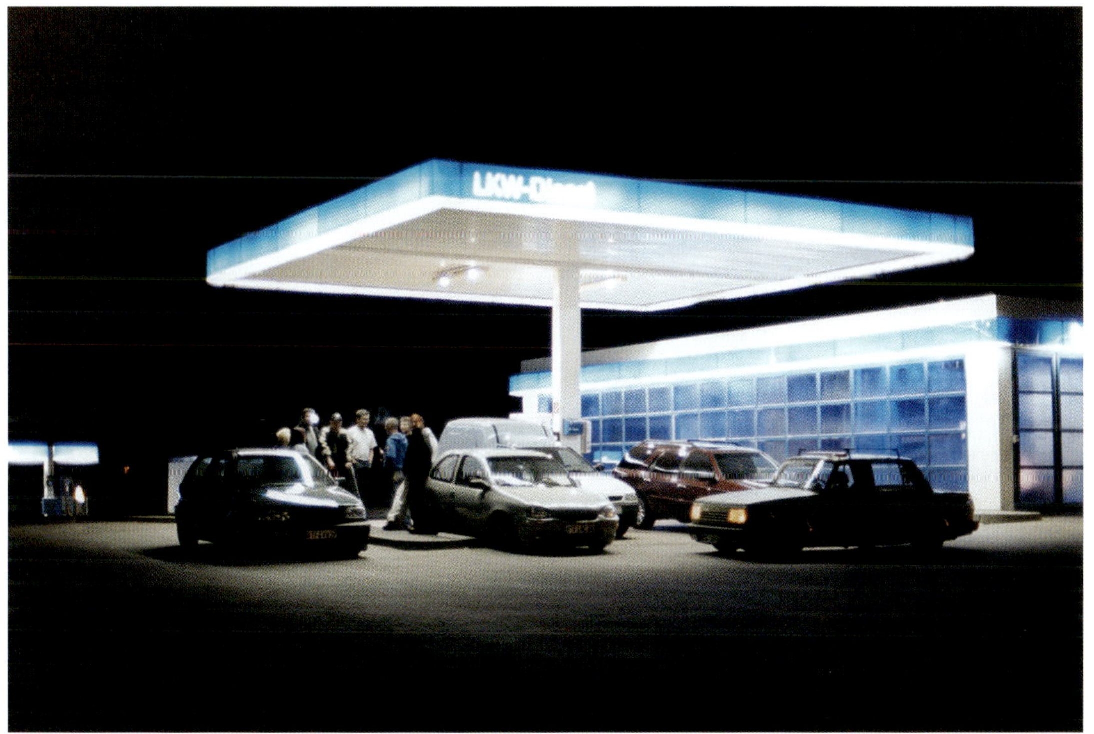

Das Kunstmuseum Bochum wurde als Städtische Kunstgalerie für Kunst nach 1945 im Jahre 1960 gegründet. Man wollte mit den Worten des Kunstkritikers Albert Schulze Vellinghausen ein »optisches Kraftfeld im Zentrum der Stadt« schaffen – ein Anspruch, den auch wir für unsere Arbeit erheben. Mittlerweile sammelt, bewahrt und präsentiert unser Institut internationale Kunst von 1900 bis in die Gegenwart.

Zu unserem Selbstverständnis als städtisches Museum gehört es, eine Balance zwischen lokalen Bedürfnissen und überregionalen Ansprüchen zu finden. Es gilt, die am Ort vorhandenen künstlerischen und kulturpolitischen Energien für eine Identifikation stiftende Arbeit zu mobilisieren und zugleich national und international wirksam zu sein.

Wir beanspruchen, ein besonderer Ort zu sein, der anderen Orten unähnlich ist, ihnen widerspricht, sich ihnen entzieht. Pointiert formuliert geht es darum, das Museum in Widerspruch zur Gesellschaft zu verorten, es nicht anzupassen, sondern provokant auszusondern. Statt den Sinn eines zeitgenössischen Museums in der »Aktualität« zu erschöpfen, geht es um »Alterität« und »Andersartigkeit«. Diese programmatische Provokation funktioniert jedoch nicht ohne Identifikation – sie erfordert zugleich die Verortung am Ort – eine Herausforderung, der wir uns stellen!

Mit Gründung des Institutes setzte auch eine kontinuierliche Sammeltätigkeit ein; der Gründungsdirektor Peter Leo (1960–1972) sammelte, was er ausstellte, das heißt zeitgenössische europäische Kunst. Er tat sich als ein Europäer der ersten Stunde hervor, der Europa zu Zeiten des »Kalten Krieges« nicht vor dem »Eisernen Vorhang« enden ließ. Neben dem Schwerpunkt Aktuelle deutsche Kunst und einer Affinität in Richtung Niederlande zeigte und sammelte er neben Kunst aus Belgien, Frankreich, Großbritannien, Italien, Spanien vergleichsweise früh Kunst aus Polen, der Tschechoslowakei oder Jugoslawien. Peter Spielmann (1972–1997), der von der Prager Nationalgalerie kam und die Nachfolge von Peter Leo antrat, gelang es dank seiner profunden Kenntnis der Kunstszene Ost- und Mitteleuropas, bedeutende Werke aus den damaligen Ostblockländern zu erwerben. Entscheidende Ankäufe konnte die Stadt zu günstigen Konditionen aus der Bochumer Privatsammlung Helmut Klinker tätigen.

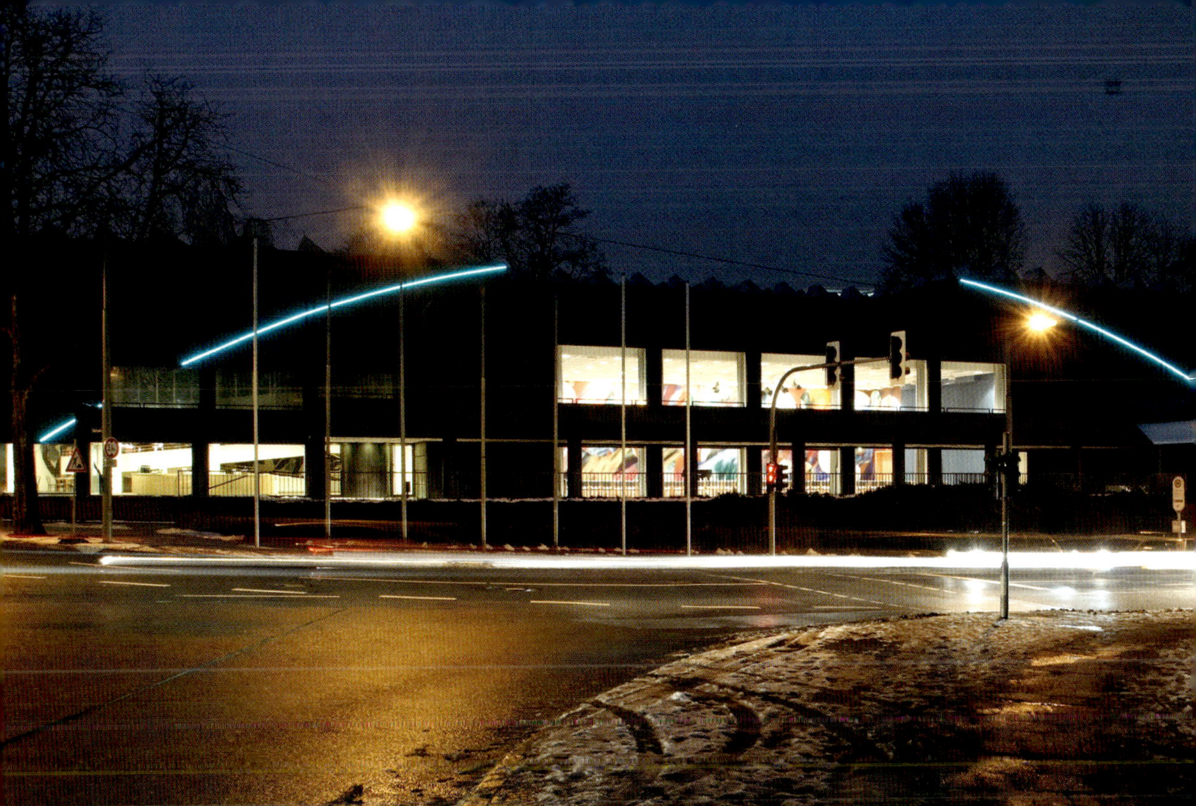

1983 wurde der Museumsneubau der dänischen Architekten Bo und Wohlert eröffnet. Entsprechend der veränderten politischen Situation in Osteuropa und Mitteleuropa nach 1989 relativierte man die ehemaligen Arbeitsschwerpunkte. Auch heute werden zwar Tendenzen der jungen Kunst in Polen oder Ungarn beobachtet, aber sie fügen sich in den globalen Blick auf die Kunst. Neben den Hauptströmungen der »Weltkunst« gilt das Interesse aber auch Ländern und Kulturkreisen, die innerhalb der internationalen Kunstszene eher unterrepräsentiert sind, wie zum Beispiel Südafrika, Lateinamerika, Israel, Armenien, Türkei oder Japan.

Über sammlungsbezogene, monografische oder gattungsorientierte Ausstellungen zeitgenössischer Kunst hinaus gehört es zur Tradition des Hauses, interdisziplinäre und Kontext schaffende Kunstbetrachtung zu fördern. So befassen sich Projekte immer wieder mit der Wechselwirkung zwischen bildender Kunst und anderen Künsten mit Religion, Geschichte oder Wissenschaften. Hierfür stehen exemplarisch Ausstellungen wie *Zen und die westliche Kunst* oder *Das Recht des Bildes — Jüdische Perspektiven in der modernen Kunst*.

Das Profil der Sammlung lässt sich wie folgt skizzieren:

Die frühesten Werke, vorrangig Grafiken und einige Gemälde um 1900, lassen sich dem tschechischen Symbolismus und Kubismus zuordnen. Eine Werkgruppe von Skulpturen von Oto Gutfreund komplettiert diesen Sammlungsteil. Von Lovis Corinth besitzt das Museum ein umfangreiches Konvolut von Arbeiten auf Papier. Eine Folge von zwölf Zeichnungen von Kasimir Malewitsch macht einen Höhepunkt in der Sammlung aus. Alle wichtigen deutschen Expressionisten sind mit Grafiken sowie einer Reihe von Ölgemälden vertreten. Von Wilhelm Morgner gelangten ein bedeutendes Gemälde sowie eine größere Anzahl Zeichnungen in die Sammlung. Die Kunst des Surrealismus mit ihren internationalen und zeitversetzten Formulierungen macht einen umfangreichen Teil des städtischen Kunstbesitzes aus. Zum weiteren Umfeld des Surrealismus lassen sich Gemälde und Grafiken zählen, die die Gruppe COBRA repräsentieren. Deutsche Kunst der 50er-, 60er- und 70er-Jahre prägt die Sammlung qualitativ und quantitativ, sowohl abstrakte und informelle als auch figurative Kunst ist vertreten. Herauszuheben ist hier ein größeres Konvolut von Willi Baumeister, neben einem Gemälde 21 Zeichnungen und 28 Druckgrafiken.

Beispiele aus der Bewegung Abstraction und Creation repräsentieren Kunst aus Frankreich. Seit den 60er-Jahren bis heute gelangten Werke zeitgenössischer Künstler aus Polen, Tschechien oder Ungarn in die Sammlung. Schon früh sammelte man in Bochum Fotografie.

Herausragende Solitäre in der Sammlung sind Werke von Francis Bacon, François Morellet, Louise Nevelson, Ulrich Rückriem, Frank Stella, Cy Twombly, Nam June Paik sowie Richard Serra. Aus dem Umfeld der Art Brut konnte eine kleine Kollektion aufgebaut werden. Künstler, die in der Region leben und arbeiten, sind ebenfalls in der Sammlung präsent.

Hans Günter Golinski

■ KUNSTMUSEUM BOCHUM ❙ KORTUMSTR. 147 ❙ 44787 BOCHUM

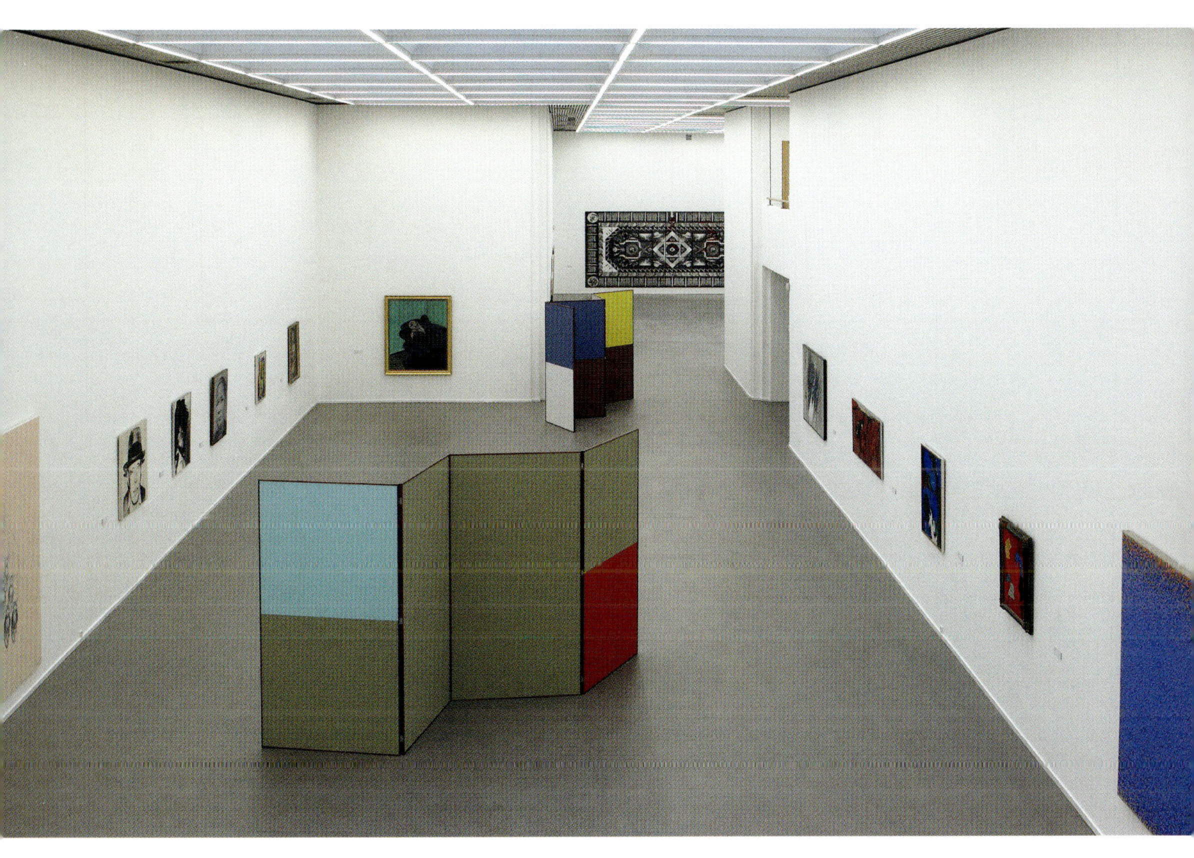

Ein universitäres Museum, das über eine hochkarätige Sammlung moderner und zeitgenössischer Kunst verfügt und die europäische und US-amerikanische Kunst seit 1945 anhand von Originalen anschaulich vor Augen führt, ist in der deutschen Hochschullandschaft einzigartig. Seine Entstehung verdankt es dem besonderen Engagement von Privatsammlern, die den Grundstock der öffentlich zugänglichen Lehr- und Schausammlung legten. 1967, bereits zwei Jahre nach Gründung der Universität, vermachte der FAZ-Kritiker Albert Schulze Vellinghausen Werke europäischer und US-amerikanischer Kunst unter der Bedingung, dass ein Museum auf dem Campus entstehen solle. Dieses wurde im Januar 1975 in dem Gebäude der Universitätsbibliothek am Forumsplatz eröffnet. Schulze Vellinghausen hat insbesondere Werke gesammelt, die im Umfeld von Action Painting und Informel entstanden sind, und Arbeiten, die sich einer abstrakt-konstruktiven Bildsprache bedienen. Mit Werken von Wols, Karel Appel, Jean Dubuffet, Emil Schumacher, Louis Soutter, Arnulf Rainer, Sam Francis und Cy Twombly, Fernand Léger, Josef Albers und Victor Vasarely, Otto Piene, Heinz Mack und Günther Uecker werden ganz wesentliche Entwicklungstendenzen in der Kunst nach 1945 anschaulich.

Die Sammlung konnte 1976 durch eine großzügige Stiftung des Zeitungsverlegers Paul Dierichs maßgeblich erweitert werden. Erworben wurden Werke von Frank Stella, Anthony Caro, Alberto Giacometti, Thomas Lenk, David Rabinowitch, James Reineking, George Warren Rickey und Richard Serra. Die Schenkung ermöglichte darüber hinaus den Ankauf antiker Plastiken, die im Dialog zu modernen Exponaten gezeigt werden. Akzentsetzungen der Neuerwerbungen gehen seit den 1970er-Jahren aus Forschungsschwerpunkten der Kunstgeschichte, Ankäufen und großzügigen Schenkungen von Künstlern hervor. Fotografien von Bernd und Hilla Becher, Andreas Gursky, Thomas Struth, Candida Höfer, Axel Hütte und Mischa Kuball sowie Arbeiten von Joseph Beuys, Lucio Fontana, Günther Fruhtrunk, François Morellet, Gerhard Richter, Christian Boltanski, Imi Knoebel, Robert Mangold, Donald Judd, James Turrell und Bruce Nauman zeigen exemplarisch, wie sich die Kunst in ganz unterschiedlichen Medien seit den 1970er-Jahren entwickelt hat. 2008 wurde ein Rückriem-Archiv auf dem Campus eröffnet, das

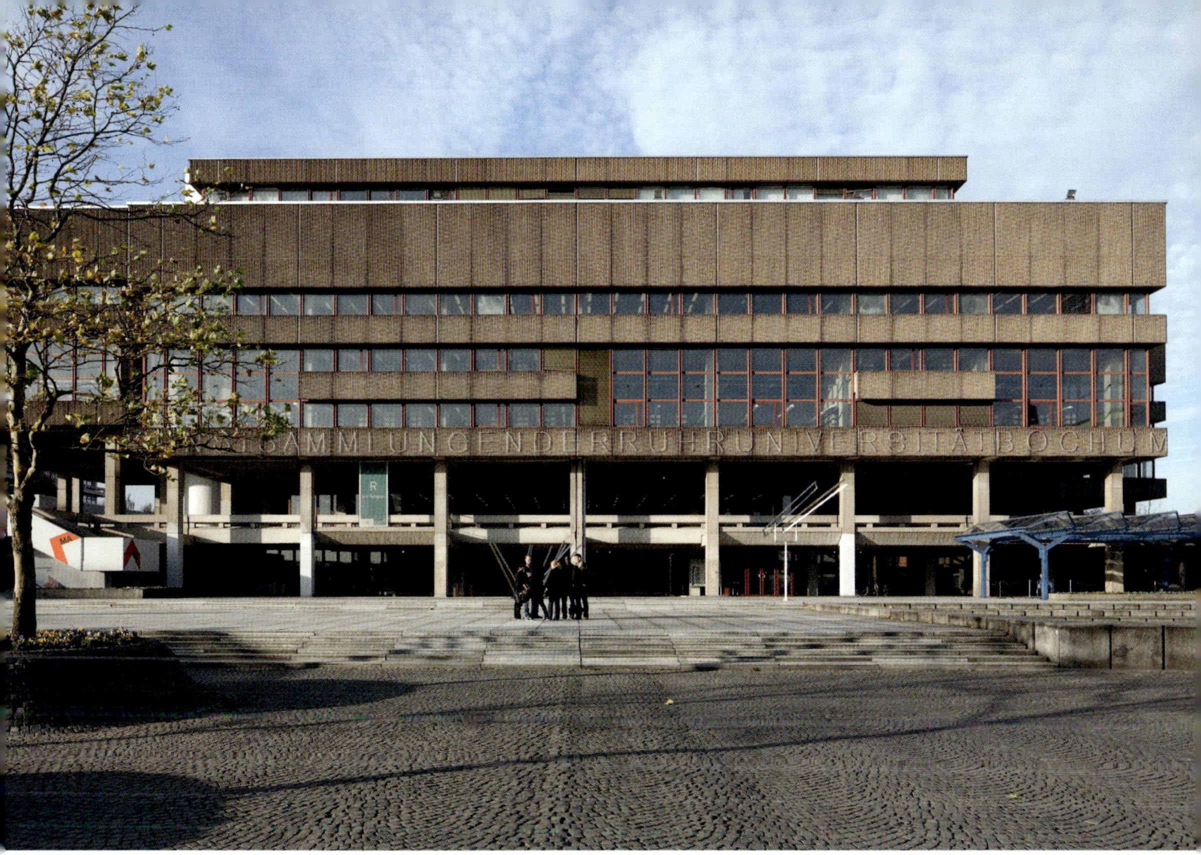
DER RUHR UNIVERSITÄT BOCHUM

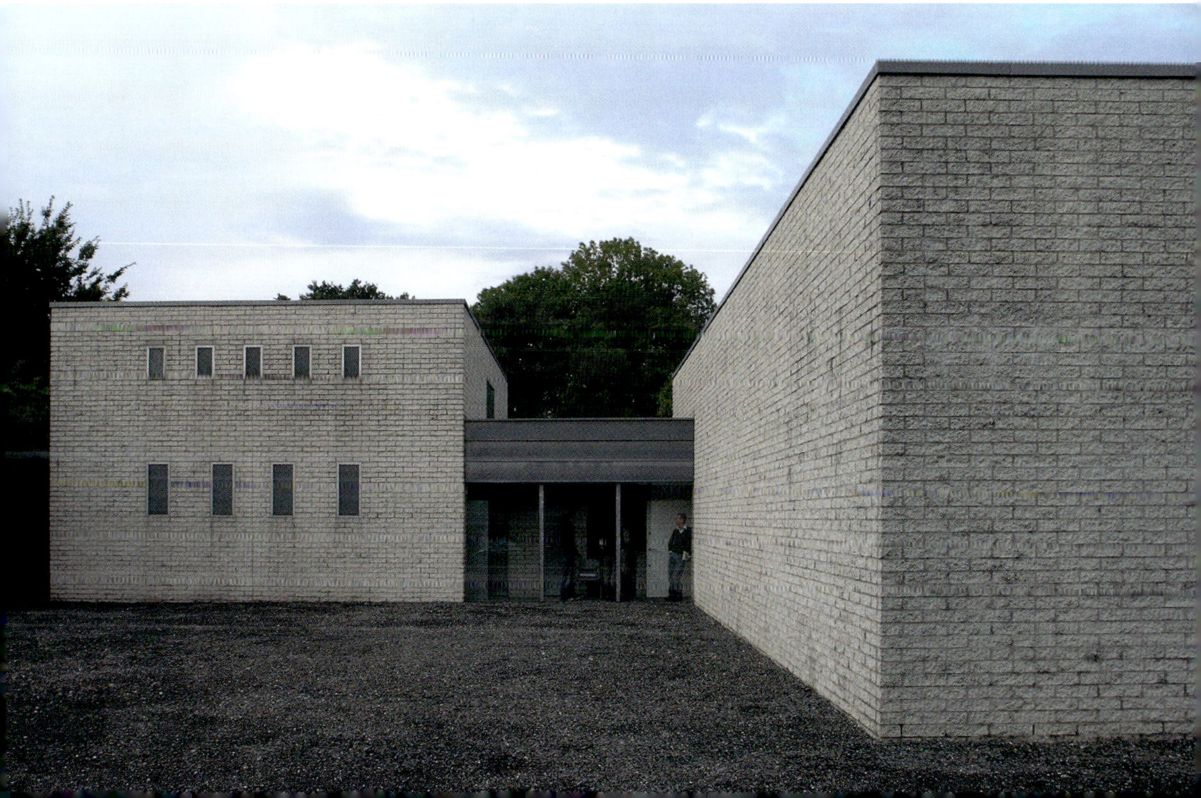

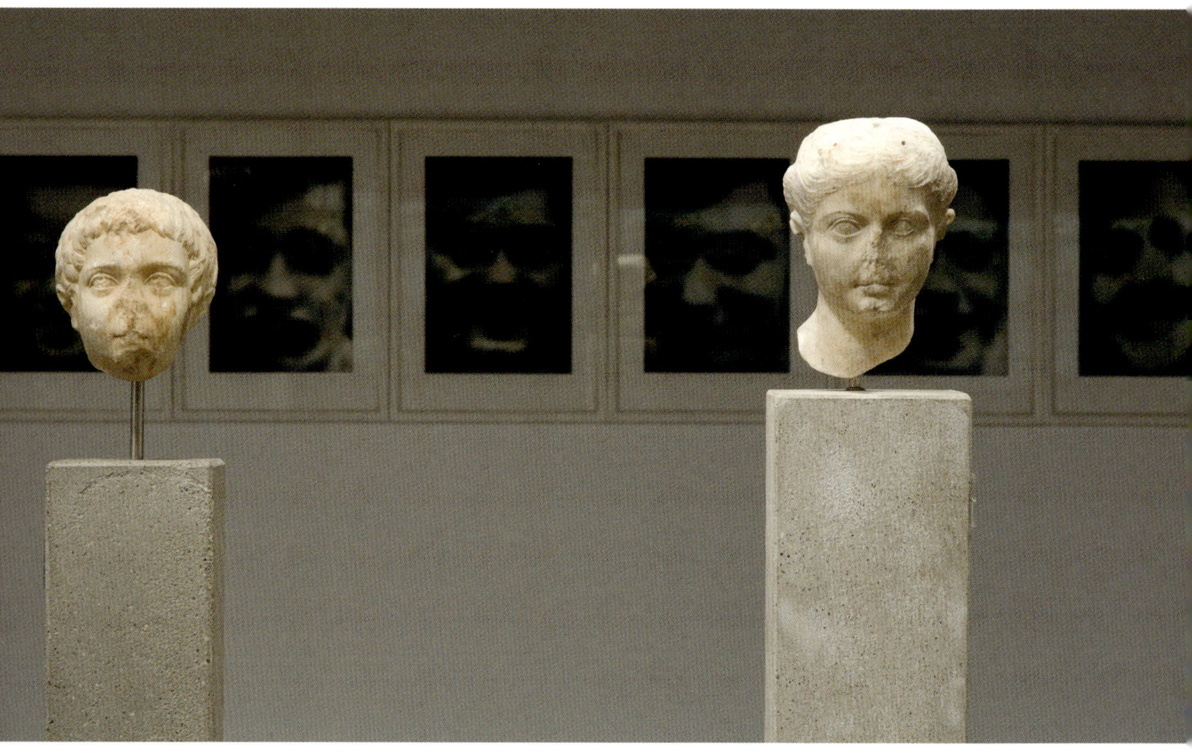

mit Zeichnungen, Installationsskizzen, Lageplänen und Modellen die Sammlung ergänzt und bereichert.

1990 erweiterte Alexander von Berswordt mit einer Max Imdahl gewidmeten Schenkung die Kunstsammlung durch das als Dauerausstellung angelegte Ensemble ›Situation Kunst (für Max Imdahl)‹ in Bochum-Weitmar. In der ersten Stufe des Projektes befinden sich neben dem wissenschaftlichen Nachlass von Max Imdahl repräsentative Werkkomplexe der Künstler Gotthard Graubner, Norbert Kricke, Arnulf Rainer und Jan J. Schoonhoven, die in eigens dafür eingerichteten Räumen gezeigt werden. Gemeinsam mit Maria Nordman, David Rabinowitch und Richard Serra wurden drei Environments errichtet: Nordmans *A Room With Two Doors*, Rabinowitchs *Tyndale Sculpture* und Richard Serras *Circuit III*.

Der 2006 eröffnete Erweiterungsbau zeigt – ebenfalls als Dauerausstellung von Silke und Alexander von Berswordt zusammengestellt – Licht-Rauminstallationen von Gianni Colombo, Dan Flavin und François Morellet sowie Arbeiten von Lee Ufan, Dirk Reinartz, Ad Reinhardt, Robert Ryman und Richard Serra im Dialog mit Werken afrikanischer und

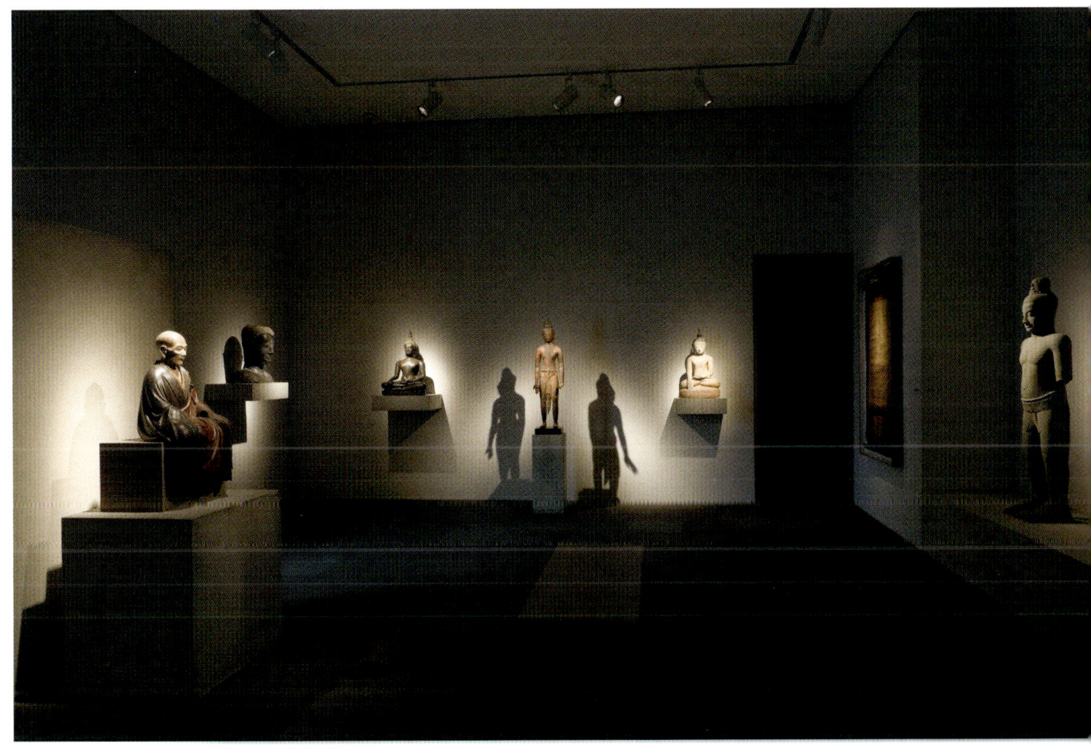

asiatischer Kunst. Eine auf die Sammlungsschwerpunkte bezogene Fachbibliothek bietet die Möglichkeit zu einer vertiefenden Auseinandersetzung. Im Kulturhauptstadtjahr wird ein in der Ruine von Haus Weitmar errichtetes Erweiterungsgebäude mit Räumen auch für Wechselausstellungen und wissenschaftliche Kongresse eröffnet. Sammlungspräsentation und Wechselausstellungen ermöglichen sowohl den Studierenden der Ruhr-Universität Bochum als auch der breiten Öffentlichkeit eine intensive Erfahrung und Reflexion von Werken moderner und zeitgenössischer Kunst. Zielgruppenorientierte Führungen, Vorträge, Künstlergespräche, Filmpräsentationen, wissenschaftliche Tagungen und Lehrveranstaltungen vor Ort erweitern und vertiefen diese Erkenntnismöglichkeiten. Friederike Wappler

KUNSTSAMMLUNGEN DER RUHR-UNIVERSITÄT BOCHUM

CAMPUSMUSEUM. SAMMLUNG MODERNE ▮ UNIVERSITÄTSSTR. 150 ▮ 44801 BOCHUM

SITUATION KUNST (FÜR MAX IMDAHL) ▮ NEVELSTR. 29C ▮ 44795 BOCHUM

»Kunst vorerst ist nicht zum Ansehen – denn Kunst sieht uns an …« Der Künstler Josef Albers liebte prägnante Beschreibungen für komplexe Sachverhalte. In einer umfassenden Schau werden im Josef Albers Museum in Bottrop Werk und Leben dieses außergewöhnlichen Künstlers vorgestellt und Sehprozesse vielfältig in Gang gesetzt.

1976 wurde das Museumszentrum Quadrat mit Ausstellungsräumen für zeitgenössische Kunst und einem Museum für Ur- und Ortsgeschichte eröffnet; 1983 eröffnete das Josef Albers Museum, das dem Zentrum als selbstständiges Gebäude angefügt wurde und heute die umfangreichste öffentliche Sammlung von Werken des Künstlers bewahrt. Dazu zählen Gemälde, Druckgrafiken, Glasobjekte und Malereien auf Papier aus allen Arbeitsphasen von Josef Albers. Rings um den Gebäudekomplex im Stadtgarten befindet sich eine Sammlung zeitgenössischer Skulpturen, harmonisch in die Landschaft integriert und in vielen Sichtachsen auf das Museum bezogen. Natur und Architektur bilden ein Ensemble von hohem Reiz.

Josef Albers, 1888 in Bottrop geboren, gehört zu den zentralen Künstlerfiguren in der zweiten Hälfte des 20. Jahrhunderts. In seiner Arbeit verbinden sich auf unverwechselbare

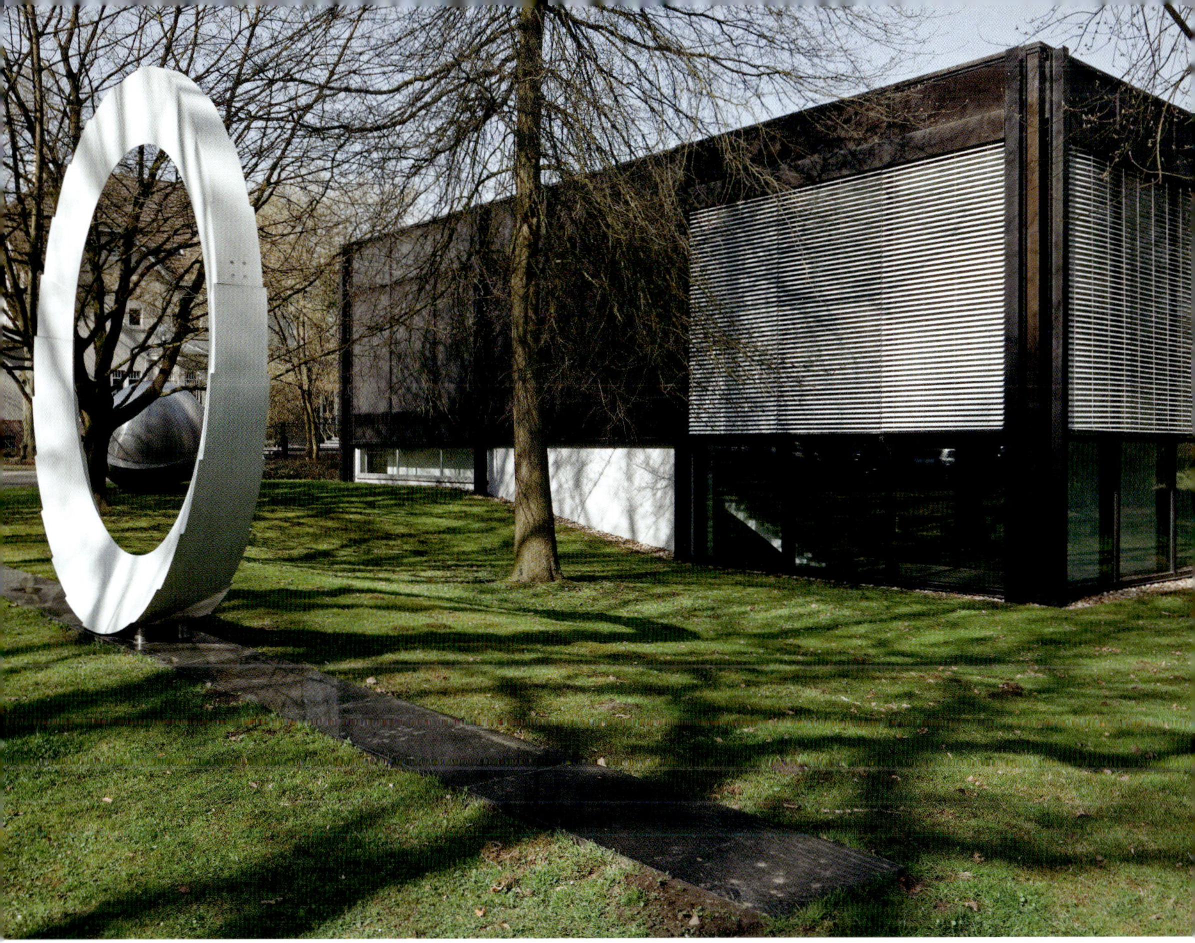

Weise die Tätigkeiten des Pädagogen, Theoretikers und Malers. Ausgehend von seiner eigenen künstlerischen Fragestellung entwickelte Albers mit seiner Lehre wichtige Grundlagen zum gestalterischen Prozess – während seiner Tätigkeit am Bauhaus ebenso wie nach seiner Emigration in die USA am Black Mountain College, North Carolina, und später an der Yale University, New Haven in Connecticut. Aus der Arbeit mit Studenten und jungen Künstlern entstand auch sein zentrales theoretisches Werk: *Interaction of Color* (1963), in dem die Wahrnehmung und das Verständnis von Farbe im künstlerischen Kontext erprobt und reflektiert werden. Seine berühmte Bildserie *Homage to the Square*, eine groß angelegte Studie zur Wirkkraft der Farbe, umfasst zu diesem Zeitpunkt bereits mehrere 100 Gemälde.

Die in Bottrop gezeigte Sammlung macht Albers' künstlerische Entwicklung in ihrer ganzen Breite nachvollziehbar. Sie enthält druckgrafische Blätter aus der westfälischen Zeit des Künstlers vor 1920. Es folgen Arbeiten in Glas, die am Bauhaus entstanden. Ebenfalls wird Albers' Begegnung mit der präkolumbischen Kunst Mexikos vorgestellt. Ein deutlicher Schwerpunkt liegt auf der wichtigsten Werkgruppe *Homage to the Square*, die ab 1950 entstand. Es ist ein Bildtypus von scheinbar ineinander geschachtelten Quadraten. Drei oder maximal vier Farben entfalten dabei in jedem Bild einen sinnlichen Reichtum, der je nach Quantität, Helligkeit, Dichte oder Leuchtkraft der Farben variiert. Es entsteht eine nahezu unendlich erscheinende Vielfalt an Bezügen, die die Unbeherrschbarkeit und Eigenmacht von Farbe belegt. »Ich bin wie ein Fischer«, so beschrieb Albers seine Arbeitsweise, »der zu jeder Stunde sein Netz hochzieht, um zu sehen, welche Farben sich darin finden. Ich brauche Jahrhunderte und Millionen von Quadraten, um meinen Hunger nach Farben zu stillen.«

Das Museum mit quadratischem Grundriss präsentiert in räumlicher Offenheit zeitlich auseinander liegende Werke in lockerer Durchmischung, um so die eigentliche Stringenz von Albers' künstlerischer Fragestellung – losgelöst von ihrer chronologischen Entwicklung – in den Fokus der Betrachtung zu rücken. Dies bedeutet eine Konfrontation früher Werke mit der später gefundenen Formensprache, die die Grundlagen farbiger und räumlicher Gestaltung im Bild auslotet. Der Besucher wählt selbst seinen Weg durch das Werk und die Lebensstationen des Künstlers, entdeckt in der Betrachtung Bezüge, Blickachsen und die Strahlkraft der Farben.

Das Ausstellungsprogramm des Hauses hat einen Schwerpunkt in Albers' Einfluss auf die amerikanische Kunst in der zweiten Hälfte des 20. Jahrhunderts. Die Ausstellungen der Reihe *Albers im Kontext* waren bisher Agnes Martin, Sol LeWitt, Donald Judd und Michael Venezia gewidmet. Die Fortsetzung im Kulturhauptstadtjahr präsentiert als herausragenden Vertreter dieser Generation den Maler Ad Reinhardt, dessen Begegnung mit Josef Albers für sein Verständnis der Farbe von besonderer Bedeutung war.

Ulrike Growe

JOSEF ALBERS MUSEUM QUADRAT BOTTROP ▌ IM STADTGARTEN 20 ▌ 46236 BOTTROP

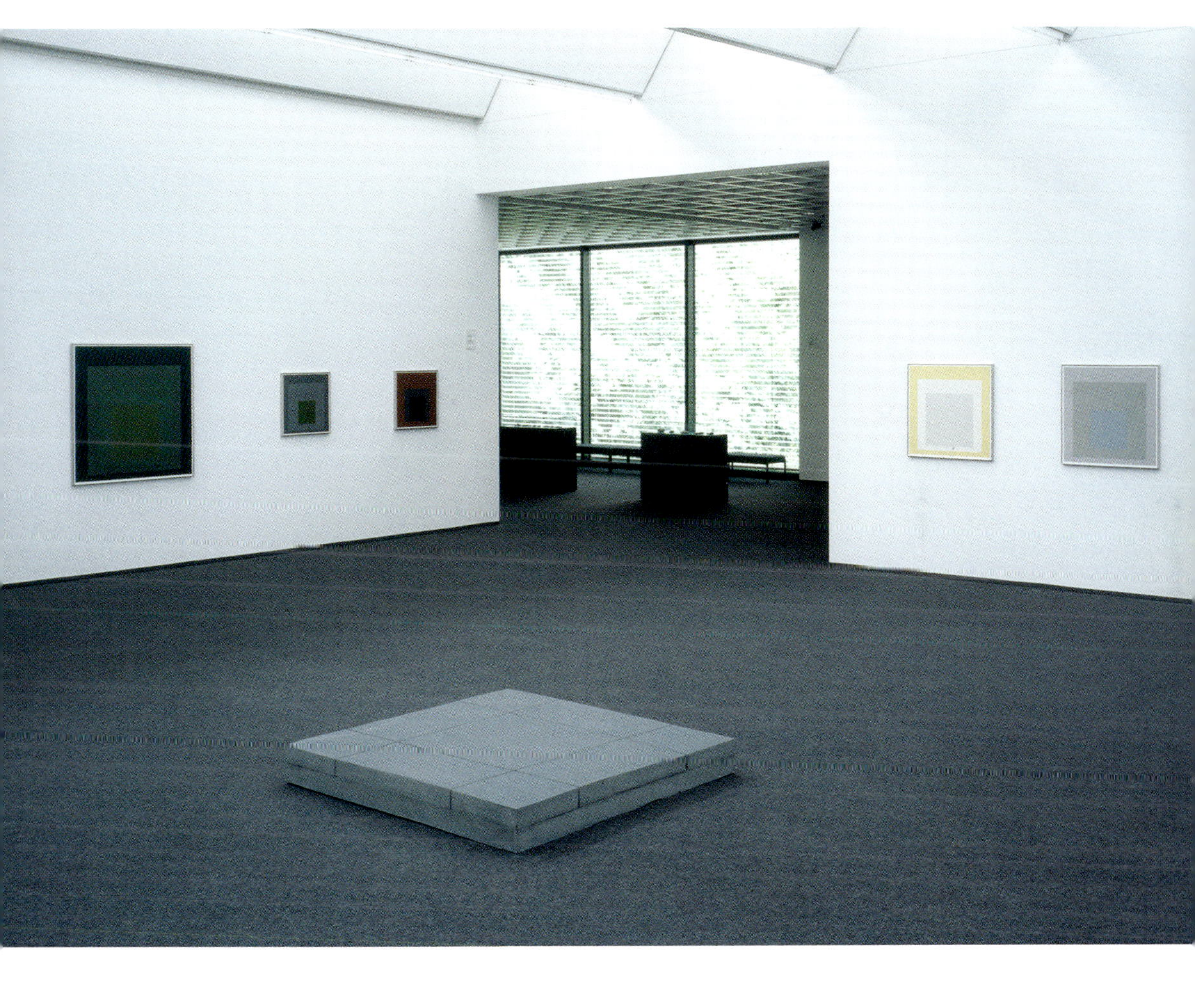

Das 1949 eröffnete Museum am Ostwall schloss Ende Juni 2009 seinen Standort, der ihm den Namen gab, um im Kulturhauptstadtjahr als Museum Ostwall (MO) im Dortmunder U wieder zu eröffnen. Das siebengeschossige Dortmunder U entstand 1926/27 nach einem Entwurf Emil Moogs als Kellerhochhaus der Dortmunder Union-Brauerei. Seit 2008 wurde es von dem Dortmunder Büro Gerber Architekten zu einem Zentrum für Kunst und Kreativität umgestaltet. Im Erdgeschoss des Dortmunder U liegt ein Kino- und Veranstaltungssaal, auf den folgenden Ebenen befinden sich Einrichtungen der TU und der FH Dortmund, Werkstätten und Veranstaltungsräume der Kulturellen Bildung und die Ausstellungsräume des HartwareMedienKunstVereins. Vom Foyer mit Bistro und Museumsshop bis zur Gastronomie mit Aussichtsplattform in der siebten Etage führen Rolltreppen und Aufzüge. Das MO präsentiert in der vierten und fünften Etage Werke seiner Sammlung. Die variable Fläche auf der sechsten Ebene bietet dem MO Möglichkeiten für wechselnde Ausstellungen. Im Bereich der Kulturellen Bildung öffnet das Museum in Kunstwerkstätten und Medienlabors, in Seminar- und Veranstaltungsräumen allen Generationen besondere Formen des Zugangs zur Kunst.

Seit 2005 verfolgt das MO die Leitidee vom Kunstmuseum als Kraftwerk. Wir greifen damit wegweisende Gedanken Alexander Dorners auf, der bereits vor Jahrzehnten formulierte: »Der neue Typ des Kunstinstituts ist nicht nur kein ›Kunst‹-Museum im bisherigen Sinne, sondern auch kein ›Museum‹. Ein Museum ist ein Erhalter angeblich ewiger

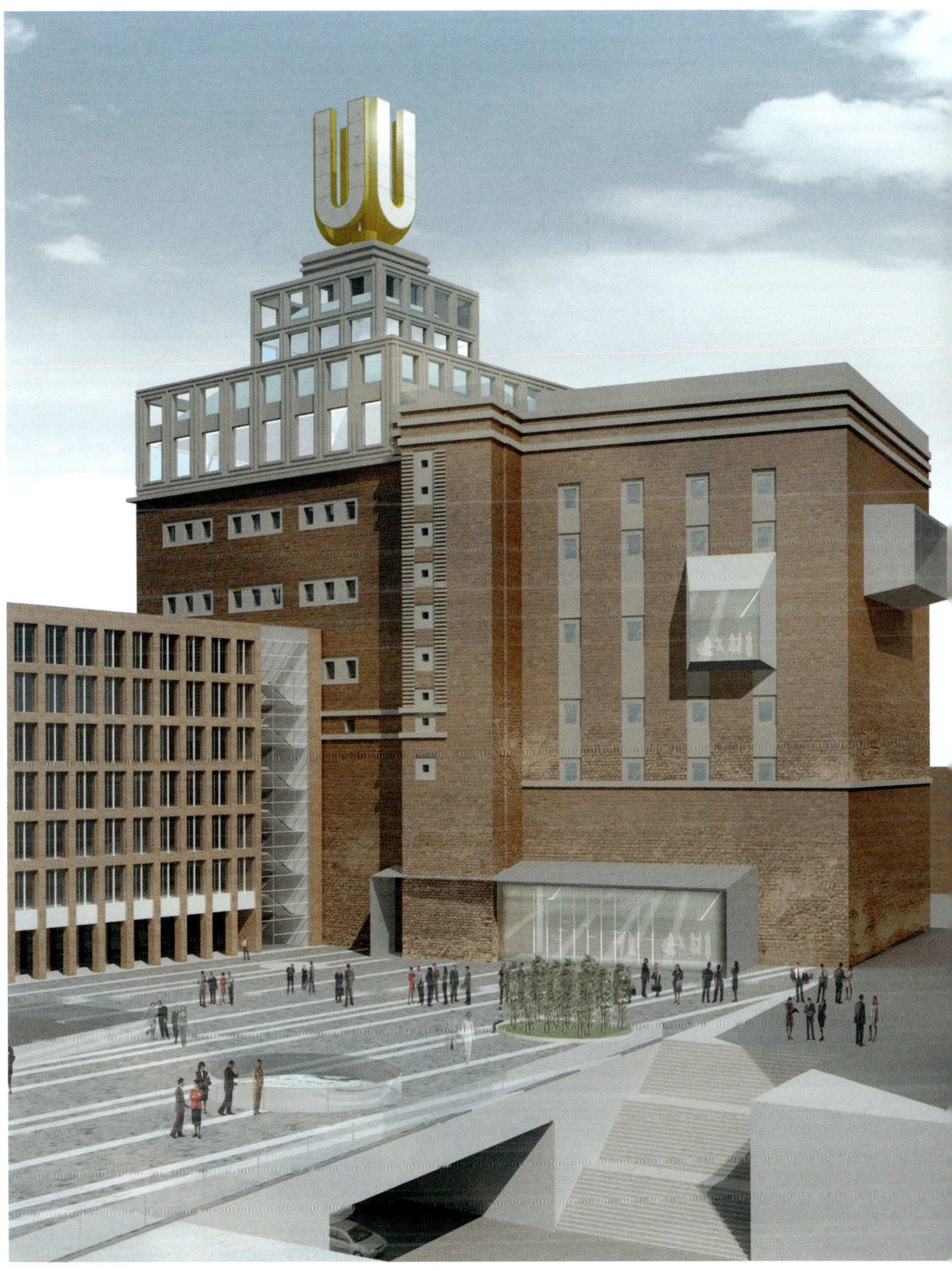

Werte und Wahrheiten. Der neue Typ würde eher einem Kraftwerk gleichen, einem Erzeuger von neuen Kräften. Als Erhalter ewiger Wahrheiten, als Sammler von Reliquien, in denen der zeitlose Geist der QUALITÄT haust, wirkt es wie eine Flucht vor dem Leben. Trotz aller äußeren Betriebsamkeit täuscht es einen Frieden und eine Beschaulichkeit vor, die es nicht gibt und es nicht geben soll.« In diesem Sinne versteht sich das MO als kultureller Ort, an dem die Kunstwerke nicht als vermeintlich überzeitliche Zeugnisse ausgestellt werden, sondern an dem vielmehr künstlerische und ästhetische, historische, politische und soziale, architektonische und stadtplanerische Aspekte der Gegenwart und Zukunft durch Kunstwerke der Sammlung, durch wechselnde Ausstellungen, Kurse und Veranstaltungen thematisiert werden können. Das MO ist Speicher der Vergangenheit und zugleich Ort der aktuellen künstlerischen wie gesellschaftlichen Produktivität. Die Neupräsentation der Sammlung steht unter dem Titel *Das Museum als Kraftwerk*. Der architektonischen Gestaltung liegt auf der Ebene vier die Idee des Systems von Wegen und Räumen zugrunde, während die Vorstellung von Räumen und Plätzen auf der folgenden Ebene offenere Strukturen schafft. Der Weg beginnt mit Fluxus/Happening und führt zeitlich zurück zu den Werken des Expressionismus. Auf der Ebene fünf setzt der Rundgang wiederum bei Fluxus an und führt durch Räume mit Arbeiten von Wolf Vostell, Joseph Beuys, Dieter Roth, Martin Kippenberger, Anna und Bernhard Blume zu Installationen von Jason Rhoades und Mark Dion sowie zu Fotografien und Videos von Adrian Paci und Tobias Zielony. Das gemeinsam von TU und MO betreute Hans-Breder-Archiv mit Videos und Skripten aus dem Bereich Intermedia – und damit zeitgebundenen Formen der Kunst von den 60er-Jahren bis heute – ist ein weiterer Schwerpunkt der Ausstellung. Zu den Neuerungen der Sammlungspräsentation gehören das Archiv der Zukunft und der MO Lautsprecher. In die Entstehung und Veränderung des Archivs der Zukunft mit Dialograum, Bildraum und Archivraum können sich Museumsbesucher einbinden. Der MO Lautsprecher ist ein zum Museum gehöriger Erkerraum, in dem mit Blick auf die Stadt wechselnde Programme mit Klangkunst oder längerfristig eingerichtete Soundarbeiten gehört werden können. Die Präsentation der Sammlung wird durch Plakate, Fotografien, Filmausschnitte und Künstlerinterviews ergänzt. Digitale Medienstationen und Audioguides bieten abrufbare Informationen zu den Künstlerinnen und Künstlern sowie den Entstehungszusammenhängen der Kunstwerke vom frühen 20. Jahrhundert bis heute. Ein grundlegendes Prinzip der Präsentation ist dabei der jährliche Wechsel der ausgestellten Werke im Sinne einer Sammlung in Bewegung.

Kurt Wettengl

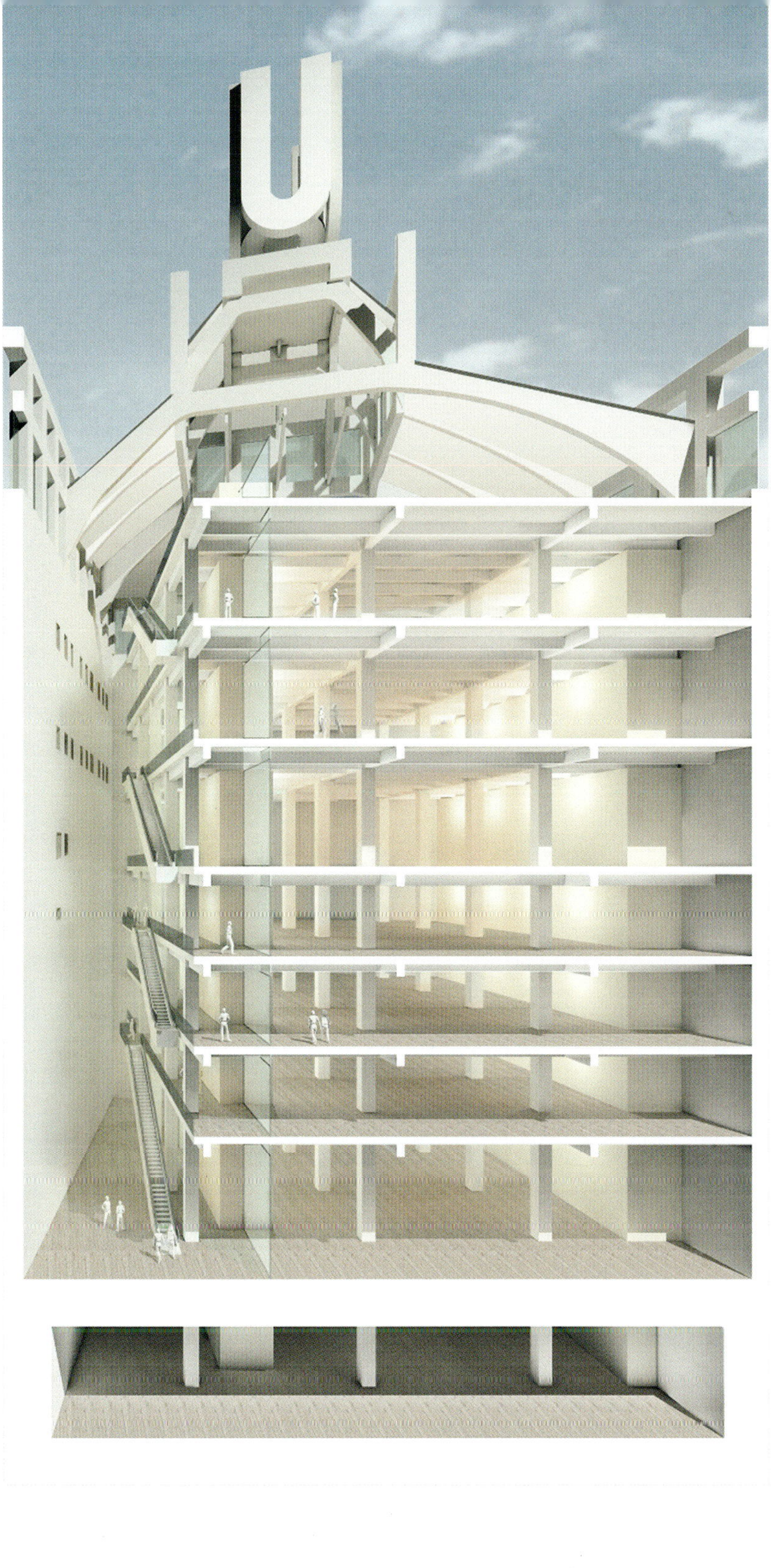

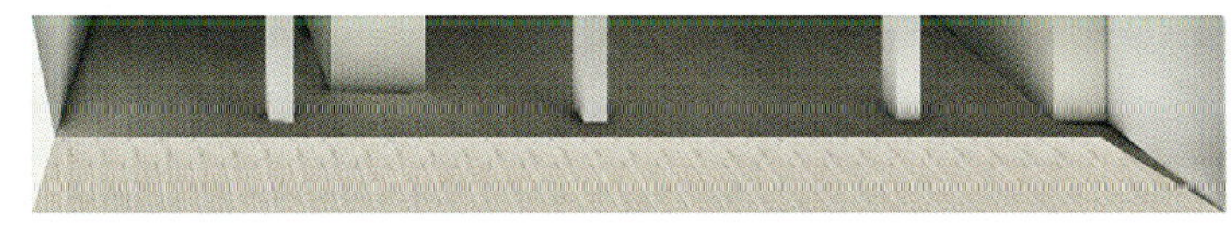

Das MKM liegt im lebhaften Areal des Duisburger Innenhafens. Die Architekten Herzog & de Meuron haben das Industriedenkmal Küppersmühle 1999 in ein modernes Museum mit klaren, großzügigen Räumen umgewandelt. Neben einem wechselnden Ausstellungsprogramm internationaler zeitgenössischer Kunst präsentiert das MKM eine der umfangreichsten privaten Sammlungen deutscher Kunst nach 1945. Künftig wird die Sammlung Ströher auch in den 22 neuen Räumen des Erweiterungsbaus von Herzog & de Meuron zu sehen sein, der in 36 Metern Höhe oberhalb der früheren Getreidesilos über dem Boden »schwebt«.

Das MKM präsentiert Schlüsselwerke der Sammlung Ströher, die mit rund 1 500 Werken zentrale Positionen der Kunstentwicklung in Deutschland umfasst, ausgehend von der unmittelbaren Nachkriegszeit bis in die Gegenwart. Die heutigen Bestände gehen auf die 2005 erfolgte Fusion der umfangreichen Sammlung von Sylvia und Ulrich Ströher (mit dem Schwerpunkt abstrakte Nachkriegskunst) mit der ehemaligen Sammlung von Hans Grothe (Malerei und Skulptur der 1970er- bis 90er-Jahre) zurück.

Zahlreiche Künstler der Sammlung Ströher gehören nicht nur in Deutschland, sondern auch international zu den bedeutendsten. Der Schwerpunkt der Sammlung liegt auf der Malerei, aber auch Fotografie (u. a. Bernd & Hilla Becher, Anna & Bernhard Blume, Thomas Florschuetz, Andreas Gursky, Candida Höfer, Axel Hütte, Hans-Christian Schink) und Bildhauerei sind vertreten. In den verschiedenen Kunstrichtungen der Sammlung lassen sich als Auswahl folgende Künstler benennen:

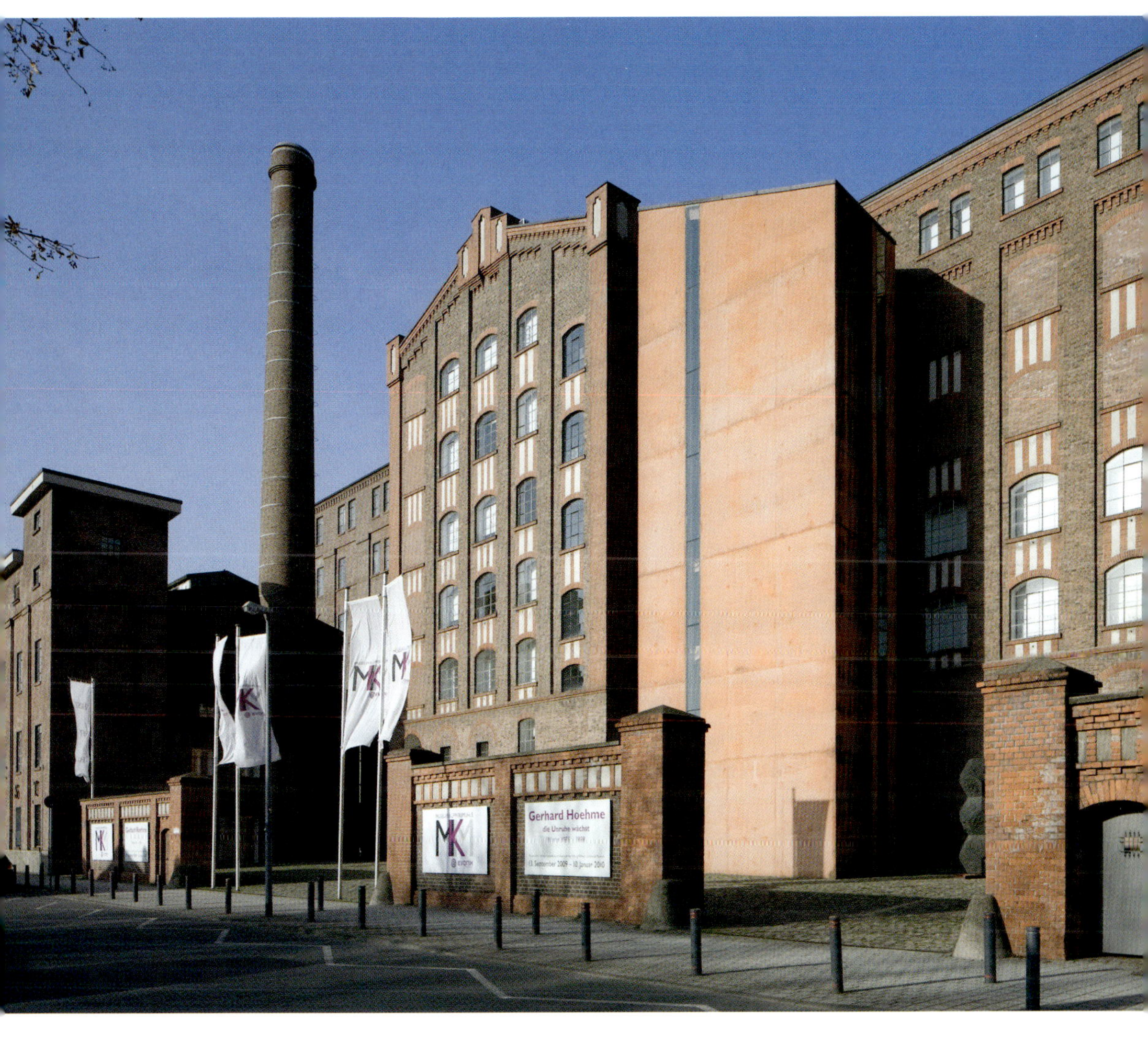

Nachkriegs-/Zwischengeneration: Max Ackermann, Hans Arp, Willi Baumeister, Georg Meistermann

informelle Kunst: Peter Brüning, Karl Fred Dahmen, K. O. Götz, Gerhard Hoehme, Norbert Kricke, Bernard Schultze, Emil Schumacher, Fred Thieler, Hann Trier, Wols

konkrete Kunst/konstruktive Kunst: Josef Albers, Ulrich Erben, Rupprecht Geiger, Georg Karl Pfahler, Ulrich Rückriem

Minimal Art: Günther Förg, Imi Knoebel, Blinky Palermo

moderne Malerei ab 1960: Georg Baselitz, Jörg Immendorff, Anselm Kiefer, Markus Lüpertz, A. R. Penck, Sigmar Polke, Gerhard Richter

Fluxus/Aktionskunst: Joseph Beuys, Rebecca Horn

Konzeptkunst: Hanne Darboven

Einzelpositionen: unter anderem Stephan Balkenhol, A. D. Christian, Gotthard Graubner, Per Kirkeby, Walter Stöhrer, Rosemarie Trockel

Werke und Werkgruppen der Sammlung Ströher werden auf mehreren 1 000 Quadratmetern ausgestellt, wobei die Präsentationen von Zeit zu Zeit wechseln. Den Besucher erwartet ein Rundgang durch mehrere Jahrzehnte herausragenden Kunstschaffens zumeist deutscher Künstlerinnen und Künstler von internationalem Rang. Von vielen Künstlern sind Werke aus verschiedenen Schaffensjahrzehnten präsentiert, die Einblicke in die individuelle künstlerische Entwicklung erlauben. Auch über Vergleichsmöglichkeiten mit Lehrern und Zeitgenossen vermitteln sich kunsthistorische Zusammenhänge, die an den Werken visuell erfahrbar werden.

Das begleitende Ausstellungsprogramm stellt immer wieder auch Bezüge zur Sammlung her, die Spannungsfelder der vertretenen Kunstrichtungen aufzeigen und Erklärungsansätze liefern können. Jährlich zeigt das MKM auf rund 1 000 Quadratmetern bis zu fünf Ausstellungen (inter)nationaler Kunst, von Retrospektiven renommierter Künstler wie Sean Scully oder Gerhard Richter über thematische Gruppenausstellungen (zum Beispiel *Innenraum und Ausblick in der zeitgenössischen deutschen Fotografie*) bis hin zu Präsentationen aktueller Entwicklungen der Kunstszene eines Landes, zuletzt *Perspektiven belgischer Kunst*. Neben der Ausstellungsreihe *Akademos*, die das Werk der Professoren der nahen Düsseldorfer Kunstakademie vorstellt, fördert das jährlich stattfindende Projekt *Jugend interpretiert Kunst* das kreative und organisatorische Potenzial junger Museumsbesucher – für diesen hoch dotierten Jugendkunstwettbewerb können sich Schulen aus ganz Deutschland bewerben.

Tina Franke, Eva Müller-Remmert

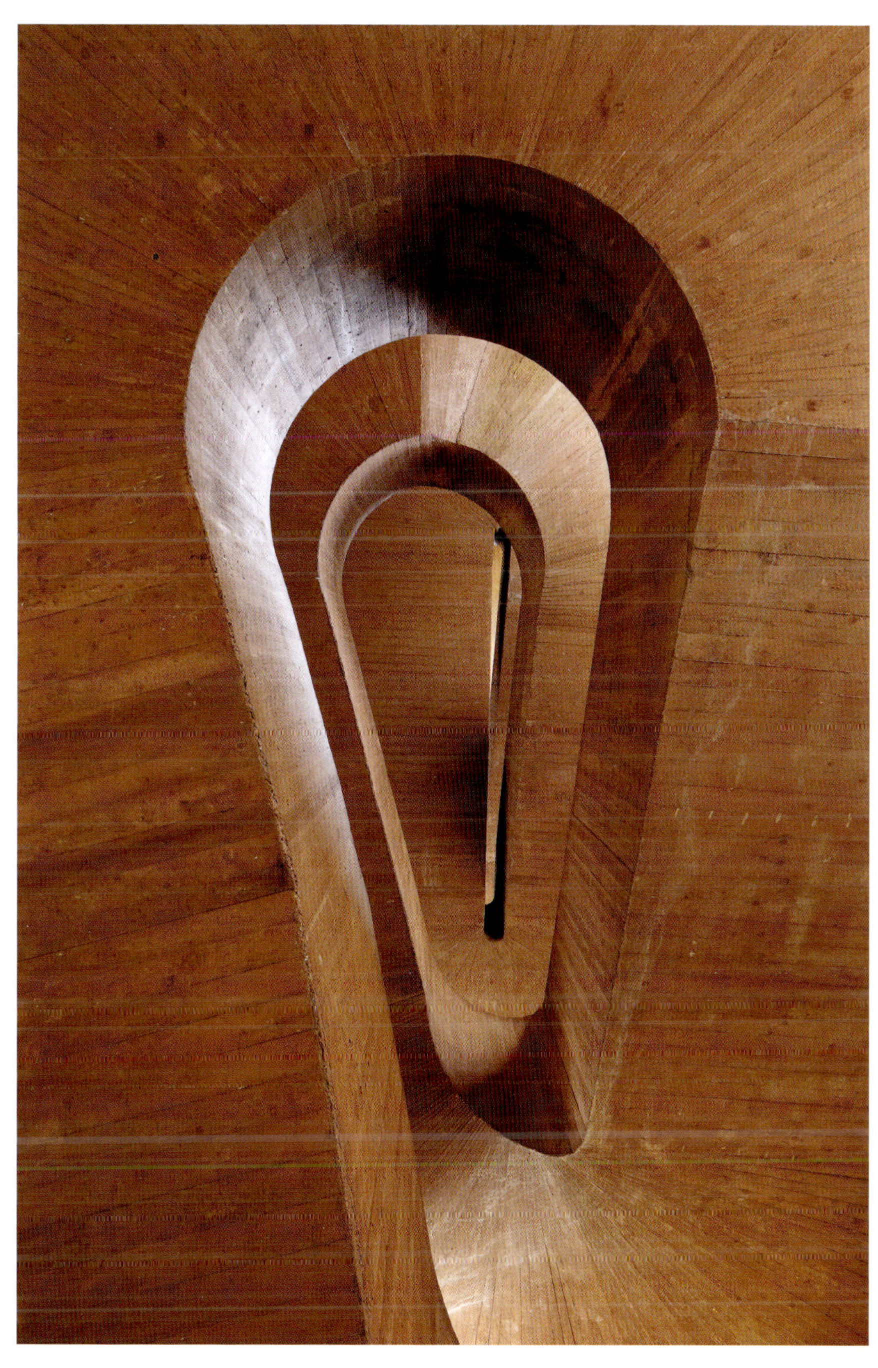

Die Stiftung DKM – Initialen der Stifter Dirk Krämer und Klaus Maas – wurde 1998 in Duisburg gegründet und ist eine öffentliche und gemeinnützige Kultureinrichtung.
Ihr Gegenstand sind ausgewählte und qualitativ hochrangige Positionen bildender Kunst ohne zeitliche und kulturelle Beschränkungen. Nachhaltige Innovationen zu bewirken und die kulturelle Vielfalt der Rhein-Ruhr-Region zu fördern, sind die Zielsetzungen der privaten Stiftung.
Seit Mitte 1999 bespielt die Stiftung die Galerie DKM im »Garten der Erinnerungen« am Duisburger Innenhafen. In dem Tag und Nacht einsehbaren Galerieraum werden Projekte mit dem Schwerpunkt Neue Medien und situative, auf die Industriekultur reagierende Rauminstallationen realisiert.
Im Januar 2009 wurde das Museum DKM der Öffentlichkeit übergeben. Das Museum liegt im Zentrum der Duisburger Innenstadt zwischen Kantpark mit dem Wilhelm Lehmbruck Museum und Hauptbahnhof. Die ehemalige Wohn- und Gewerbeimmobilie wurde von dem Schweizer Architekten Hans Rohr umgebaut und um einen Anbau ergänzt. Nach der Vorstellung der Stifter sollte die Architektur in nobler Zurückhaltung der Präsentation von Kunst dienen. Entstanden ist ein Museum, das sich über fünf Ebenen erstreckt und 51 Räume

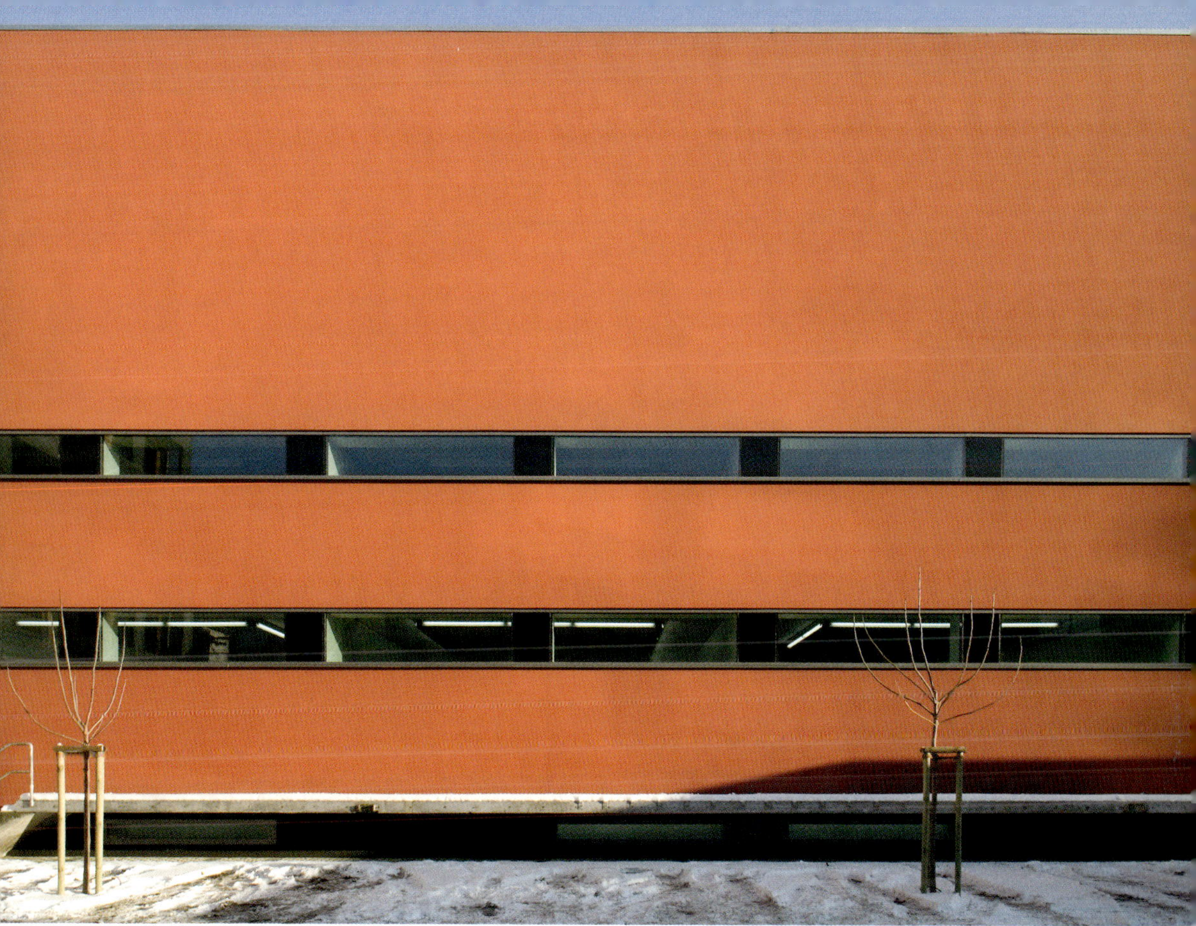

auf 2 700 Quadratmetern umfasst. Aus dem Neubau bieten sich inszenierte Ausblicke in Außenbereiche. Das Foyer mit Museumscafé lädt zum Ausruhen und Erfrischen ein.

Das Gegenüber von zeitgenössischer und vergangener Formensprache, der Dialog zwischen Alt und Neu, die Beschäftigung mit asiatisch geprägten Geisteshaltungen und einer zeitlosen Ästhetik prägen das Ausstellungskonzept im Museum DKM. Der Ausstellungstitel *Linien stiller Schönheit* ist Programm!

Die mehr als 1 200 Ausstellungsstücke sind im Sinne der Rauminszenierung nicht beschriftet, dem Besucher soll zunächst eine unvoreingenommene Seh- und Raumerfahrung als erste Wahrnehmung beim Betreten der 35 Künstler- und 16 Themenräume ermöglicht werden. Hierbei ist die bewusste Konzentration auf wenige, ausgesuchte und verdichtete Themen Alter und Neuer Kunst aus 5 000 Jahren und auf exemplarische Künstlerpersönlichkeiten von stilbildender Bedeutung. Die jeweils räumlich in sich geschlossenen Themen und Künstlerbereiche erlauben die intensive Beschäftigung mit ausgesuchten, abwechslungsreichen Kunstphänomenen, ohne zu ermüden.

Das neu gegründete Museum wendet sich mit seiner ausschließlich aus eigenen Sammlungsbeständen aufgebauten Präsentation gegen den permanenten Wechselausstellungsbetrieb. Neben einer großen jährlichen Wechselausstellung wird die Dauerausstellung von Zeit zu Zeit raumweise behutsam weiterentwickelt und mit noch nicht gezeigten Sammlungsteilen ausgetauscht beziehungsweise ergänzt.

Auf der Suche nach dem alles verbindenden roten Faden durch fünf Jahrtausende Kunst- und Kulturgeschichte sind die ganz subjektiv auswählenden Sammler immer wieder auf ästhetische Verbindungslinien gestoßen, die Sammlung und Museum in einzigartiger Weise zusammenführen:

ausgewählte Grabbeigaben und Reisefotografien des 19. Jahrhunderts aus Ägypten; Ritualgefäße aus Amlash; chinesische Terrakotten der Han-Dynastie, Buddhafiguren der Nördlichen Wei- und Nördlichen Qi-Dynastie; Skulpturen, Reliefs und Gebrauchsgegenstände aus Gandhāra; Kunst der Khmer; Keramik und Rollbilder aus Japan; Torsi und Buddhaköpfe aus der ehemaligen siamesischen Königsstadt Ayutthaya (Thailand)…; Klassische Fotografie und Kunst des 20./21. Jahrhunderts von Albert Renger-Patzsch, Bernd und Hilla Becher, Ben Nicholson, Jan Schoonhoven, Norbert Kricke, Ernst Hermanns, Lee Ufan, Yuji Takeoka, Ulrich Erben, Bernd Minnich, Tadaaki Kuwayama, Richard Serra, Ulrich Rückriem, Blinky Palermo, Christiane Möbus, Alf Schuler, Qiu Shi-hua, Hamish Fulton, Richard Long, Erwin Wortelkamp, Erich Reusch, Raimund Kummer, Adrian Schiess, Olivier Mosset, Claudia Terstappen, Thomas Virnich, Song Dong, Ai Weiwei und anderen.

Und immer wieder Gefäße (Terrakotta, Porzellan, Glas, Papier) aus Mehrgarh, Ägypten, China, Japan, Kambodscha, Deutschland und … Gelehrtensteine! DKM

■ MUSEUM DKM | STIFTUNG DKM, DUISBURG ▌ GÜNTHERSTR. 13–15 ▌ 47051 DUISBURG

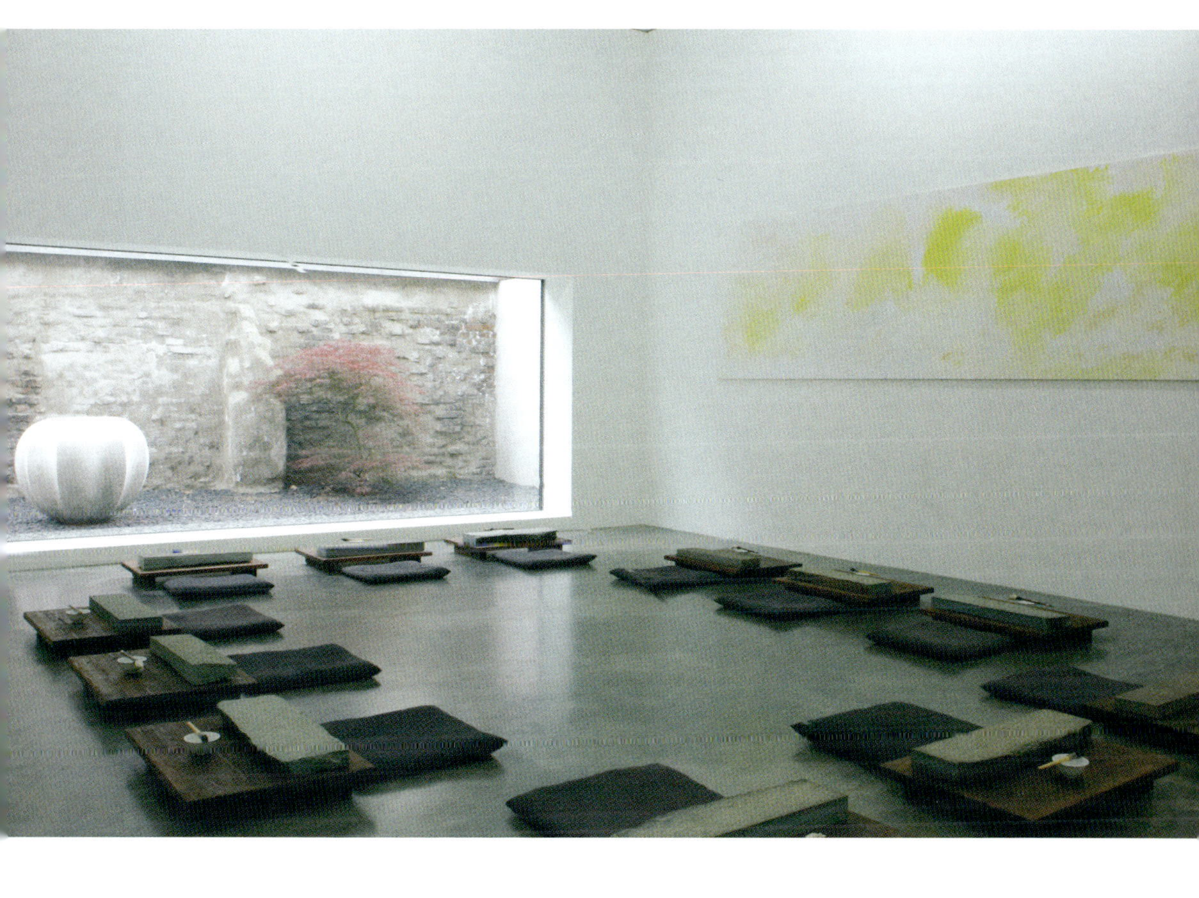

Im Gegensatz zu Kunstsammlungen, die ihren Grundstock kirchlichen, fürstlichen oder privaten Sammlungen verdanken, zeichnet sich die Sammlung des Wilhelm Lehmbruck Museums dezidiert als Direktorensammlung aus.

Die Basis der Sammlungen bildet von Anfang an und kontinuierlich bis heute das Lebenswerk des 1881 in Duisburg geborenen, 1919 in Berlin verstorbenen und früh zu internationaler Anerkennung gelangten Künstlers Wilhelm Lehmbruck: mit rund 100 Plastiken, 40 Gemälden und bildhaften Zeichnungen, 900 Zeichnungen und gut 200 Druckgrafiken.

Bis zur Stiftungsgründung im Jahr 2000 ist eine repräsentative Sammlung lokaler und regionaler Kunst des 20. Jahrhunderts – unter besonderer Beteiligung des Museumsvereins – im Lehmbruck Museum entstanden. Zu den Künstlern dieses Sammlungsspektrums, die es zu überregionaler Bedeutung gebracht haben, gehören – außer Lehmbruck – vor allem August Kraus, Johannes Molzahn, Heinz Kiwitz, Heinz Trökes, Michael Schoenholtz, Jutta Freudenberger, Manfred Vogel und einige andere ehemalige Wilhelm-Lehmbruck-Stipendiaten, die in der Stadt Duisburg geblieben sind.

Aufbauend auf dem Regionalismus haben die ersten vier Direktoren des Hauses von 1924 bis 1970 eine nationale Sammlung der Moderne aufgebaut, freilich mit unterschiedlichen Schwerpunkten, und zwar unter Einschluss von Malerei und Plastik, Zeichnung und Druckgrafik. Dabei ist es vor allem dem Qualitätssinn und der Fachkenntnis von Gerhard Händler zu verdanken, dass beinahe alle bedeutenden deutschen Maler und Bildhauer von 1900 bis 1970 mit exemplarischen Werken in der Sammlung vertreten sind.

Mit dem Baubeschluss 1958 aber leitet Gerhard Händler zugleich schwerpunktmäßig die internationale Ausrichtung der Skulpturensammlung ein und erwirbt Einzelwerke europäischer und nordamerikanischer Bildhauer. Diesem exemplarischen Sammeln von

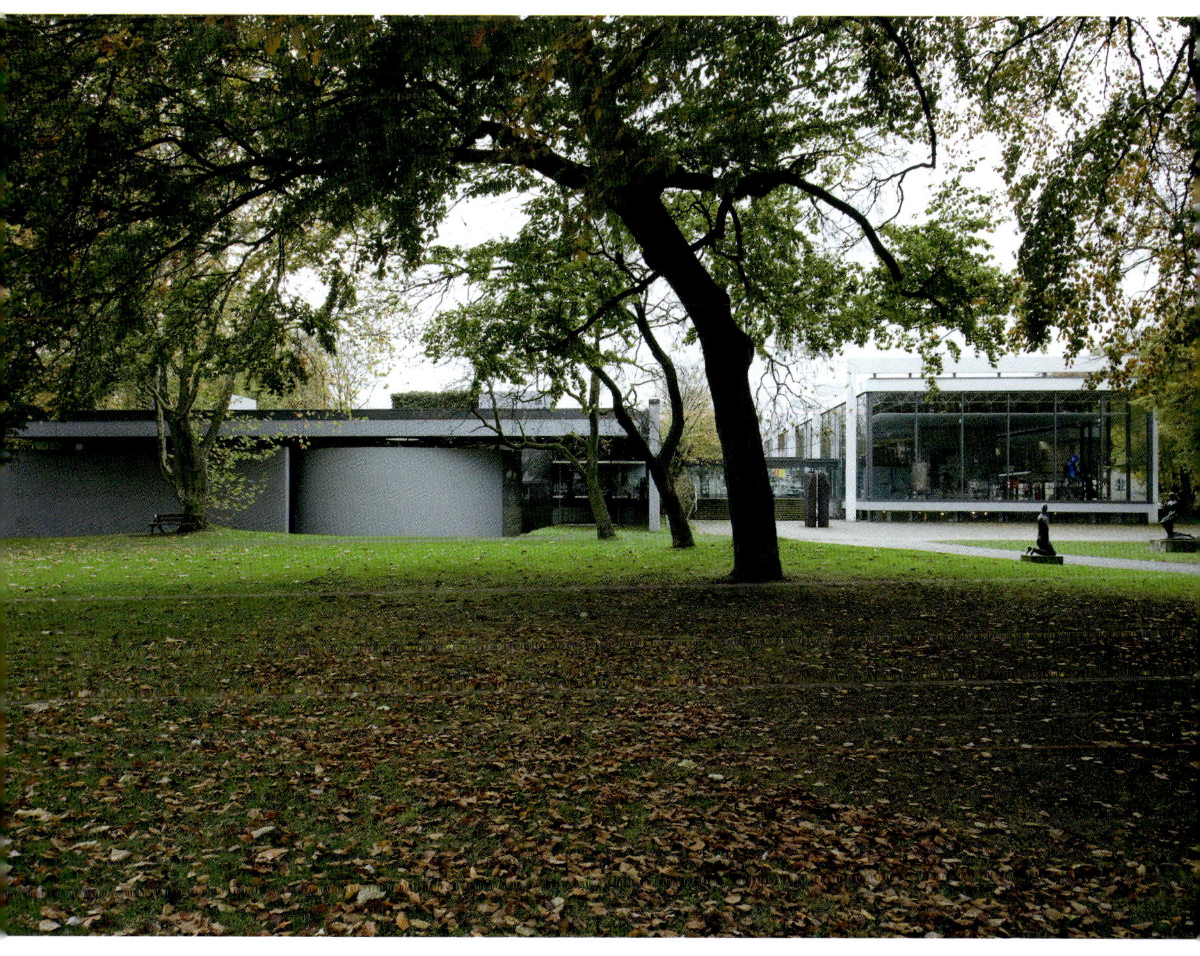

Meisterwerken der internationalen Skulptur der Moderne folgen auch seine Nachfolger mit einigen Modifikationen. Siegfried Salzmann konzentriert sich vor allem auf die internationale Objektkunst der Gegenwart bei Verzicht auf die Weiterführung der Gemäldesammlung, während sein Nachfolger bestrebt ist, vorhandene Lücken im gesamten Bereich der Moderne weiter zu schließen, exemplarische Werke eines »erweiterten Skulpturenbegriffs« zu sammeln, eine Spezialsammlung der Beziehungen von Fotografie und Skulptur neu aufzubauen und – seit der Jahrtausendwende – den Blick auf die zeitgenössische Skulptur global zu öffnen. Jenseits von Lehmbruck befinden sich in der Skulpturensammlung rund 1 000, in der Gemäldesammlung über 350 Werke, dazu etwa 2 000 Zeichnungen, 1 500 Druckgrafiken und 2 000 Fotografien der Moderne. Diesen Kernbestand flankieren einige historische, durch Schenkungen aus Privatbesitz erworbene Sammlungen: japanische Druckgrafik aus der ehemaligen Böninger-Sammlung, deutsche, niederländische und italienische Malerei des 16. bis 19. Jahrhunderts aus den Sammlungen Welker und Houben (teilweise an andere Museen ausgeliehen) und eine italienische Fotosammlung des späten 19. Jahrhunderts, ebenfalls aus Duisburger Privatbesitz, die den klassischen Bildungskanon demonstriert.

Soweit die Sammlung über Einzelwerke eines Künstlers hinaus monografische Schwerpunkte besitzt, sind diese weniger einer Erwerbungsstrategie als vielmehr Schenkungen, zumeist der Künstler selbst oder ihrer Erben, zu verdanken.

Eine internationale Skulpturensammlung der Moderne ist ohne angrenzende Freifläche für die Großplastik nicht denkbar. Es hat eine Weile gebraucht und bedurfte besonderer Umstände, den das Museum umgebenden Kant-Park auch als Skulpturenpark nutzen zu dürfen. 1989 diente eine Museumsausstellung erstmals zur Bespielung des Parks. Vorhandene Großplastiken der Nachkriegszeit und neue, ortsspezifisch angelegte Skulpturenprojekte, unter anderem von Dani Karavan, Magdalena Abakanowicz, François Morellet, Eduardo Paolozzi, Klaus Simon, Bogomir Ecker, Norbert Radermacher und Stefan Sous, definieren seitdem den Parkraum im Zusammenspiel mit dem Stadtraum, der Museumsarchitektur und dem Vegetationsbestand: über 40 Werke der internationalen Großplastik. Dauerleihgaben, unter anderem von Richard Serra und Ansgar Nierhoff, sind hinzugekommen. Bürger- und Skulpturenpark sind zu einer lebendigen Einheit verschmolzen.

Heute bilden die seit 1985 verdreifachte Sammlung, die vom Bildhauersohn Manfred Lehmbruck geplante Architektur sowie der umgebende Skulpturenpark ein einzigartiges Museum moderner Skulptur von weltweiter Bedeutung.

Christoph Brockhaus

STIFTUNG WILHELM LEHMBRUCK MUSEUM – ZENTRUM INTERNATIONALER SKULPTUR, DUISBURG
FRIEDRICH-WILHELM-STR. 40 | 47051 DUISBURG

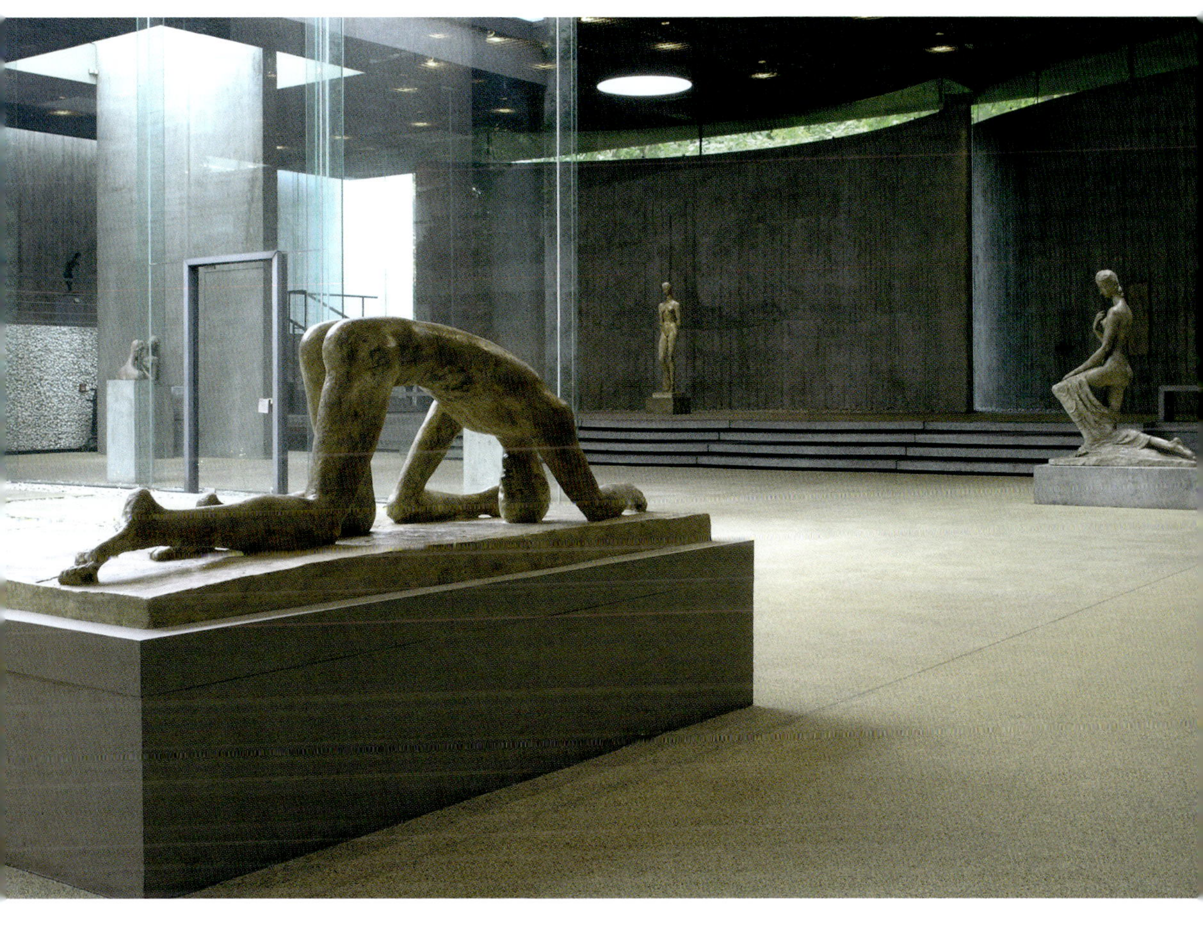

Das Museum Folkwang wurde 1902 von Karl Ernst Osthaus (1874–1921) in Hagen gegründet. Aus seinen Anfängen als Kunstsammlung mit naturkundlichen und kunstgewerblichen Abteilungen entwickelte es sich in kürzester Zeit zu einem der wegweisenden Museen für moderne Kunst weltweit. Das Folkwang erwarb und zeigte als erste öffentliche Sammlung in Deutschland Werke von Cézanne, Gauguin, van Gogh und Matisse. Nach dem Tod des Museumsgründers im Jahre 1921 wurde die Sammlung Osthaus von dem damals neu gegründeten Folkwang Museumsverein, einer Initiative Essener Unternehmer und Bürger, für die Stadt Essen erworben und 1922 mit dem seit 1906 bestehenden Städtischen Kunstmuseum zum neuen Museum Folkwang vereinigt.

Das Folkwang zählt heute zu den bedeutendsten Kunstmuseen Deutschlands. Sammlungsschwerpunkte bilden die Kunst des 19. Jahrhunderts und der Klassischen Moderne, die Fotografie und die Malerei nach 1945. Der Bestand zählt 550 Gemälde und 250 Plastiken, etwa 14 000 Zeichnungen und Grafiken sowie etwa 98 000 Fotografien und verwandte Objekte. Eine Besonderheit ist die Sammlung von Werken alter und außereuropäischer Kunst sowie des europäischen und außereuropäischen Kunstgewerbes (4 000 v. Chr. – 19. Jahrhundert) mit etwa 1 800 Objekten.

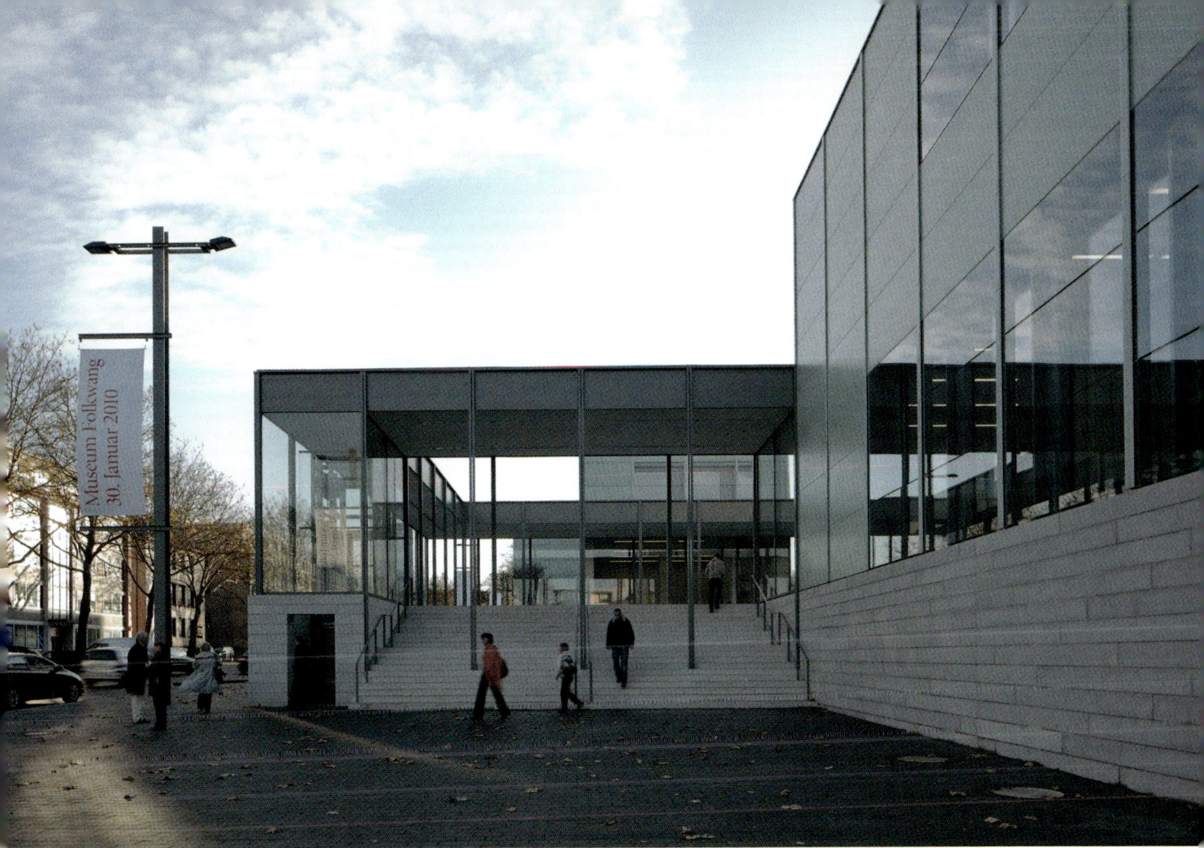

In Hagen und seit 1922 in Essen wurden zu einem sehr frühen Zeitpunkt Meisterwerke der Klassischen Moderne ausgestellt. Die Schausammlungen präsentierten Gemälde von Cézanne, Gauguin und van Gogh sowie der um eine Generation jüngeren so genannten Fauves (Matisse u. a.) und der deutschen Künstlervereinigungen Brücke und Blauer Reiter. Für den Museumsgründer Osthaus hatte der persönliche Kontakt zu den Künstlern und das uneingeschränkte Engagement für zeitgenössische Kunst Priorität. Zu seinen Grundsätzen gehörte es, die Werke für seine Sammlung direkt bei den Künstlern zu erwerben.

Seit der Gründung des Museums wurden, parallel zu Werken der Malerei, auch Aquarelle, Zeichnungen und Druckgrafiken gesammelt. Die Klassische Moderne bildet bis heute den Schwerpunkt der Sammlung. Darüber hinaus existiert ein umfangreicher Bestand an grafischen Blättern von Künstlern des 18. und 19. Jahrhunderts.

Osthaus hat seine Sammlungstätigkeit von Anfang an auch auf das Kunstgewerbe und die Kleinkunst gerichtet. Er erwarb vor allem kunsthandwerkliche Objekte aus Deutschland, Europa und außereuropäischen Ländern. Der spätere Direktor des Museums, Ernst Gosebruch, setzte diese Sammeltätigkeit fort und konnte dem Bestand wichtige Neuerwerbungen hinzufügen.

Die ethnologische und kunstgewerbliche Sammlung des Museum Folkwang umfasst heute Exponate aus Europa, Afrika, Mittelamerika, Asien und der Südsee, darunter Antiken aus Griechenland und Ägypten, dem Irak und Iran, eine Fliesensammlung, eine Textilsammlung und eine Auswahl an Gläsern von der Antike bis in die Neuzeit.
Osthaus' Gedanke der Zeitgenossenschaft begründete auch das Engagement des Folkwang für die Fotografie. Eine erste Ausstellung zur internationalen Berufsfotografie fand bereits 1903 in Hagen statt; in der Weimarer Republik setzte das Essener Folkwang diese Tradition fort. Der Bestand der 1978 unter Paul Vogt gegründeten Fotografischen Sammlung umfasst heute Werkgruppen von vielen der wichtigsten Fotografen ihrer Zeit.
Seit 2010 gehört auch das Deutsche Plakat Museum als eigene Abteilung zum Museum Folkwang. Es beherbergt eine der größten Sammlungen zur Plakatkunst weltweit. Der Bestand umfasst etwa 340 000 Plakate aus Politik, Wirtschaft und Kultur von den Anfängen dieses Mediums bis heute.
Der 2010 eröffnete Neubau des Museum Folkwang – entworfen von David Chipperfield Architects, London/Berlin – verfügt über Räume auf höchstem architektonischen und technischen Niveau, die seinen hervorragenden Sammlungen und seiner internationalen Ausstellungstätigkeit gerecht werden. Das Museum wendet sich zukünftig mit einer großen Freitreppe und einem einladenden Eingangshof der Stadt zu. Diese architektonische Geste ist Ausdruck für das historisch begründete Selbstverständnis des Museum Folkwang, ein für alle offenes Zentrum der Kunst und kulturellen Bildung zu sein.

Hartwig Fischer

▰ MUSEUM FOLKWANG, ESSEN ▮ MUSEUMSPLATZ 1 ▮ 45128 ESSEN

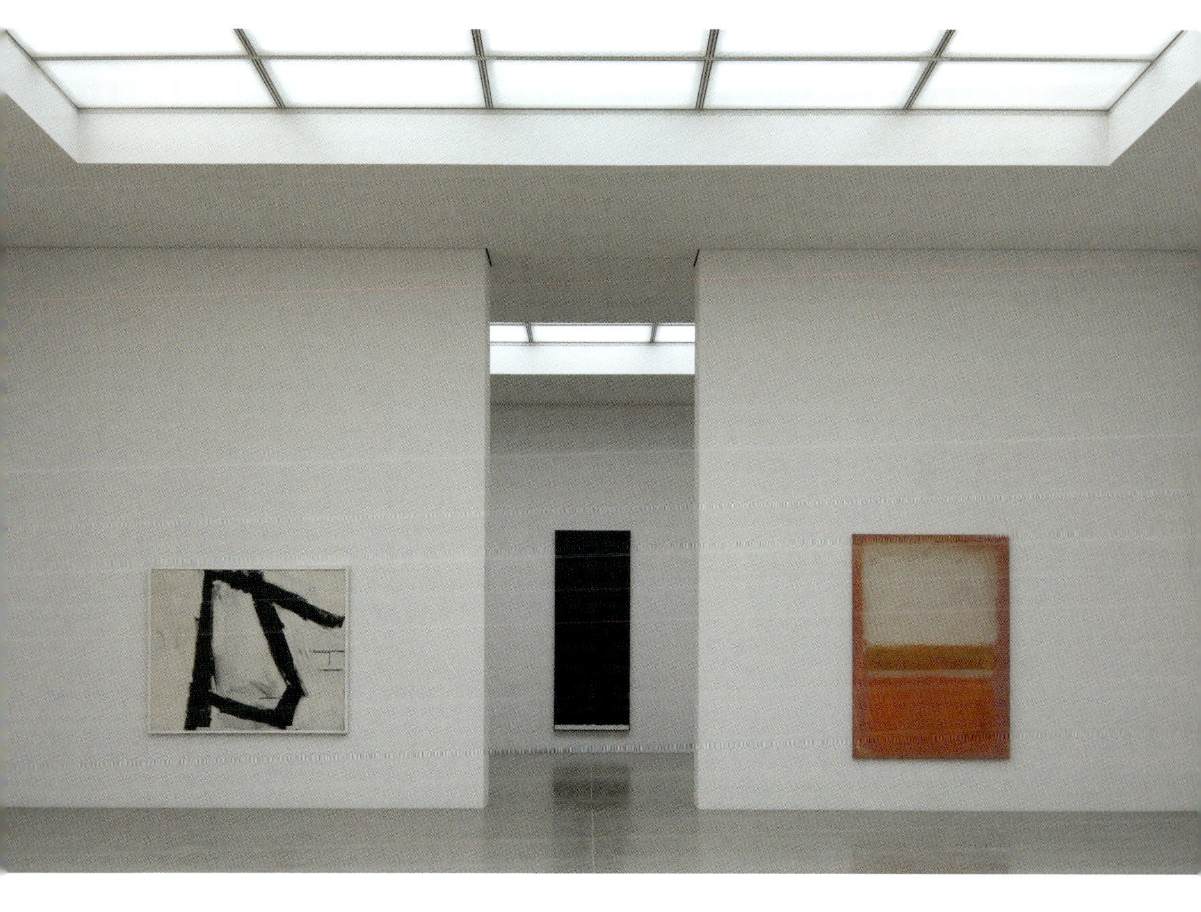

Seit Beginn seiner Gründung in den 50er-Jahren des 20. Jahrhunderts wurde das Kunstmuseum Gelsenkirchen als Institution für Kunst, Kultur und Bildung unter dem Namen Städtisches Museum Gelsenkirchen geführt.

Dieser Name verdeutlichte damals auf treffende Weise die aus dem städtischen Besitz erstmals öffentlich zugänglich gemachten Sammlungsbestände regionaler und volkskundlicher Exponate.

Ende der 1950er-Jahre führte der Bau des Musiktheaters im Revier Künstlergrößen der Avantgarde der Zeit nach Gelsenkirchen, wodurch die Kunstszene der Stadt einen Höhepunkt zeitgenössisch-künstlerischer Entwicklung erlebte.

Der städtische Kunstbesitz wurde in der Folge durch Ankäufe, Schenkungen und Dauerleihgaben verschiedener Werke aus dieser damaligen Kunstszene bereichert, was dazu führte, dass eine inhaltliche und auch räumliche Umstrukturierung des ursprünglichen Kunst- und Kulturbesitzes eingeleitet werden musste.

Im Laufe des Ausbaus und der Entwicklung des Hauses erweiterte und veränderte sich der Sammlungsbestand bis heute kontinuierlich in Richtung bildender und moderner Kunst. Folgerichtig erfolgte 2008 die Umbenennung in Kunstmuseum Gelsenkirchen.

Das Kunstmuseum ist in vier unterschiedliche Abteilungen gegliedert, die jede für sich ihren eigenen Schwerpunkt repräsentieren, dabei aber gleichwertig als vier Säulen der modernen Kunst nebeneinander bestehen.

Die Dauerausstellung der kinetischen Kunst in der unteren Etage des Hauses bildet eine der vier Säulen. Bereits in der Entstehungsphase des Museums wurde mit einigen Vertretern der ZERO-Gruppe (Heinz Mack und Günther Uecker) der Grundstein für die heute größte Sammlung kinetischer Kunst in Deutschland gelegt.

Mit mittlerweile über 80 dauerhaft ausgestellten Objekten kann der Besucher sich heute einen dokumentarischen Überblick über die Entwicklung der kinetischen Kunst von ihren Anfängen in den 60er-Jahren bis in die heutige Zeit hinein verschaffen. Zu sehen sind bildnerische Objekte der frühen Op Art, raumteilende filigran-ästhetische Mobiles, motorbetriebene Arbeiten, die durch versteckte Mechanismen und elektrische Impulse

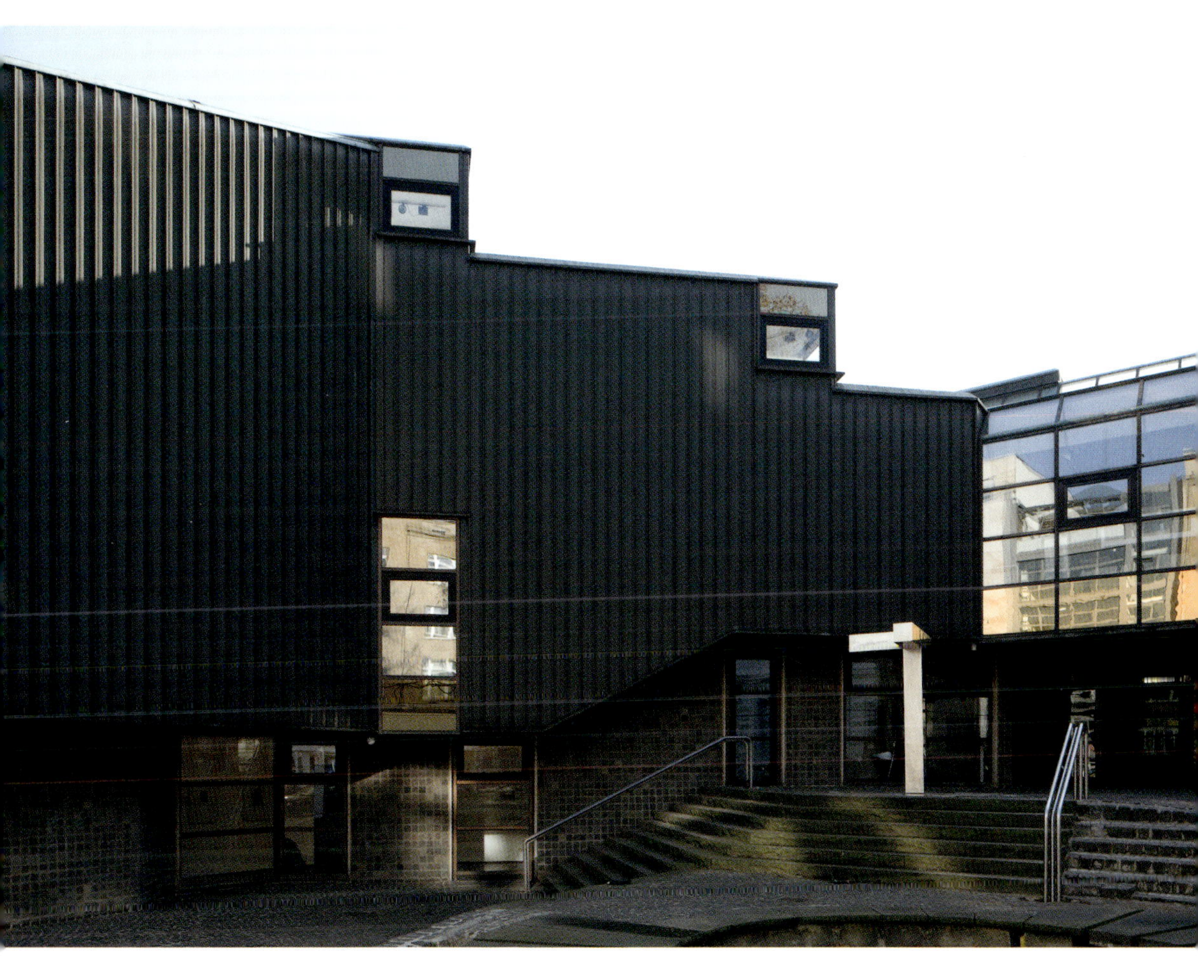

in Gang gesetzt werden, und Arbeiten aus dem Bereich der Licht- und Klangkinetik. Aktiviert werden die Exponate durch Luftzirkulation, durch direkte Berührung oder durch die Bewegung des Besuchers, der auf diese Weise zu einer aktiven Interaktion mit dem Objekt aufgefordert wird. Dieses Phänomen, durch Eigeninitiative Bewegungsaktivitäten und auch visuelle Veränderungen an einem Kunstwerk hervorrufen zu können, macht die Kinetik vor allem auch für junge Besucher des Museums zu einem besonderen Erlebnis.

Die zweite, dauerhaft eingerichtete Abteilung trägt die Bezeichnung *Anton Stankowski und die Konkreten*. Der in Gelsenkirchen geborene Stankowski zählt zu den bekanntesten Gestaltern und Grafikern unserer Zeit. Ein bedeutender Teil seiner künstlerischen Arbeiten aus den verschiedenen Schaffensperioden seines Werdegangs gelangte durch die Stuttgarter Stankowski-Stiftung in den Besitz des Kunstmuseums. Darunter befinden sich neben Entwürfen und Zeichnungen auch Arbeiten aus den Bereichen der Fotografie, der Druckgrafik und der Malerei. Zur Präsentation seiner Werke wurde in den oberen Räumen des Hauses eigens ein sich über zwei Etagen erstreckender, abgeschlossener Bereich eingerichtet. Im Anschluss finden sich Werkbeispiele der konstruktiven und konkreten Kunst mit weiteren namhaften Vertretern dieser Gattung, wie beispielsweise Victor Vasarely, László Moholy-Nagy und Heinrich Siepmann.

Eine Sammlung von Gemälden und Skulpturen vom ausgehenden 19. Jahrhundert bis heute findet sich in der dritten Abteilung des Hauses. Diese Abteilung Klassische und moderne Kunst erstreckt sich auf einer Gesamtfläche von 400 Quadratmetern und ist in einem hellen, vielfältig differenzierten Raum untergebracht, der sich ebenfalls im oberen Bereich des Gebäudes befindet.

Vertreten sind Bilder des deutschen Im- und Expressionismus, unter anderem von Max Liebermann, Lovis Corinth, Max Slevogt, Ernst Ludwig Kirchner, Erich Heckel, Otto Mueller und Emil Nolde. Weiterhin sind neben Werken aus dem Surrealismus von René Magritte, Max Ernst oder Franz Radziwill auch Arbeiten des Neuen Realismus (unter anderem von Gerhard Richter), der informellen und der konkreten Malerei zu sehen.

Die Architektur des Museums, die sich in ihrer Gesamtkonzeption durch raumteilende und ineinandergreifende Nischen auszeichnet, verschafft dem Besucher einen immerwährenden Durch- und Einblick auf die Kunstwerke von unterschiedlichen Standorten aus. Um diese Möglichkeit zu nutzen, folgt die Zusammenstellung der Bilder hier nicht der klassisch-chronologischen Anordnung nach Entstehungszeit und Stilrichtung, sondern sie präsentiert sich über thematische und stilistische Ähnlichkeiten. Auch aus dem Bereich der grafischen Kunst befindet sich eine große Anzahl hochkarätiger Arbeiten (unter anderem von Ernst Barlach, Käthe Kollwitz, Marc Chagall, Pablo Picasso) im Bestand des Hauses, die zum Thema *Einblicke in die Grafiksammlung* regelmäßig in wechselnden Ausstellungen gezeigt werden.

Die vierte Säule bilden umfangreiche Wechselausstellungen von zeitgenössischen Künstlern und Künstlerinnen aus dem In- und Ausland. Diese Wechselausstellungen finden im ältesten Teil des Kunstmuseums, der sogenannten Alten Villa, statt. Werkschauen von namhaften Kinetikern und von Künstlern und Künstlerinnen aus der konstruktivistischen Stilrichtung sind im Wechsel mit den Ausstellungen des Kunstvereins Gelsenkirchen zu sehen.

In allen Sammlungsbereichen finden außerdem zahlreiche Aktivitäten aus dem Bereich der Kunstvermittlung für Kinder, Jugendliche und für Erwachsene statt.

Leane Schäfer

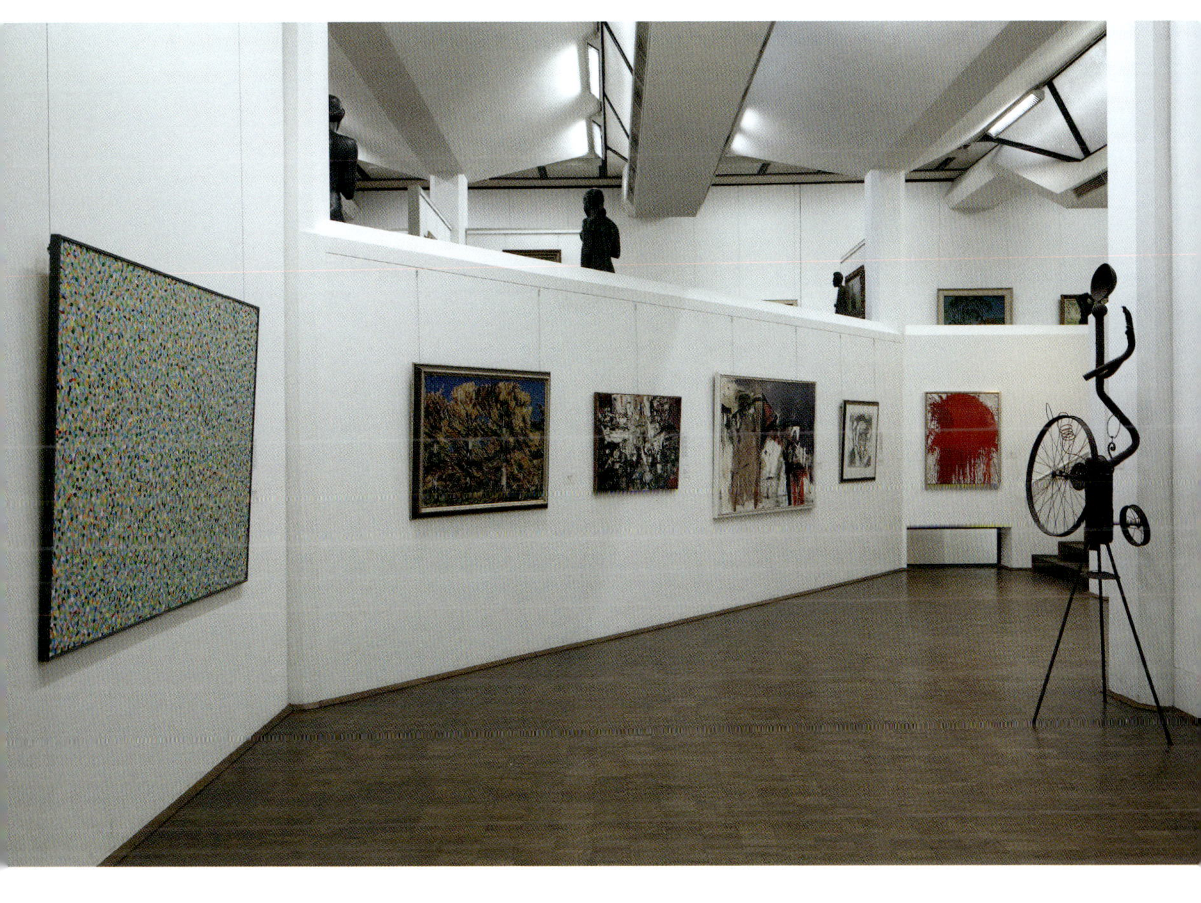

Das Osthaus Museum Hagen steht – als Nachfolgeinstitution des 1902 von Karl Ernst Osthaus in Hagen gegründeten Folkwang-Museums – bewusst in der heute als »Hagener Impuls« bezeichneten Tradition. Die Bestände zur Klassischen Moderne spiegeln diesen historischen Aspekt. Dazu zählen neben der Museumssammlung gleichermaßen bedeutende architektonische Zeugnisse des »Hagener Impulses«. Zum anderen wird die Sammlungs- und Ausstellungstätigkeit im Sinne von Osthaus' Kerngedanken der Beschäftigung mit aktueller Kunst fortentwickelt, indem sich das Museum als Ort einer spezifischen Sammlung von Werken der internationalen zeitgenössischen Kunst vorstellt.

Die Kunstbestände des im Herbst 1945 eröffneten, damals Karl Ernst Osthaus Museum genannten Hauses umfassten zunächst ein kleines Konvolut von Rohlfs-Bildern sowie rund 500 weitere Werke, vor allem Ankäufe des städtischen Kunstmuseums aus den 1930er-Jahren. Objekte aus der ehemaligen Osthaus-Sammlung waren kaum vertreten. Herta Hesse-Frielinghaus, die das Museum 30 Jahre leitete (1945–1975), baute eine neue Sammlung zur Kunst des 20. Jahrhunderts auf. Sie sah sich den Ideen von Osthaus verpflichtet und gestaltete ihre Museumsarbeit im Hinblick auf das Konzept der Hagener Folkwang-Sammlung. Nach der Währungsreform 1948 kaufte die Direktorin vor allem hochkarätige Werke der deutschen Expressionisten sowie aktuelle Kunst. 1955 zog das Museum in den historischen Folkwang-Bau an der Hochstraße, der 1972 durch einen polygonalen Anbau in Sichtbeton erweitert wurde. 1991 wurde unter der Ägide von

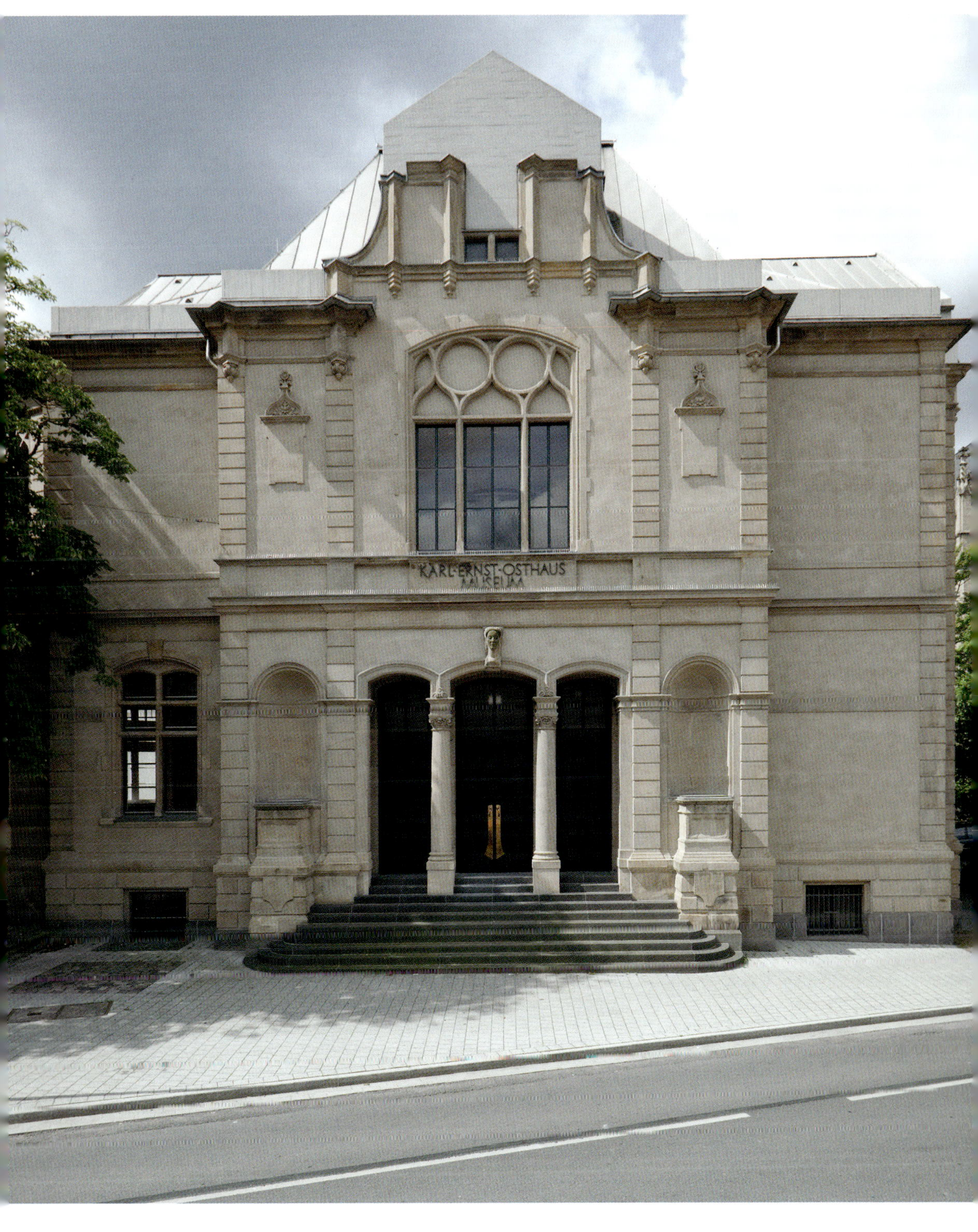

Michael Fehr (1987–2005) die ursprüngliche Inneneinrichtung des Altbaus rekonstruiert, so dass heute wieder die organische Raumatmosphäre des Folkwang-Baus, der von dem bedeutenden belgischen Architekten Henry van de Velde konzipiert wurde, erlebt werden kann.

Die gezielte Ankaufspolitik seit der Museumsneugründung, bereichert durch die drei Sammlernachlässe Becker, Butz und Berg und die Schenkung Paul Vogt aus den Jahren 2008/2009 mit über 400 Werken von Christian Rohlfs, konstituieren die Abteilungen der Klassischen Moderne und der zeitgenössischen Kunst im Osthaus Museum Hagen. Einerseits nehmen sie konzeptionell Bezug auf die Folkwang-Sammlung von Karl Ernst Osthaus, andererseits haben sie mit ihren auserlesenen Einzelstücken ein eigenständiges Profil ausgeprägt. Seit den 1990er-Jahren wurde eine Sammlung internationaler nicht-gegenständlicher Farbmalerei aufgebaut. Außerdem bildet die systematische Beschäftigung mit der Geschichte des Hagener Impulses einen wichtigen Schwerpunkt.

Als Außenstelle des Osthaus Museums fungiert der Hohenhof in Hagen-Emst, das ehemalige Wohnhaus von Karl Ernst Osthaus und seiner Familie. Der van-de-Velde-Bau, ein Ankerpunkt der ›Route Industriekultur‹, vermittelt einen Überblick über Leben und Wirken des Folkwang-Museumsgründers Osthaus. Neben der vollständig erhaltenen Inneneinrichtung der repräsentativen Räume, die ein einmaliges Gesamtkunstwerk aus der Zeit des Jugendstils vor Augen führen, ist eine umfangreiche Ausstellung mit Kunsthandwerk von Henry van de Velde zu besichtigen. Gezeigt werden außerdem Silberarbeiten und Entwürfe von J. L. M. Lauweriks und der Hagener Silberschmiede, eine Dokumentation des zweiten, von Osthaus gegründeten Museums, des Deutschen Museums für Kunst in Handel und Gewerbe (1909–1919), sowie wechselnde Sonderausstellungen zum »Hagener Impuls«.

Seit der Wiedereröffnung 2009 präsentiert das renovierte und erweiterte Osthaus Museum Hagen seine Sammlungen im historischen Folkwang-Bau: In der Eingangshalle um den Minne-Brunnen und in den Oberlichtsälen im Obergeschoss sind Werke aus der Zeit des Spätimpressionismus, des Expressionismus und der Klassischen Moderne zu sehen sowie ein Raum mit Werken von Christian Rohlfs. Mit diesen Bildern korrespondieren wechselnde Präsentationen aus der umfangreichen Sammlung zeitgenössischer Kunst. In einem zentralen Raum thematisiert die *Architektur der Erinnerung* von Sigrid Sigurdsson das Bewusstsein von Geschichte. Die von Tayfun Belgin (seit 2007) neu gegründete, museumspädagogische Abteilung »Junges Museum«, angesiedelt im historischen Souterrain, bietet ein differenziertes Vermittlungsprogramm an, das sowohl der aktuellen demografischen Entwicklung Rechnung trägt als auch der interkulturellen Verständigung.

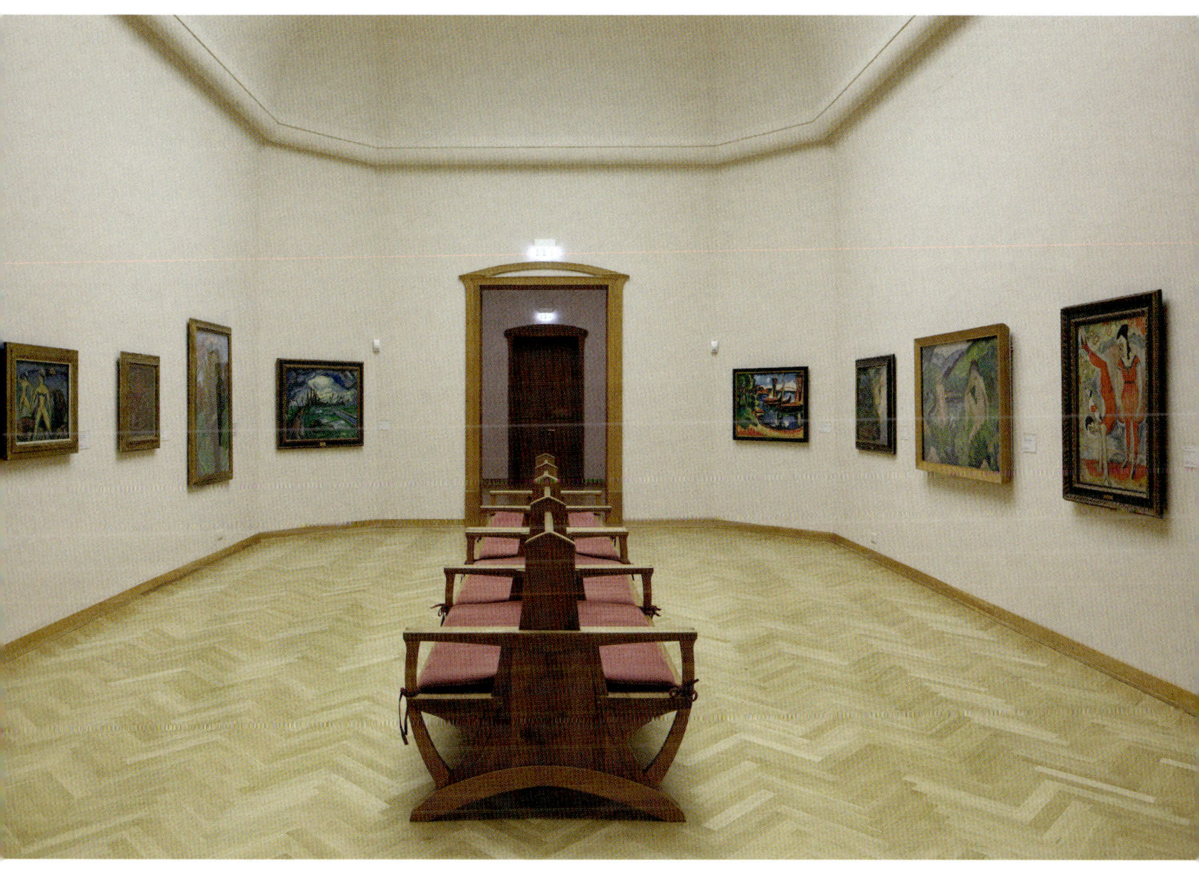

In Sonderausstellungen zur modernen und zeitgenössischen Kunst soll – im Sinne von Osthaus – die Bedeutung von Kunst für die Gesellschaft erlebbar werden, indem unter verschiedenen Aspekten die Veränderungen des Kunstverständnisses in ihrer Verknüpfung mit historischen und zeitgenössischen gesellschaftlichen Bedingungen dargestellt werden. Das Osthaus Museum Hagen versteht sich als Ort der kommunikativen Auseinandersetzung mit der Kunst, der seine Besucherinnen und Besucher anregen möchte, eigene Positionen zu beziehen und Wertmaßstäbe zu finden, zu diskutieren und mittels individueller ästhetischer Erfahrung weiter zu entwickeln.   Birgit Schulte

■ OSTHAUS MUSEUM HAGEN ▌ MUSEUMSPLATZ 1 ▌ 58095 HAGEN

Das 2009 eröffnete Emil Schumacher Museum ist dem Lebenswerk des Hagener Künstlers (1912–1999) gewidmet, einem der bedeutendsten Vertreter des Abstrakten Expressionismus in Deutschland. Die Sammlung des Museums geht auf eine Stiftung Ulrich Schumachers, des Sohnes des Künstlers, zurück. Sie umfasst 88 Ölgemälde aus den Jahren 1936 bis 1999, 200 Gouachen, Grafik, 25 Keramiken, 50 Bilder auf Porzellan und zehn Malereien auf Schiefer. Zur Sammlung gehören zudem 100 Werke aus dem Besitz der Stadt Hagen.

Das Museumsgebäude – ein rechteckiger Sichtbetonbau, ummantelt von einer das gesamte Gebäude umfangenden Glashülle – wurde entworfen vom Mannheimer Büro Lindemann Architekten. Durch eine farbige Lichtinszenierung tritt die Nachtansicht des Museums in besonderen Kontrast zur Tagansicht: Bei Tag hebt das auftretende Sonnenlicht die Struktur der Fassade als zentrales Element hervor, bei Nacht leuchtet das Gebäude von innen heraus. Der massive Baukörper wird so mit Licht belegt, dass die großen vertikalen Betonflächen als Lichtträger sichtbar werden. Auffälligstes architektonisches Element ist die vom Museumsplatz einsehbare, langgestreckte Treppenanlage, die das Gebäude erschließt. Das Museum besitzt 1 100 Quadratmeter Ausstellungsfläche auf drei Etagen. Der Ausstellungsrundgang widmet sich der künstlerischen Entwicklung Schu-

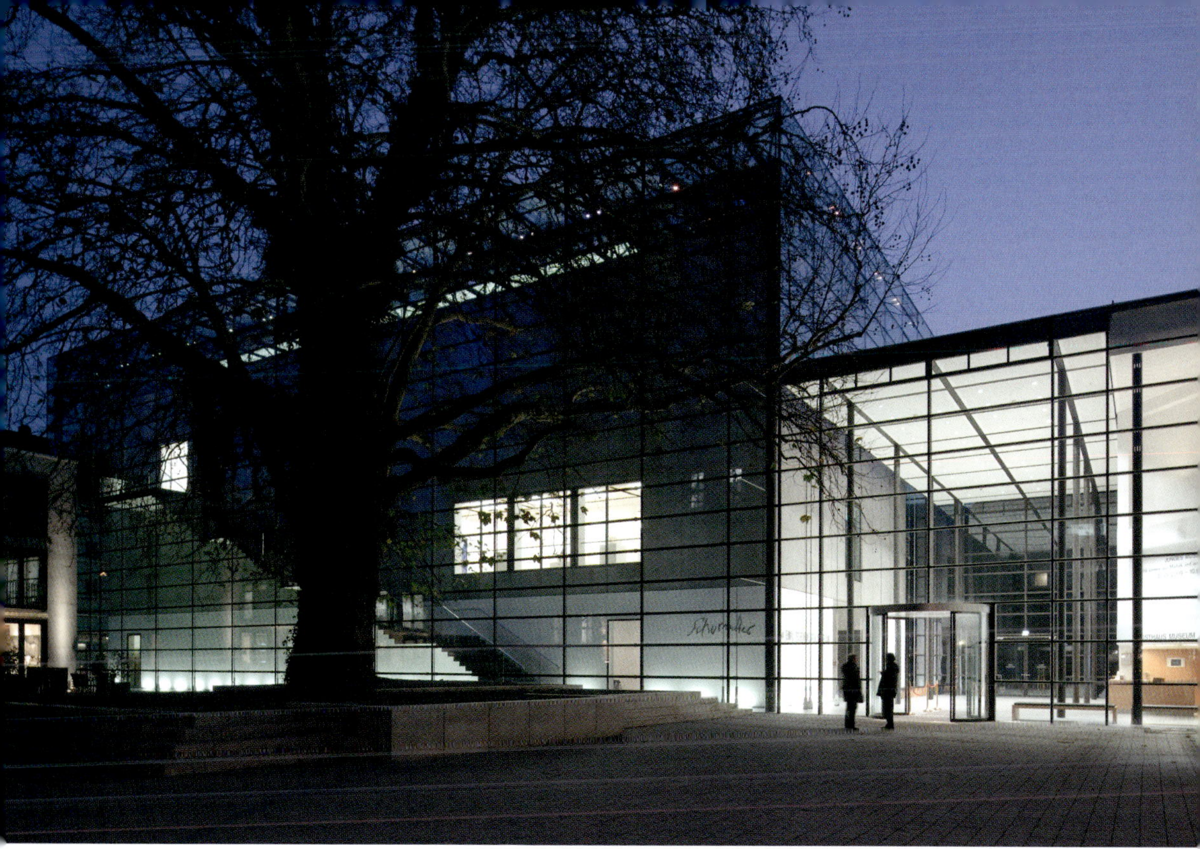

machers und erlaubt einen Blick auf alle von ihm verwendeten Materialien und Techniken.
Das Museum versteht sich als Zentrum der Erforschung des Abstrakten Expressionismus.
Mit seinem Ausstellungsprogramm präsentiert es das Werk Schumachers im Zusammenhang mit parallelen Entwicklungen der internationalen Kunst und in der Gegenüber-
stellung mit seinen Vorgängern und Zeitgenossen. Darüber hinaus stellt das Museum
regelmäßig zeitgenössische Künstler vor, deren Arbeit in formaler oder inhaltlicher Nähe
zum Werk Schumachers steht.

Emil Schumachers Arbeiten entstanden in einem Dialog des Malers mit dem Bild, an
dem er arbeitete. Der noch unbemalten Leinwand wurde »etwas entgegengesetzt«,
eine Linie, ein Fleck, bisweilen eine Zerstörung des Malgrundes. Auf jedes neue Element
musste eine »Antwort« gefunden werden, bis ein Zustand eintrat, an dem der Künstler
entschied aufzuhören. Diese Methode hat starke Parallelen zum Action Painting: In
beiden Fällen entstehen die Bilder aus der Bewegung heraus und aus der malerischen
Entwicklung von Elementen, die sich gegenseitig während des Malprozesses befruchten.
Dieses Gestaltungsprinzip verleiht Emil Schumachers Werken Dynamik und Dramatik,
Elemente, die zugleich durch über das gesamte Bild gezogene Linien, Bögen und Farb-
flächen eingegrenzt und beruhigt werden.

Das Prinzip, ohne Vorzeichnung oder detaillierte formale Vorstellung vom Ergebnis an ein Werk heranzugehen, ist frühzeitig (etwa von Clement Greenberg) als sinnbildlich gedeutet worden für eine neue und unbegrenzte Freiheit, die sich nach dem Zweiten Weltkrieg der Kunstanschauung totalitärer Systeme entgegenstellte. Dies fortführend, kann Schumachers Werk sowohl als freie Malerei betrachtet werden als auch darüber hinaus als befreiende Malerei, die ihren Betrachtern alle Freiheit der Interpretation lässt. Emil Schumachers Verhältnis zur Farbe war haptisch und geprägt von seinem starken Interesse an handwerklich sicherem Umgang mit seinem Material. So mischte er seine Pigmente selbst an, womit er die Materialität der Farbe zum zentralen Bestandteil seiner Bilder erhob. Seine bevorzugten Farben waren dabei Blau, Rot und Gelb, durchbrochen von schwarzen Bögen oder Linien. Zu den eindrucksvollsten Merkmalen seiner Kunst zählt die sinnliche Leuchtkraft seiner Bilder, die in dramatischem Kontrast zur zumeist brüchigen Bildoberfläche steht. Schumachers Werk zeigt seinen Betrachtern die Ambivalenz der beiden im 20. Jahrhundert einander gegenübergestellten Begriffe der Abstraktion und Gegenständlichkeit und löst sie geradezu spielerisch auf. Seine Bilder sind zunächst der Gegenstand an sich, durch ihre betonte Materialität ausgesprochen dinglich, wenn auch im Bildgegenstand »abstrakt«. Zugleich gibt es in allen Schaffensperioden figurative Elemente, die in ihrer Simplizität an Höhlenmalerei oder Hieroglyphen erinnern, dabei aber nicht das Aussehen, sondern das Wesen eines Gegenstandes wiedergeben wollen.

Alexander Klar

EMIL SCHUMACHER MUSEUM HAGEN ▮ MUSEUMSPLATZ 1 ▮ 58095 HAGEN

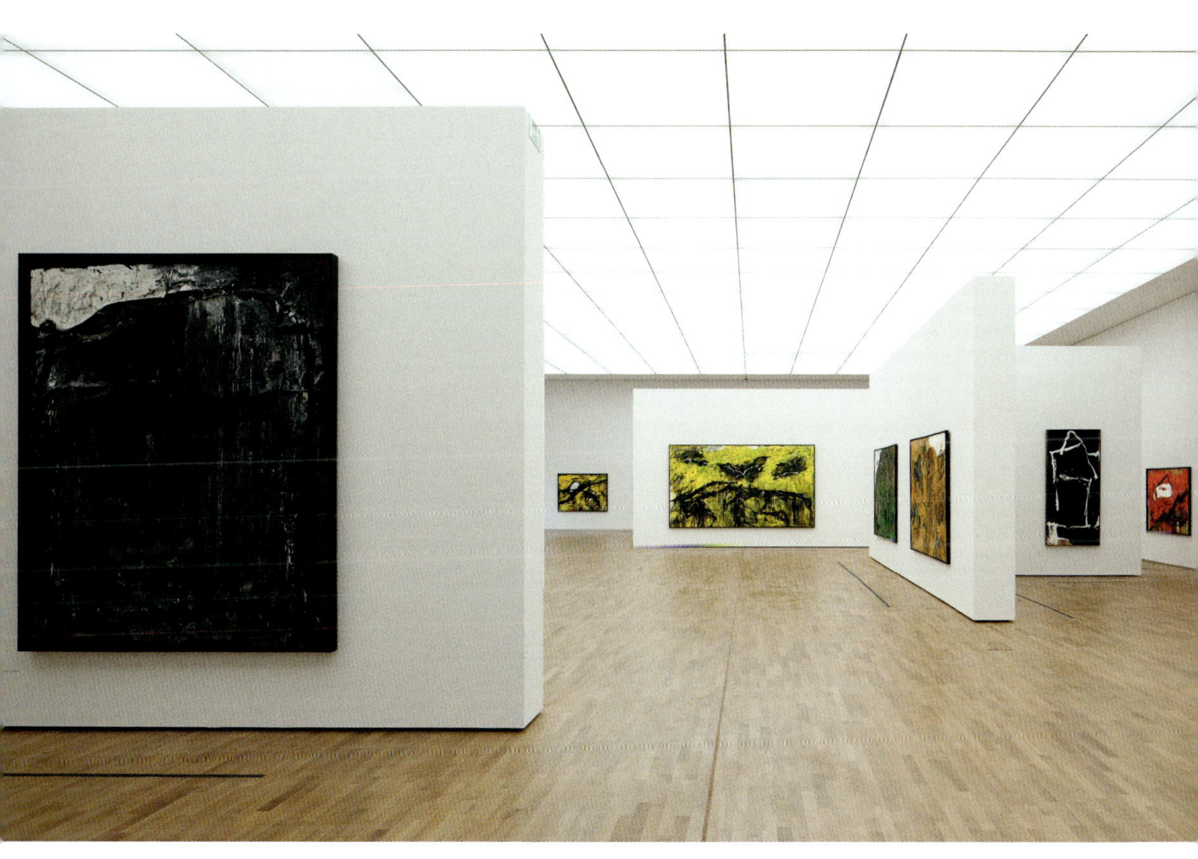

Das Gustav-Lübcke-Museum, gegründet 1886, zeichnet sich durch die Vielfalt seiner Sammlungsbestände aus. Seit 1993 werden die Sammlungen zur ägyptischen Kunst, zur Vor- und Frühgeschichte, Stadtgeschichte, zum europäischen Kunsthandwerk sowie zur Malerei des 20. Jahrhunderts und zur Kunst der Gegenwart in einem von den international bekannten dänischen Architekten Jørgen Bo und Vilhelm Wohlert geplanten modernen Museumsgebäude präsentiert.

Im angeschlossenen Kinder- und Jugendmuseum werden handlungsorientierte Ausstellungen sowie projektbezogene Ausstellungen gezeigt.

Gustav Lübcke, aus Hamm stammender Sammler und Kunsthändler, hatte vor dem Hintergrund der Kunstgewerbebewegung Ende des 19. Jahrhunderts eine umfangreiche Sammlung zum außereuropäischen und europäischen Kunsthandwerk vom Mittelalter bis zur Biedermeierzeit zusammen getragen.

Durch den Erwerb seiner Sammlung 1917 erlangte das Museum überregionales Profil. Mit der Erweiterung der Kollektion des Kunstgewerbes um Gegenstände aus der Zeit des Jugendstil, der Neuen Sachlichkeit bis zum zeitgenössischen Design gelangten Objekte bedeutender internationaler Designer in die Sammlung.

Dieser Sammlungsbereich wird in einem Rundgang vom Mittelalter bis zur Gegenwart präsentiert. Die Objekte gehören allen Bereichen des Kunsthandwerks an: Möbel, Metallarbeiten, Glas, Keramik, Porzellan, Textilien. Als künstlerische Unikate oder als Serienprodukte hergestellt, erfüllen sie nicht nur eine bestimmte Funktion, sondern sind durchaus auch von hohem ästhetischen und künstlerischen Wert. Dies zeigen Beispiele der Künstlerkeramik von Pablo Picasso und A. R. Penck oder Stühle von Jean-Charles de Castelbajac. Auch der 1981 von Ettore Sottsass gestaltete farbige Memphis-Design-Raumteiler *Arlton*, der einer Totemskulptur gleicht, überwindet die Grenze zwischen Kunst und Design. Einen besonderen Schwerpunkt bildet die Sammlung zum Glas der Moderne, die die Vielfalt der Stilrichtungen modernen Glases vom Gebrauchsglas zum anspruchsvollen Kunstglas widerspiegelt. Modernes und zeitgenössisches kunsthandwerkliches Design

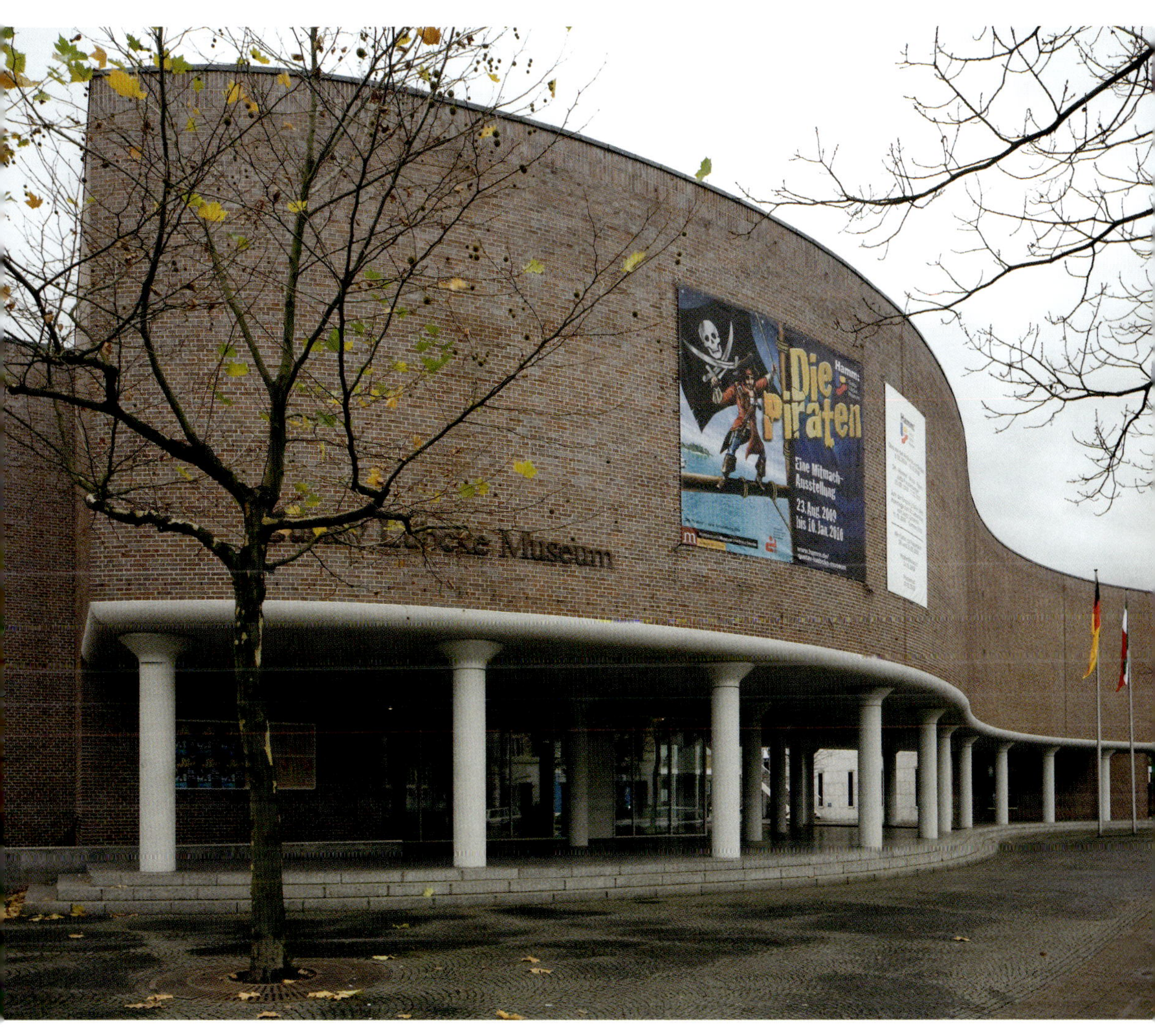

Gustav-Lübcke-Museum
Die Piraten
Eine Mitmach-Ausstellung
23. Aug. 2009
bis 10. Jan. 2010

sowie historische Gebrauchskunst treffen als Ensemble zusammen und bieten dem Betrachter eine anregende Auseinandersetzung im Spiel mit verschiedenen Zeiten.

Den Beitrag Westfalens zu den modernen Kunstströmungen in der ersten Hälfte des 20. Jahrhunderts bezeugen Gemälde und Grafiken herausragender expressionistischer Künstler wie Emil Nolde, August Macke und Christian Rohlfs, Eberhard Viegener und Hermann Stenner. Mit Werken des aus Soest stammenden Künstlers Wilhelm Morgner besitzt das Museum ein umfassendes Konvolut eines herausragenden Künstlers der Avantgarde in Westfalen.

Mit der Sammlung zur Kunst des frühen deutschen Informel liegt ein weiterer Schwerpunkt in der Kunst der Nachkriegszeit. Die für diese Zeit so wichtigen Künstlervereinigungen junger westen in Recklinghausen, die Münchner Gruppe Zen 49, die legendäre Gruppe Quadriga in Frankfurt sowie die Düsseldorfer Gruppe 53 sind mit wichtigen Werken, unter anderem von Peter Brüning, Gerhard Hoehme, Emil Schumacher, K. R. H. Sonderborg und Fritz Winter vertreten. Neuerwerbungen und Schenkungen aus der Sammlung van de Loo in München und aus rheinischem Privatbesitz, die Übernahme des künstlerischen Nachlasses des Malers Hans Kaiser aus Soest sowie des Nachlasses des Kölner Malers Jupp Lückeroth und seiner Kunstsammlung mit namhaften und weniger bekannten Vertretern des deutschen Informel haben diesen Sammlungsbereich kontinuierlich vergrößert und zu einem besonderen Schwerpunkt werden lassen.

Der Bildhauer Antonius Höckelmann hat sich bereits in den 60er-Jahren vom Informel gelöst, seine Skulpturen und Reliefs setzen in ihrer animalischen Sinnlichkeit Kraft und Energie frei. Auf die spontanen Malaktionen der gestischen Malerei des Informel greift die »wilde« Malerei (Wild Style) der 80er-Jahre zurück. Das unmittelbare spontane Verhältnis der Künstler zu ihren persönlichen Empfindungen lässt sich in der Kunst von Horst Gläsker, Barbara Heinisch, Tina Juretzek, Thomas Lange und Bernd Zimmer mit ihrem Symbolgehalt ablesen.   Diana Lenz-Weber, Ellen Schwinzer

GUSTAV-LÜBCKE-MUSEUM, HAMM ▋ NEUE BAHNHOFSTR. 9 ▋ 59065 HAMM

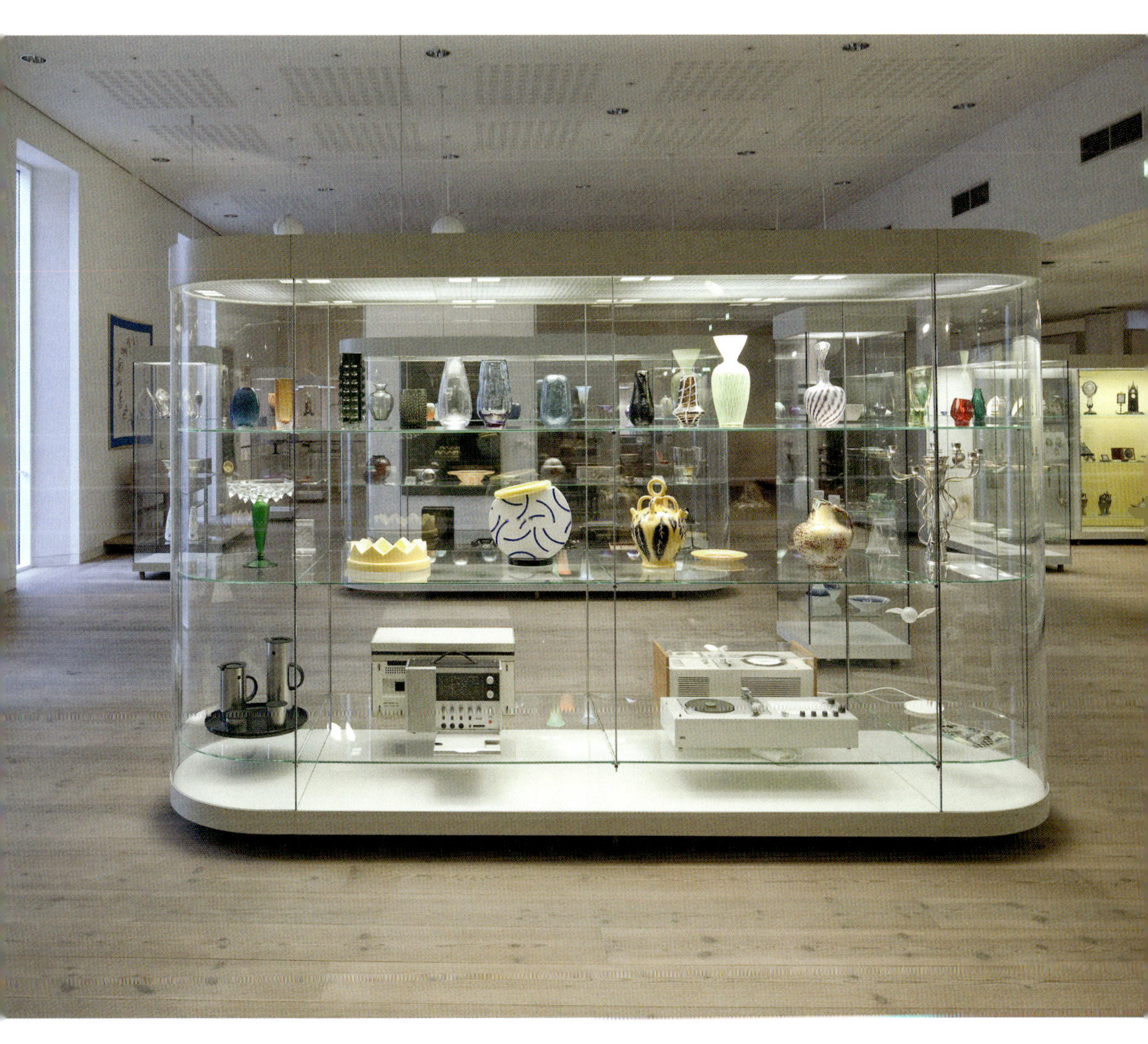

Die Städtische Galerie im Schlosspark Strünkede, eines von drei Häusern des Emschertal-Museums Herne, präsentiert in wechselnden Ausstellungen aktuelle zeitgenössische Grafik deutscher und internationaler Künstler. Daneben werden regelmäßig unter verschiedenen Themen Exponate aus dem städtischen Kunstbesitz der Öffentlichkeit vorgestellt.

Der Herner Kunstbesitz spiegelt die vielfältigen künstlerischen Stiltendenzen und grafischen Techniken des 20. und des beginnenden 21. Jahrhunderts wider. Neben einer kleineren Anzahl von Ölgemälden und Plastiken besteht er im Wesentlichen aus einer umfangreichen grafischen Sammlung mit über 4500 Handzeichnungen und anderen Arbeiten auf Papier, die nach 1945 entstanden. Diese Sammlung wurde auf einem zunächst uneinheitlichen Grundstock aus diversen Kunstankäufen aufgebaut. In den 50er- und 60er-Jahren erwarb die Stadt einige wichtige Exponate der Klassischen Moderne, dazu kamen Ankäufe aus städtischen Ausstellungen.

Eine sehr wichtige Basis bilden seit jeher Arbeiten Herner Künstler, und bis heute richtet sich das Augenmerk auf die Entwicklung der lokalen Kunstszene. Daneben sind die Arbeiten von Künstlern aus dem Ruhrgebiet und dem nordwestdeutschen Raum bedeutsam. Von Mitgliedern der 1948 im benachbarten Recklinghausen gegründeten Gruppe junger westen findet man einige repräsentative Arbeiten. Ebenso sind die Zeichnungen, Druckgrafiken, Wandinstallationen und Objekte der 1969 in Gelsenkirchen gegründeten Gruppe B1, benannt nach der legendären Hauptverkehrsader des Ruhrgebiets, hervorzuheben.

Eine in jeder Hinsicht wichtige Bereicherung des grafischen Bestandes erfolgte 1975 im Zuge der kommunalen Neuordnung in Nordrhein-Westfalen, als die Stadt Wanne-Eickel in Herne eingemeindet wurde und damit auch deren Kunstbesitz der Herner Sammlung zugeführt wurde. Bemerkenswert für den Sammlungsbereich »Karikatur und Kritische Grafik« sind die mehr als 150 Zeichnungen von Albert Kelterbaum, dem so genannten Zille des Reviers, sowie die 60 Lithografien des satirisch orientierten Realisten A. Paul Weber.

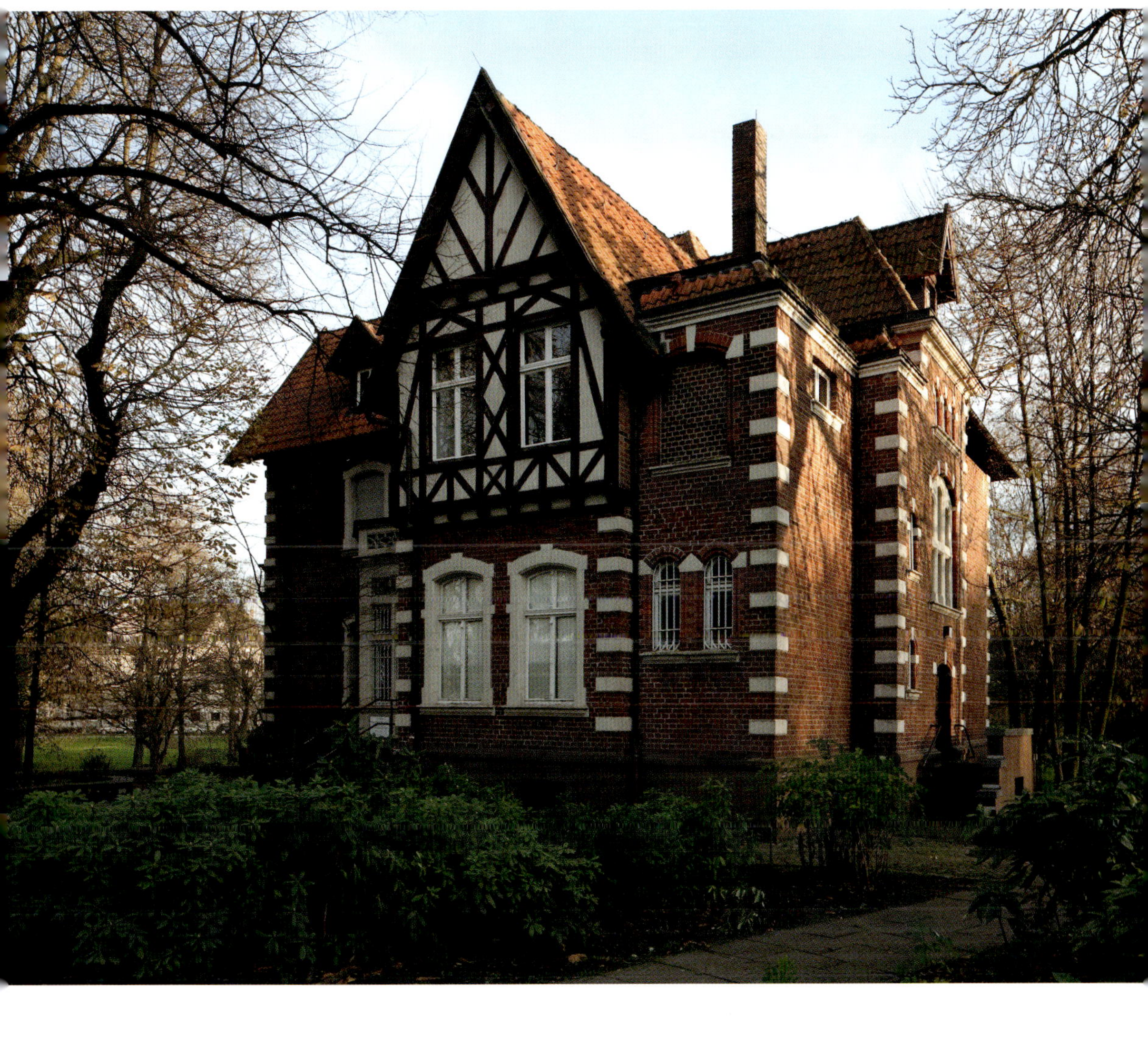

1979 begann im Herner Museum die Zeit reger Ausstellungs- und Sammlungstätigkeit. Der ursprüngliche Wohnsitz der letzten Privatbesitzer des Schlosses, eine gründerzeitliche Villa, wurde zur Städtischen Galerie im Schlosspark Strünkede. Seitdem stehen acht Räume für regelmäßige Kunstausstellungen zur Verfügung. Durch Ankäufe aus diesen Wechselausstellungen wurde der spezifische Sammlungsbereich »Zeichnungen und Arbeiten auf Papier« aufgebaut und gewann so schnell an Bedeutung.

Insbesondere trugen Ankäufe aus der Serie *Zeichner*, die seit 1988 alle zwei Jahre mit deutschen Künstlern und einem neuen Thema aufwartete, dazu bei. Ab 1994 wurde die Reihe um den Blick auf die internationale Szene und die Nachwuchskünstler aus Kunstakademien des benachbarten Auslands erweitert. Dank der tatkräftigen Unterstützung und Spenden des Fördervereins Freunde des Emschertal-Museums konnten aus all diesen Ausstellungen von nahezu jedem Zeichner Blätter erworben werden. Die finanzielle Unterstützung des Landes ermöglichte es, die Sammlung in den 90er-Jahren um bedeutende Exponate von Joseph Beuys, Emil Schumacher, Georg Meistermann sowie der Gruppe ZERO zu ergänzen.

Abschließend sollen noch wichtige Grundpfeiler für Qualität und Quantität der Sammlung gewürdigt werden. Es sind die zahlreichen Stiftungen von Privatpersonen und die großzügigen Schenkungen von Künstlern, die dem Museum teilweise ganze Konvolute überließen. Ingeborg Bukor, Diethelm Koch, Karl Krüll, Georg Meissner, Helga Regenstein und, ganz aktuell, Ludwig Wertenbruch sollen hier stellvertretend genannt sein.

Wichtig ist aber nicht nur der Umfang der großzügigen Schenkungen und Spenden, sondern vor allem auch die sich darin äußernde Wertschätzung der Herner Kunstsammlung und der Städtischen Galerie als Ausstellungsort durch Künstler, Sammler und Kunstliebhaber.

Renate Landsiedel

EMSCHERTAL-MUSEUM HERNE, STÄDTISCHE GALERIE IM SCHLOSSPARK STRÜNKEDE
KARL-BRANDT-WEG 2 | 44629 HERNE

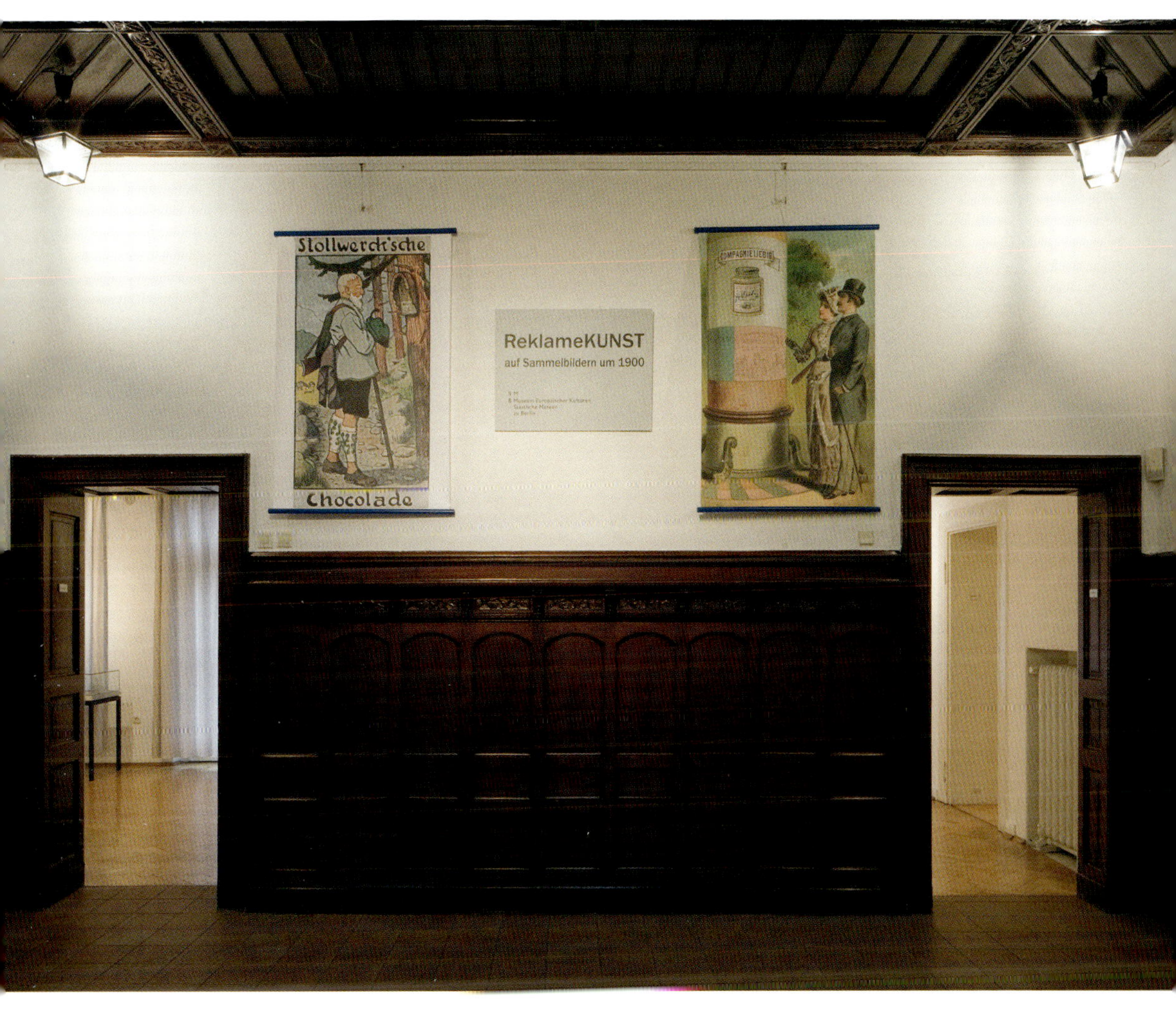

Stollwerck'sche
Chocolade
ReklameKUNST
auf Sammelbildern um 1900
Museum Europäischer Kulturen
Staatliche Museen
zu Berlin
COMPAGNIE LIEBIG

Die Flottmann-Hallen sind heute ein überregional anerkanntes Beispiel für den gelungenen Wandel eines ehemaligen Industriestandortes in ein Kulturzentrum.

1908 entstand auf dem damals noch von freien Feldern umgebenen Gelände der umfangreiche Werkkomplex der Flottmann-Hallen, einem durch seine Bohrhämmer wichtigen Zulieferer für den Bergbau. In den späten 1980er-Jahren wurde dem expandierenden Betrieb das inzwischen von Wohnbebauung umringte Gelände zu eng und an den Herner Stadtrand verlegt. Die Gebäude wurden bis auf die heutige Flottmann-Halle abgerissen, die ehemalige Ausstellungs- und Versandhalle, die Schlosserei und Schmiede zum Zentrum für Theater, Sport, Musik und bildende Kunst.

Die unter Denkmalschutz stehende fünfschiffige Halle ist in ihrer Mischung aus Elementen des Jugendstils und der Neuen Sachlichkeit eine baugeschichtliche Rarität in Nordrhein-Westfalen. Die schon von außen sichtbare Konstruktion aus Eisenfachwerk, die sich bis in die markante Dachstruktur zieht, setzt sich im Inneren fort. So will und kann auch die 600 Quadratmeter große Ausstellungshalle ihren Industriecharakter nicht leugnen. Eiserne Stützen tragen die Dachkonstruktion und strukturieren den großen Ausstellungsraum. Die weiß gestrichenen Wände in Ziegelmauerwerk betonen den industriellen Charakter. Die lichtdurchflutete, abdunkelbare Halle eignet sich daher besonders für großformatige Malerei, Skulpturen und Plastiken sowie Objekt- und Videokunst.

In den ersten Jahren nach der Eröffnung 1986 wurde der Ausstellungsbereich der Flottmann-Hallen durch den Direktor der Städtischen Galerie im Schlosspark Strünkede betreut. Der Schwerpunkt der Ausstellungen lag in der Präsentation der regionalen Kunst-

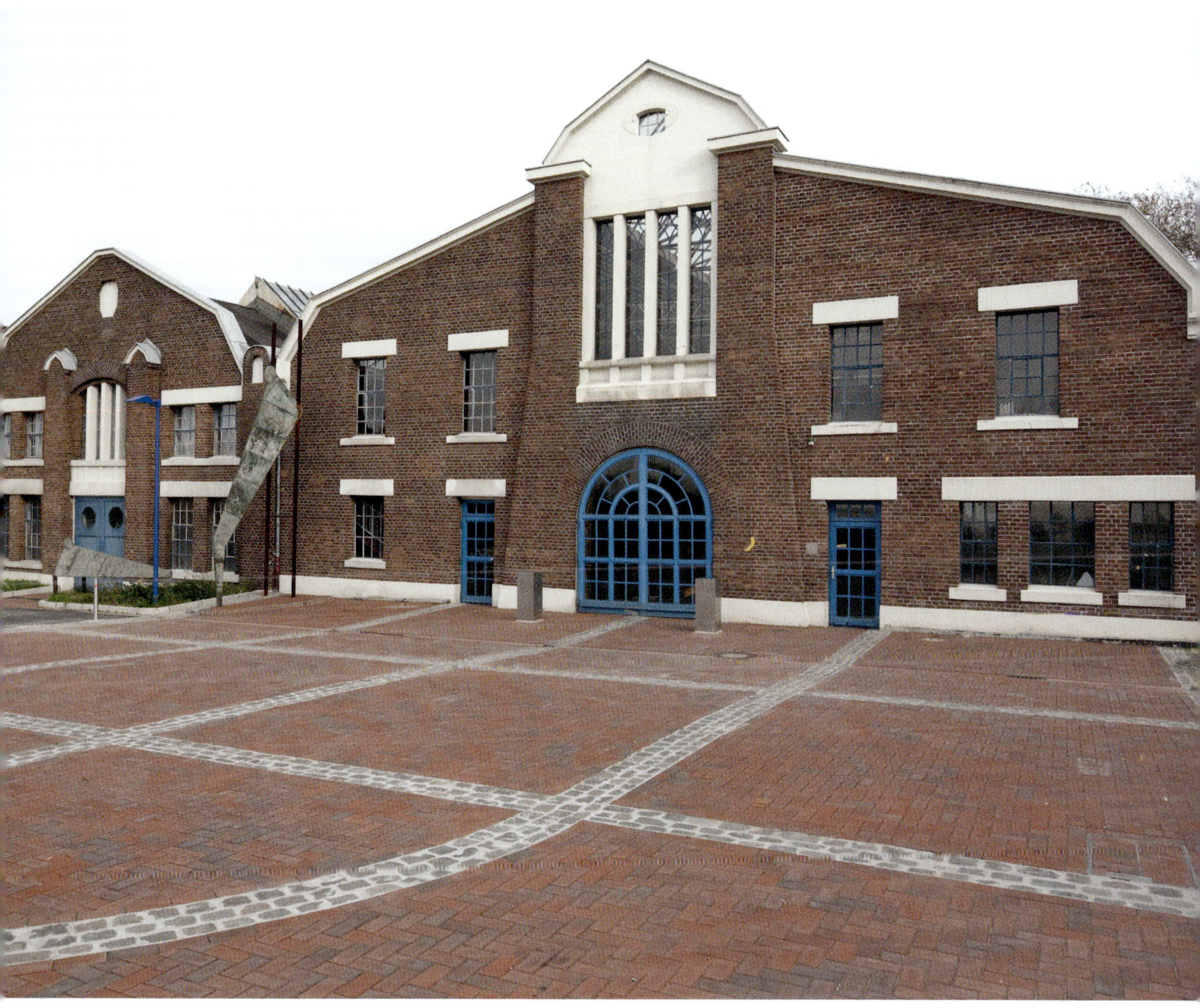

szene. Ausstellungen wie *Skulptur Ruhr 86*, *Atelier Flottmann* von Wihelm Kreimeyer, *Abteufen und Fördern*, *Schichtwechsel* und nicht zuletzt *Gruppe B 1 – 69/89* thematisierten immer wieder die industrielle Vergangenheit der Region.

Die 1990er-Jahre standen in den Flottmann-Hallen ganz im Zeichen unterschiedlicher künstlerischer Materialien. Papier, Holz, Metall, Textil und vor allem richtungsweisend Licht führten nationale und international anerkannte Künstlerinnen und Künstler nach Herne.

Seit dem Jahr 2000 werden die Ausstellungen der Flottmann-Hallen durch eine eigene Kuratorin betreut. Die Thematik der Ausstellungen wandelte sich. Projekte, die den Ausstellungsraum mit inszenieren, bilden von nun an den Schwerpunkt. Ausstellungen entstehen vielfach erst vor Ort und für den Ort. Diese im idealen Falle entstehende Symbiose von Kunstwerken und Raum fördert einen sehr offenen Umgang mit künstlerischen Ideen und risikoreichen Experimenten. Die Kataloge, die diese Ereignisse dokumentieren, werden zur Finissage bei einem schon traditionellen Brunch präsentiert.

Ausstellungen wie *Fabrik* von Max Scholz, *Areal* von Reiner Seliger, *Übersicht* von Jiří Hilmar, *Schlangenverstülper* von Georg Meissner schaffen einen immer wieder neu entstehenden Eindruck des Raums.

Schon 1995 nutzte HD Schrader mit in seiner Ausstellung *Cubecracks* den Außenraum der Flottmann-Halle. Als eine imaginäre Verbindungslinie zwischen Städtischer Galerie und den Flottmann-Hallen stellte er fünf seiner roten *Cubecracks* in den öffentlichen Raum. Einer steht heute noch im unmittelbaren Nahbereich der Flottmann-Hallen.

Seit 2004 reckt sich Heinrich Brockmeiers zweiteilige Außenplastik *Zeit des Schweigens* an die Außenwand des Gebäudes. Im selben Jahr präsentierte mit Peter Schwickerath zum ersten Mal ein Künstler sein Werk allein im Außenbereich. Seine Arbeit *Stahlschnitt* betont als Markierung die Eingangsachse.

2005 verbleiben die Arbeit *sesto* von Reiner Seliger und 2006 der *Homburger* von Andreas Bee als Relikte einer Einzelausstellung in den Flottmann-Hallen im Außenbereich.

Diese Arbeiten bilden heute den Grundstock für den neu konzipierten Skulpturenpark rund um die Flottmann-Hallen. Mit der Umgestaltung des Außengeländes entsteht eine elf Hektar große mit Grün bewachsener Fläche. In diese werden die bereits vorhandenen Arbeiten integriert, weitere Arbeiten folgen in den nächsten Jahren. Flächen für temporäre Ausstellungen entstehen.

Falko Herlemann

■ FLOTTMANN-HALLEN HERNE ❚ FLOTTMANNSTR. 94 ❚ 44625 HERNE

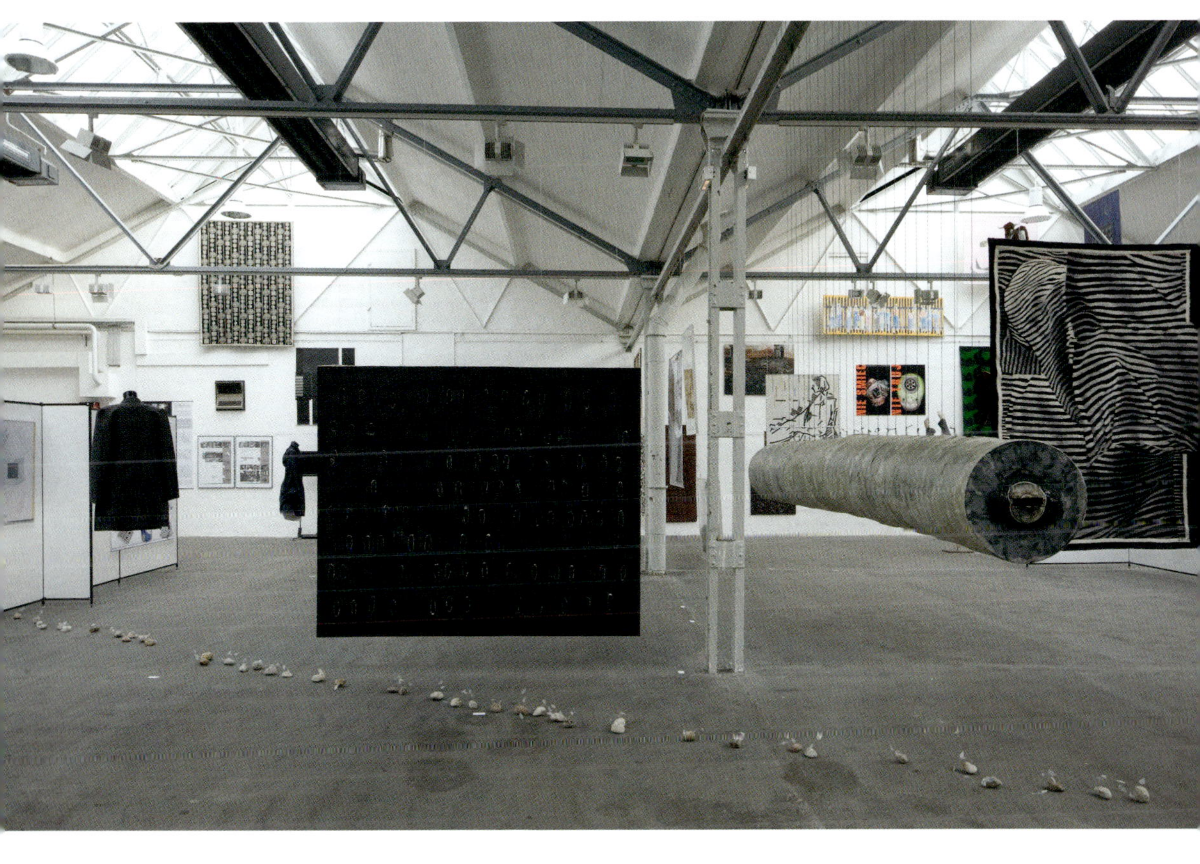

Das vergleichsweise junge Skulpturenmuseum Glaskasten Marl hat zwei Schwerpunkte entwickelt, die es in seiner Sammlung wie auch in Wechselausstellungen präsentiert: einerseits die Skulptur vom beginnenden 20. Jahrhundert bis zur Gegenwart und andererseits die Kunst der Neuen Medien.

Schon lange vor der Gründung des Museums hat sich die Stadt Marl in ihrer Sammeltätigkeit auf die Skulptur – und hier besonders der zeitgenössischen – konzentriert. Mit der Institutionalisierung des Museums im Jahre 1982 und der Ausrichtung des Marler Video-Kunst-Preises, des ersten nationalen Wettbewerbes dieser Art in Deutschland, im Jahre 1984 wurde der zweite Schwerpunkt gefunden, der sich heute als Konzentration auf die Kunst der Neuen Medien präsentiert.

Bereits in den 50er-Jahren des vergangenen Jahrhunderts wurde gewissermaßen der Grundstein für das Skulpturenmuseum Glaskasten Marl gelegt, als beim Bau der städtischen Paracelsus-Klinik die »Kunst-am-Bau«-Regelung Anwendung fand. In der Folgezeit konzentrierte sich die Stadt Marl – immer noch ohne Museum – darauf, Skulpturen für den öffentlichen Raum anzuschaffen.

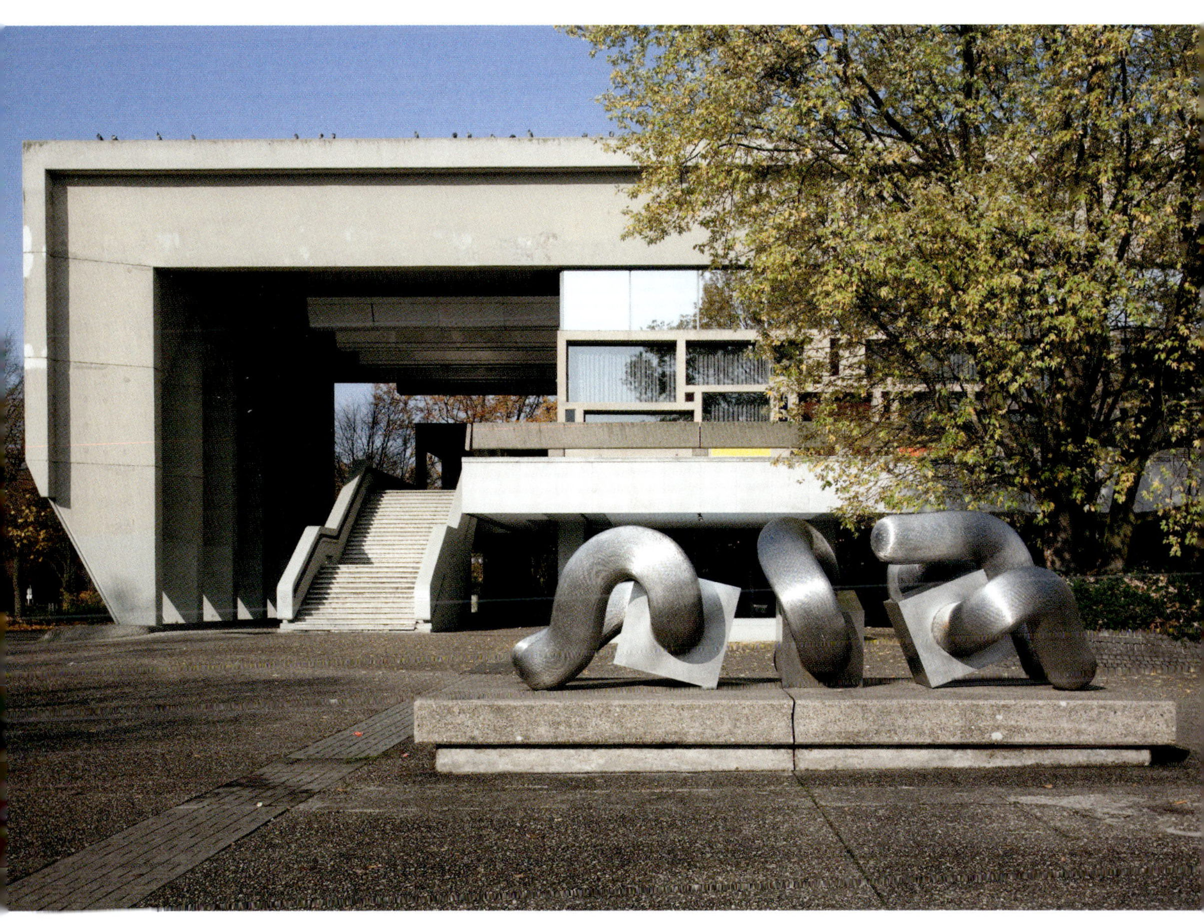

Als ein für die Einrichtung eines Museums wesentlicher Schritt erwiesen sich die Ausstellungen *Stadt und Skulptur*, die 1970 und 1972 am und im Rathaus der Stadt Marl stattfanden. Erstmals wurden hier mit Unterstützung überörtlicher Berater Ausstellungen organisiert, die erfolgreich waren und darüber hinaus die Gründung des Skulpturenmuseums Glaskasten Marl mit veranlassten, nicht zuletzt dadurch, dass sich die Stadt Marl seit diesen beiden Ausstellungen auf Ankäufe von Skulpturen konzentrierte.

Das Museum fand seinen Ort im Sitzungstrakt des Marler Rathauses im neuen Stadtzentrum. Im Laufe der Jahre erfolgten mehrere räumliche Erweiterungen.

Werden in den Museumsräumen überwiegend Kleinskulpturen der Klassischen Moderne bis hin zur Gegenwart und Werke der Medienkunst gezeigt, so finden sich im Außenbereich des Museums vorwiegend Großplastiken.

Neben dem Stadtzentrum, das offizielles Museumsgelände ist, wurde 1990 die städtische Paracelsus-Klinik mit ihren Außenanlagen durch Ratsbeschluss dem Museum angegliedert, wie auch der ehemalige Friedhof an der Sickingmühler Straße zu einem Skulpturenpark umgestaltet wurde. So kann der Besucher sich in der fußläufigen Umgebung des Museums einen Überblick über die Skulptur seit Mitte des vergangenen Jahrhunderts verschaffen.

Mit der erstmaligen Durchführung des Marler Video-Kunst-Preises im Jahre 1984 wurde der Grundstein für das zweite Standbein des Museums gelegt: die Medienkunst. Der Marler Video-Kunst-Preis war der erste nationale Preis seiner Art und wird bis heute als Biennale ausgerichtet. Erweitert wurde er in den 1990er-Jahren durch den Marler Video-Installations-Preis und erfuhr durch den Deutschen Klangkunstpreis, einer Kooperation mit dem Kulturradio WDR 3, eine weitere sinnvolle Ergänzung. Somit nehmen die Neuen Medien sowohl in der Sammlung als auch bei den Wechselausstellungen eine wichtige Position ein, und nicht zuletzt deshalb hat sich das Skulpturenmuseum Glaskasten zu einem zentralen Ort für die Medienkünste entwickelt.

Auch in den Wechselausstellungen spiegeln sich die Schwerpunkte der Sammlungstätigkeit des Skulpturenmuseums Glaskasten. Neben den alle zwei Jahre stattfindenden Ausstellungen zum Marler Video-Kunst- und zum Deutschen Klangkunst-Preis hat auch die Ausstellung des/r Video-Kunst-Preisträger/in ihren festen Platz im Ausstellungsprogramm, da sie regelmäßig im Folgejahr des Wettbewerbes durchgeführt wird. Ergänzt wird das Spektrum der Ausstellungen mit Medienkunst durch monografische wie auch thematische Ausstellungen der Klangkunst. Daneben bilden natürlich auch Präsentationen mit Werken der Bildhauerei – sei es unter thematischen Aspekten oder auch als Einzelausstellung einzelner Künstler – einen festen Bestandteil des Ausstellungsprogramms des Skulpturenmuseums Glaskasten Marl.   Karl-Heinz Brosthaus

SKULPTURENMUSEUM GLASKASTEN MARL ❙ CREILER PLATZ, RATHAUS ❙ 45768 MARL

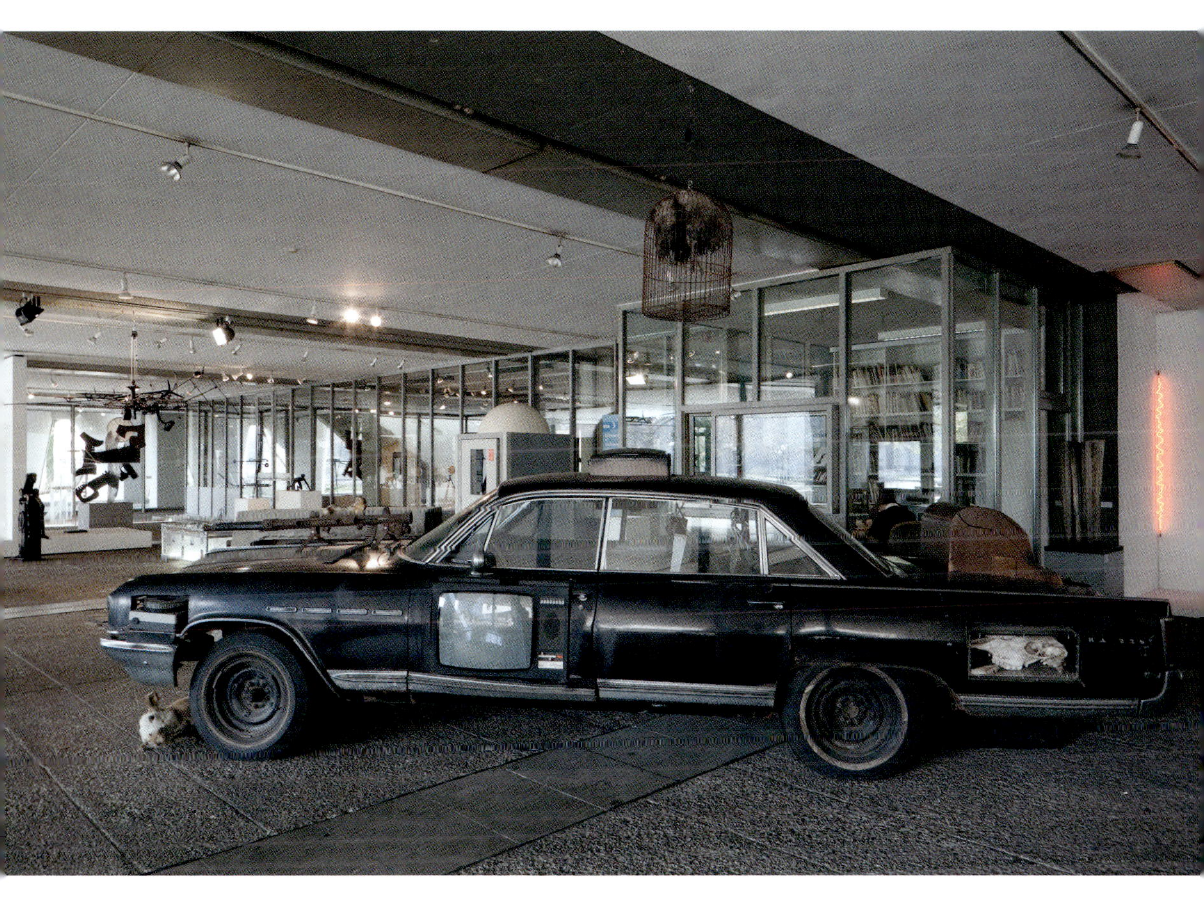

Das Kunstmuseum Mülheim an der Ruhr kann auf eine bewegte, über 100-jährige Geschichte zurückblicken. Es ist 1909 aus der privaten Sammlung des Mülheimer Bürgers Robert Rheinen als städtisches Museum entstanden. Den Bürgern der eigenen Stadt sollten Kunst und Kultur in einer Sammlung zugänglich werden. Erst der auf Rheinen folgende Museumsleiter Werner Kruse setzte den Akzent auf Ausstellungen der bildenden Kunst der Gegenwart. Ein besonderes Augenmerk lag auf den mit Mülheim verbundenen Künstlern, die bis heute regelmäßig ausgestellt und gesammelt werden. Zu den bekanntesten gehören heute die der Künstlergruppe Junges Rheinland nahe stehenden Künstler Arthur Kaufmann und Otto Pankok sowie der Bauhaus-Schüler Werner Gilles.
In den 1920er-Jahren legten Erwerbungen und Ausstellungen von Zeitgenossen wie Werner Gilles, Karl Hofer, Emil Nolde und Otto Pankok den Grundstein für eine Sammlung moderner Kunst. 27 Werke wurden von den Nationalsozialisten als »entartet« beschlagnahmt, weitere große Verluste erlitt das Museum im Zweiten Weltkrieg. Erst 1970 konnte es wieder ein eigenes Gebäude beziehen. Seitdem sind insbesondere drei Sammlungsschwerpunkte verfolgt worden: expressionistische Malerei, internationale Grafik mit Akzenten auf Künstlerbüchern und Grafikserien und Werke von Künstlerinnen und Künstlern aus Mülheim. Diese Ausrichtung fand ihre Anerkennung und direkte

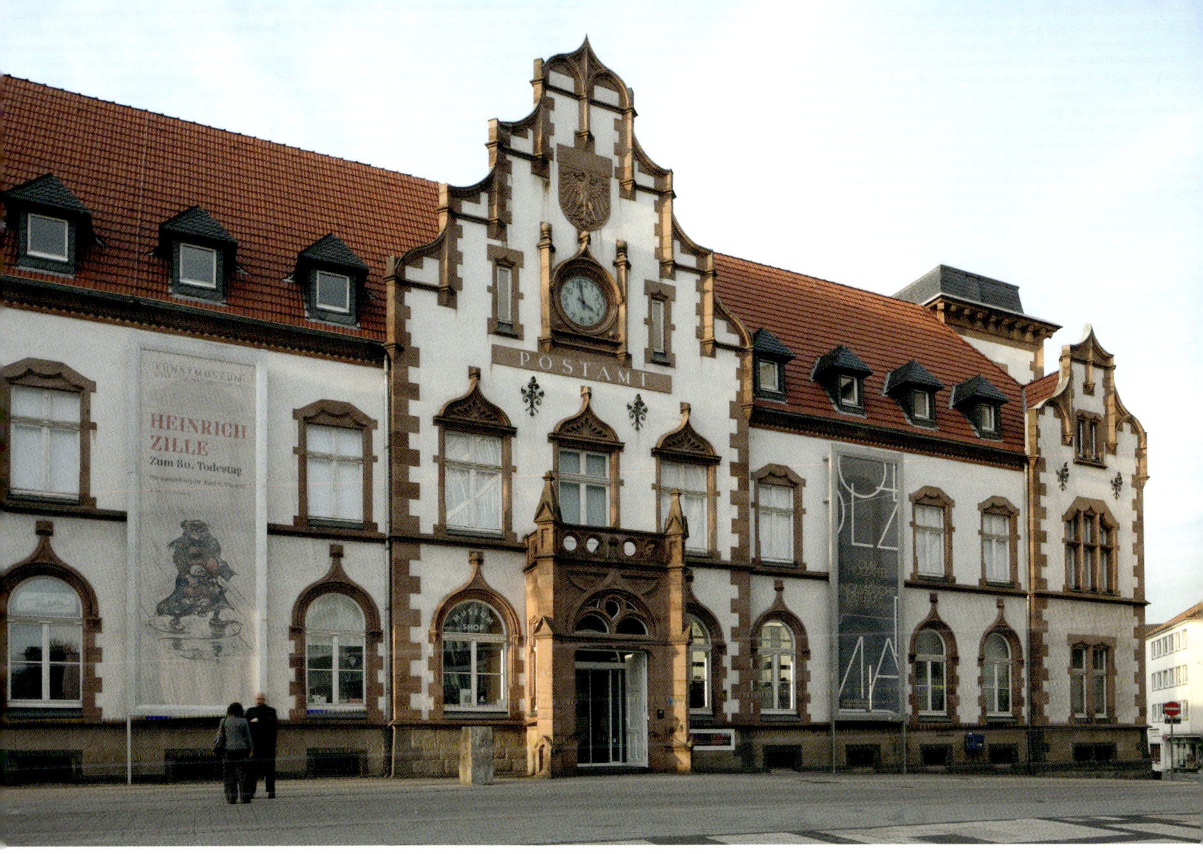

Unterstützung durch die Sammlung des Ehepaars Maria und Karl Ziegler im Jahre 1981. Hochkarätige Werke von August Macke, Emil Nolde, Erich Heckel, Karl Hofer und auch Lyonel Feininger wurden mit weiteren expressionistischen Kunstwerken dem Kunstmuseum überlassen und in eine Stiftung überführt. Eine weitere Zustiftung hat diesen Schwerpunkt nachhaltig bereichert. Es ist die Sammlung des Mülheimer Arztes Dr. Karl G. Themel, der über 400 Werke von Heinrich Zille und etwa 200 Arbeiten des in Frankreich arbeitenden Schweizer Künstlers Théophile Alexandre Steinlen einbrachte. Seit 1994 ist die ehemalige Hauptpost, nach Umbauten zu Museumszwecken, Standort des Kunstmuseums.

Wechselausstellungen des Kunstmuseums sind in den letzten Jahren überwiegend mit zeitgenössischen Positionen junger Künstlerinnen und Künstlern des In- und Auslands durchgeführt worden. Daraus entwickelte sich eine neue Sammlungstätigkeit, die sich dank der Unterstützung des Förderkreises des Kunstmuseums stärker auf die zeitgenössische Kunst konzentriert. Große Beachtung finden weiterhin die mit Mülheim verbundenen Künstlerinnen und Künstler, die in Ausstellungen vorgestellt und mit Ankäufen gefördert werden. Diese Tradition besteht seit Robert Rheinen, der Otto Pankok frühzeitig förderte. Seitdem sind Künstler wie Werner Gilles, Heinrich Siepmann, Werner Graeff oder Johannes Geccelli mit großen Konvoluten in der Sammlung vertreten, ergänzt durch Werke jüngerer Künstler wie Dorothee Golz oder Eberhard Ross.

Die zukünftige Ausrichtung des Kunstmuseums wird sich in den nächsten Jahren stärker an den eigenen Beständen orientieren, diese durch neue Kontexte und Bezüge beleben und erweitern. Der Vermittlung originaler Kunst wird ebenso wie der kulturellen Bildung und der Museumspädagogik großes Gewicht beigemessen.

Die Klassische Moderne wird in ihren künstlerischen Besonderheiten mit den Ausdrucksformen der Gegenwart konfrontiert und analysiert. Die Elemente der expressiven Malerei von reinen Farben, dynamischen Formen und Ausdruck der Gefühle beeindrucken noch heute jeden Besucher. Die in der Zeit einsetzende Entwicklung zur Abstraktion wird im Werk Kandinskys und des Bauhausmeisters Lyonel Feininger beispielhaft vorgestellt. Bildnisse von Alexej von Jawlensky oder Max Beckmann lassen die emotionale Kraft der Farbgebung nachempfinden. Die Blumenbilder Emil Noldes sind in der kraftvollen Materialität der Farbe Anziehungspunkte, um sich mit der besonderen Farbpalette expressiver Malerei zu beschäftigen. Es sind darüber hinaus auch Künstler des Rheinischen Expressionismus wie Heinrich Nauen oder Heinrich Campendonk vertreten, die aufzeigen, dass eine sehr differenzierte Farb- und Formgebung jedem Künstler zu eigen ist. Die Kraft der Imagination, das so genannte »innere Auge« des Künstlers, erfährt in der Farbtheorie eines Franz Marc seine beeindruckende malerische Umsetzung. Die Künstlerkollegen der Künstlergruppe Die Brücke verbanden die reine Farbe mit der Malerei in der Natur. Zugleich wurde der Mensch in den Aktdarstellungen eines Ernst Ludwig Kirchners harmonisch mit ihr verbunden.

Die malerischen Werke der in der Sammlung vertretenen Künstler werden ergänzt durch grafische Blätter und Serien von Marc Chagall, Pablo Picasso und Max Ernst. Den Bogen zur Gegenwart schlagen ausgesuchte Grafiken der Pop-Art sowie Werke von Wolf Vostell, Konrad Klapheck und Heribert C. Ottersbach. Gerhard Ribbrock

KUNSTMUSEUM MÜLHEIM AN DER RUHR IN DER ALTEN POST MIT STIFTUNG SAMMLUNG ZIEGLER
SYNAGOGENPLATZ 1 ❙ 45468 MÜLHEIM AN DER RUHR

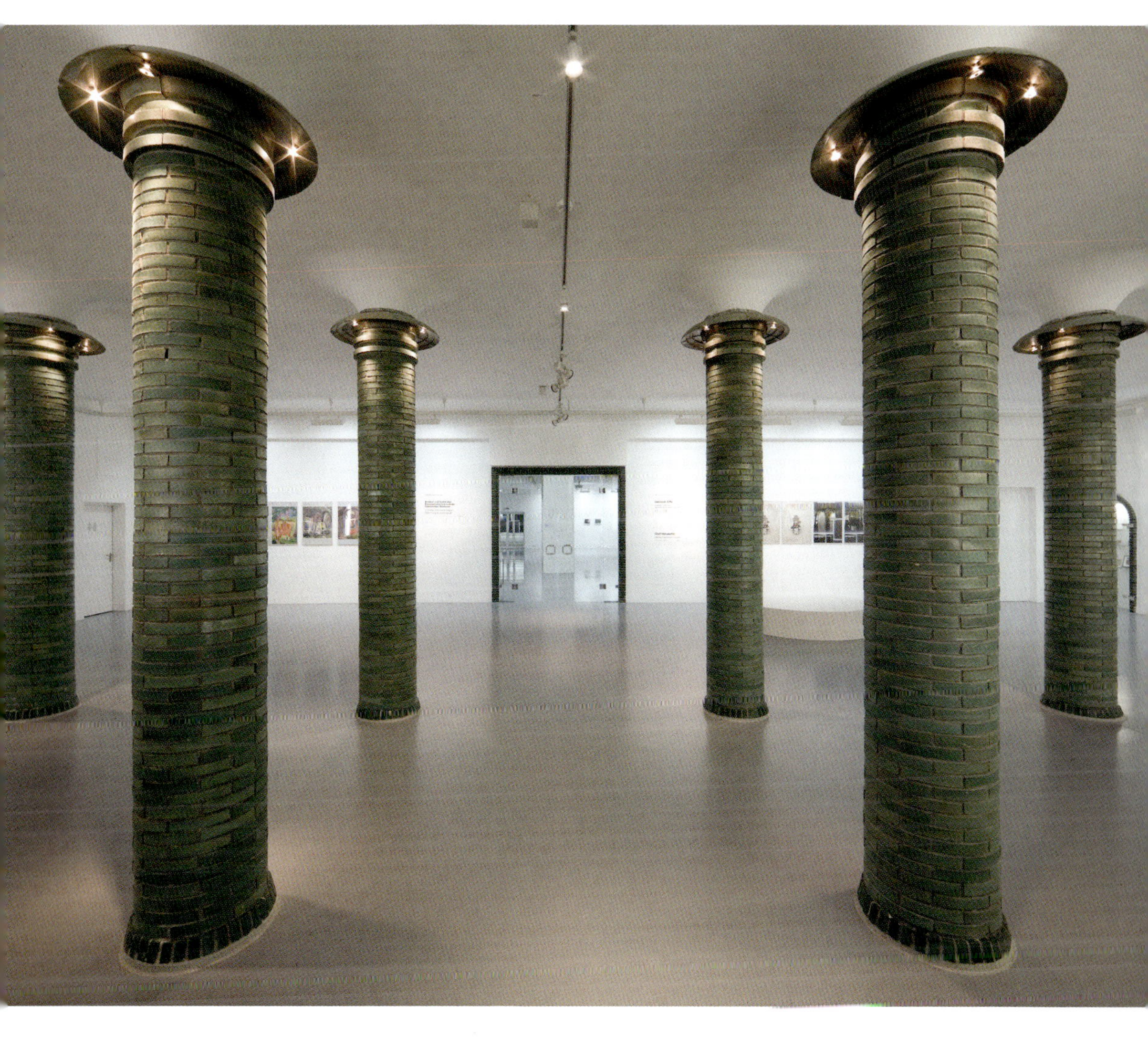

Hervorgegangen aus der Städtischen Galerie der Stadt Oberhausen ist die LUDWIGGA-LERIE heute ein Ausstellungshaus, das der Kollektion des Sammlerehepaars Peter und Irene Ludwig verbunden ist. Die überaus qualitätvollen und umfangreichen Bestände der Sammlung Ludwig sind über Museen in aller Welt verteilt. Von Köln bis St. Petersburg, von Aachen bis Peking, von Bamberg bis Wien und noch weit darüber hinaus stellten die Ludwigs die Werke der Öffentlichkeit zur Verfügung. Einzelarbeiten höchster Qualität wurden ebenso eingebracht wie zusammenhängende Werkgruppen. Zeit- und raum-übergreifend sammelte man Artefakte der griechischen Antike, des Mittelalters, aus der Zeit des Barock und des Rokoko bis hin zu präkolumbischer Kunst. Arbeiten aus Afrika, China und Indien finden sich neben zeitgenössischer europäischer Kunst und der ame-rikanischen Pop-Art. Die Werke Pablo Picassos bilden einen glanzvollen Höhepunkt. Fayencen, Fliesen, Porzellane, islamische Keramik, Möbel und Kunstgewerbe werden ebenso geschätzt wie die großen Ergebnisse der Malerei und Bildhauerei. Dabei sam-melte das Ehepaar erklärtermaßen für die Öffentlichkeit.

Diese ungewöhnliche Kollektion kommt in Oberhausen nun unter speziellen Fragestel-lungen zu neuen Begegnungen zusammen. Die LUDWIGGALERIE versteht sich dabei als Bühne für die Sammlung Ludwig und zeigt als »Museum auf Zeit« regelmäßig neue Präsentationen.

Die Idee, Meisterwerke der großen Weltkulturen aus unterschiedlichen Epochen in Dia-loge zu setzen, entsteht am Anfang der 1990er-Jahre. Peter Ludwig lässt sich davon be-geistern, »um das, was sie trennt, zu erkennen und das, was sie verbindet, zu erleben«. In zahlreichen und vielbeachteten Ausstellungen haben diese Gegenüberstellungen seitdem stattgefunden. *Götter, Helden und Idole; China – Tradition und Moderne* oder *Deutsche Bilder aus der Sammlung Ludwig* sind nur einige Beispiele dieser überaus span-nenden Berührungen. Die *Welt der Gefäße*, die in besonderer Weise die große Vielfalt der Sammlung spiegelt, bildet mit ihren zerbrechlichen Exponaten einen der Höhe-punkte. Unter dem Titel *Zu[m] Tisch! Meisterwerke aus der Sammlung Ludwig von der Antike bis Picasso, von Dürer bis Demand* wird die Sammlung Ausgangspunkt der Unter-suchung eines Gegenstandes, der bisher – außer beim Stillleben – wenig Beachtung in der Kunstgeschichte fand. Auch hier reicht das Spektrum von den antiken Geschirren

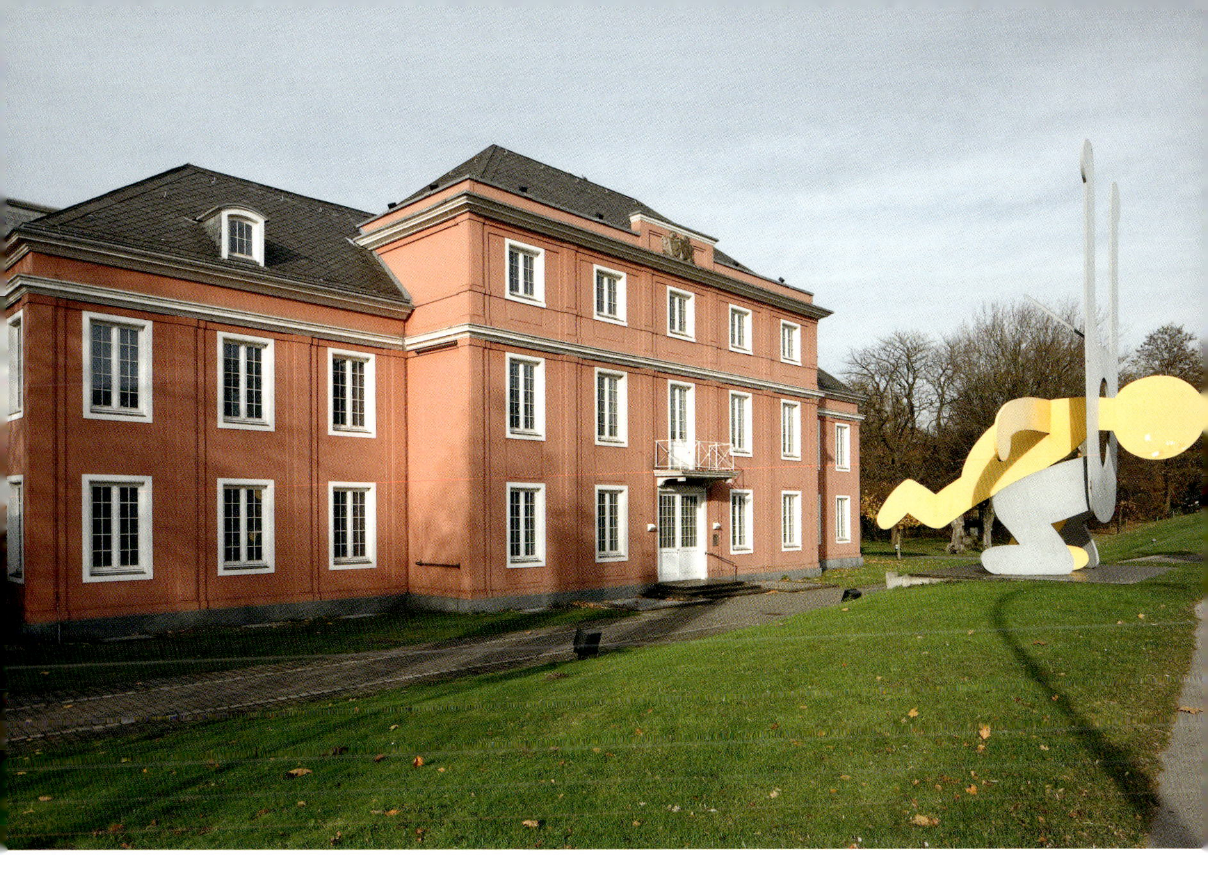

über die mittelalterlichen (Altar-)Tische bis zu Andy Warhols Suppendosen, die popartistisch warme Mahlzeiten auf den Tisch bringen.

Neben diesem besonderen Konzept im Umgang mit einer privaten Kunstsammlung besitzt die LUDWIGGALERIE einen kleinen Bestand an eigenen Werken. Als erste Galerie im Ruhrgebiet nach dem Zweiten Weltkrieg 1947 eröffnet, trugen die Galeriedirektoren eine heterogene Kollektion zusammen, die naturgemäß nur Spotlights auf die Stile und Schulen der Kunstgeschichte werfen kann. Im Bereich der Malerei stechen Arbeiten Gerhard Richters und Conrad Felixmüllers hervor. Die Skulptur kann sowohl eine Kölner Büste der heiligen Ursula aus dem 14. Jahrhundert als auch Kleinplastiken, so von Hermann Blumenthal, vorweisen. Mit der Sammlung Kasimir Hagens kamen Kunsthandwerk und Kuriositäten ins Haus. Die Grafik ist neben der École de Paris mit expressionistischen Blättern recht gut ausgestattet. Durch die Schenkung Rolf Jägers kam auch ein umfangreiches Konvolut der Druckgrafik von Otto Pankok ans Haus.

Dem Bestand wird in letzter Zeit wieder mehr Aufmerksamkeit geschenkt, als dies in den 1990er-Jahren der Fall war. Unter der Headline *Die Sammlung O. Der Kunstbesitz der Stadt Oberhausen* werden in den Räumlichkeiten des sogenannten Kleinen Schlosses die größtenteils unbekannten Bestände in einer wunderkammerartigen Präsentation dem Publikum vorgestellt. Wie bei den Begegnungen mit den Werken aus der Sammlung Ludwig steht auch hier der Gedanke der Konfrontation der uneinheitlichen Bestände, der Schaffung eines Mit- oder auch Gegeneinanders im Fokus des Interesses.

Christine Vogt

LUDWIGGALERIE SCHLOSS OBERHAUSEN ❚ KONRAD-ADENAUER-ALLEE 46 ❚ 46049 OBERHAUSEN

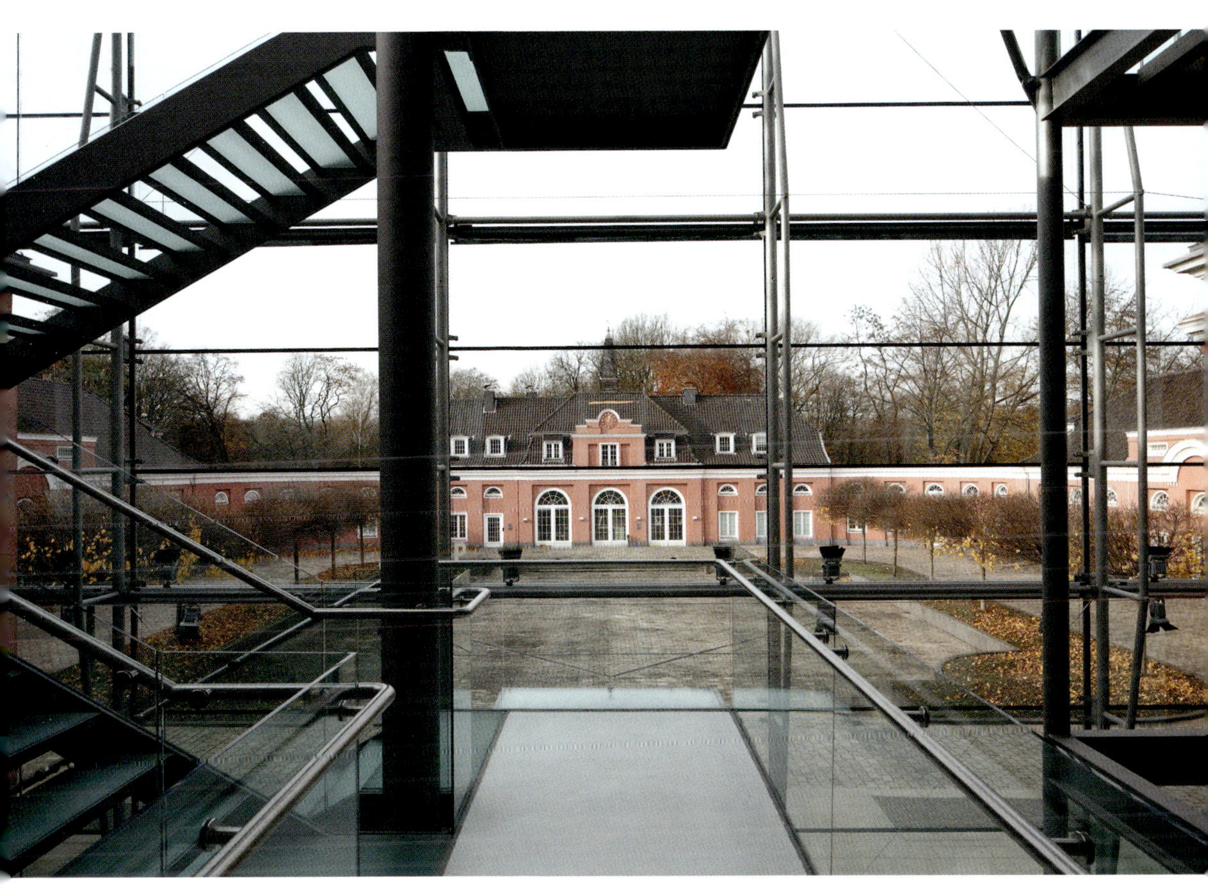

Die Geschichte der Kunsthalle Recklinghausen ist eng mit der Künstlergruppe junger westen verwoben. Als der Zweite Weltkrieg endete, stand auch Recklinghausen vor einem absoluten Neubeginn aller Ausstellungs- und Sammlungstätigkeit. Das Vestische Museum der Stadt und seine heimatkundlichen Bestände waren 1944 einem Luftangriff zum Opfer gefallen und die kleine Sammlung moderner Kunst vom NS-Regime bereits sieben Jahre zuvor als »entartet« verschleppt und zerstört worden. Doch schon 1947 lud Franz Große-Perdekamp, der spätere Kunsthallendirektor, Künstler des rheinisch-westfälischen Raums zu einer – Aufsehen erregenden – Ausstellung ein, die er in der (leeren) Lebensmitteletage des Kaufhauses Althoff am Recklinghäuser Markt präsentierte, den »bisher vielleicht schönsten Ausstellungsräumen in ganz Westdeutschland«, wie er in einem Schreiben bemerkte. Vor allem aber ermutigte Große-Perdekamp die Künstler, sich als Gruppe zu formieren, und so entstand um die Maler Gustav Deppe, Thomas Grochowiak und Emil Schumacher, Heinrich Siepmann, Hans Werdehausen und den Bildhauer Ernst Hermanns die Künstlergruppe junger westen, deren zunehmend abstrakte Bildsprache dem Lebensgefühl der Industrieregion an Rhein und Ruhr einen zeitgemäßen Ausdruck gab. Insgesamt gehörten dem Bund 28 Maler, Grafiker und Bildhauer an.

Ebenfalls 1948 stiftete die Stadt Recklinghausen den Kunstpreis junger westen, den man zunächst für die besten Leistungen auf den Jahresausstellungen der Gruppe und ihrer Gäste vergab. Seit 1956 öffentlich ausgeschrieben, wurde er 2009 zum 32. Mal vergeben. Unter den Preisträgern finden sich K.O. Götz, Emil Schumacher und Ernst Hermanns, Heinrich Siepmann, HAP Grieshaber und Emil Cimiotti, Horst Antes, Erich Hauser und Gerhard Richter, Michel Sauer und Ansgar Nierhoff, Matthias Mansen, Stefan Kern und Susanne Paesler, Ulrich Genth, Peter Piller und Gereon Krebber. Gleicht dieses Namenskaleidoskop einer kleinen Geschichte der deutschen Kunst von 1945 bis heute, so bilden die angekauften Werke der Preisträger einen Sammlungsschwerpunkt der Kunsthalle Recklinghausen. Einen weiteren setzten das deutsche Informel sowie eine konzentrierte Sammlung kinetischer Objekte.

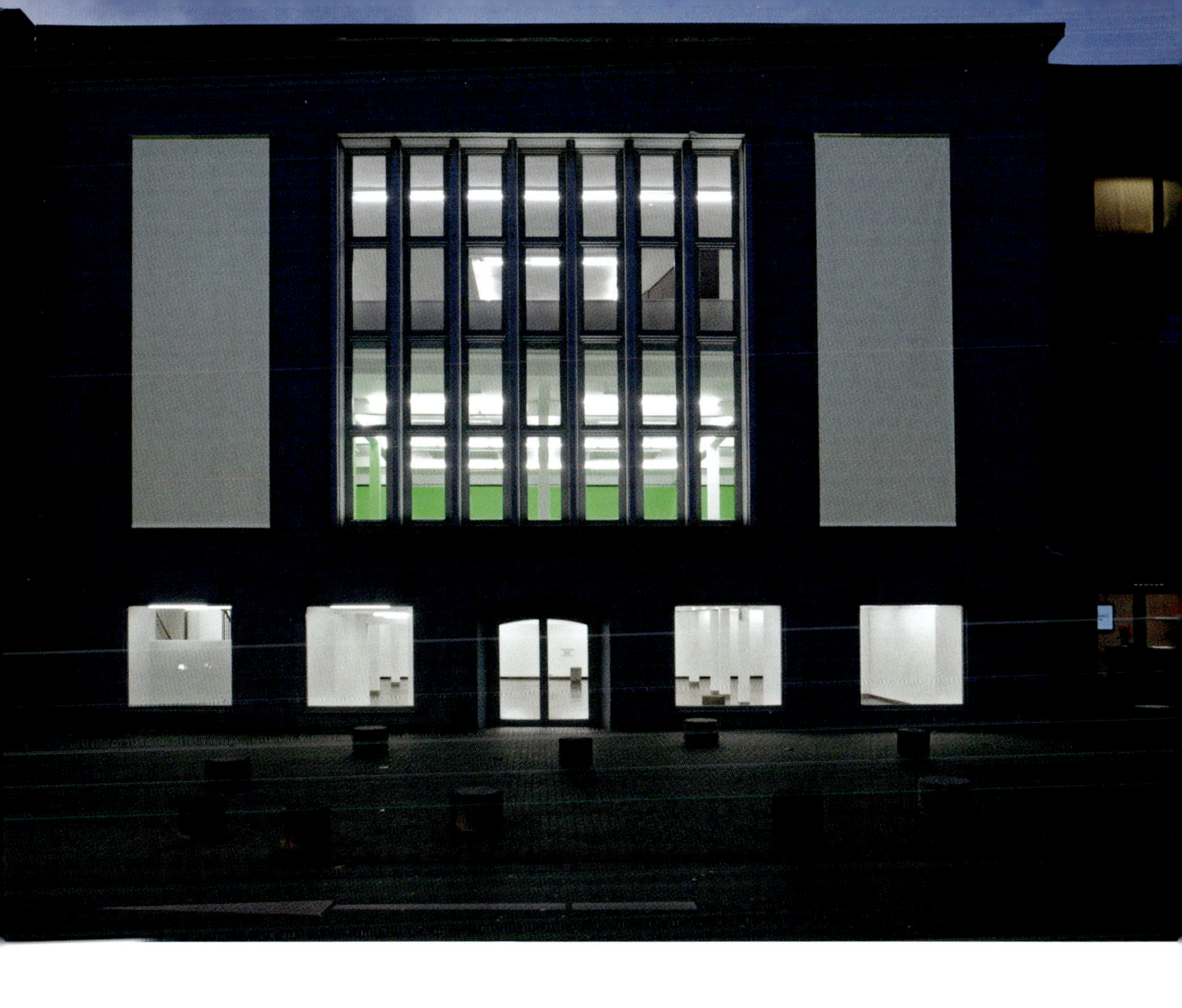

Anfang 1949 wurde der Plan, »den Hochbunker am Hauptbahnhof für Ausstellungs-
zwecke auszubauen«, in den städtischen Gremien verabschiedet, nachdem Franz Große-
Perdekamp und Thomas Grochowiak für diese ungewöhnliche, andererseits aber sym-
bolträchtige Idee geworben hatten. Anlass gab nicht zuletzt der Gedanke, die 1947
gegründeten Ruhrfestspiele durch Kunstausstellungen zu erweitern. Zunächst als Pro-
visorium für eine angestrebte größere Lösung bei zunehmender Prosperität gedacht,
beherbergt der ehemalige Bunker bis heute die Städtische Kunsthalle. Das Haus sollte
zunächst mit einer Schau des jungen westens eröffnet werden, aber Terminprobleme
vereitelten diesen Plan. So machte die erste – fünf Jahre nach Kriegsende spektakuläre –
Kunstausstellung der Ruhrfestspiele vom 21. Juni bis 30. Juli 1950 den Auftakt: *Deutsche
und französische Kunst der Gegenwart – Eine Begegnung.* Sie präsentierte Künstler der
Vorkriegsgeneration wie Beckmann, Dix und Nolde auf deutscher, Chagall, Matisse und
Picasso auf französischer Seite, daneben aber auch Vertreter der jüngeren französischen
Generation wie Hans Hartung und Pierre Soulages. Der junge westen trat mit seiner Be-
teiligung ins internationale Rampenlicht und zeigte unter aanderem Werke von HAP
Grieshaber, Georg Meistermann und Emil Schumacher.
Neben den Ausstellungen der Ruhrfestspiele präsentiert das Haus auf seinen drei Etagen
vier bis fünf weitere pro Jahr, vorrangig zur Kunst der Zweiten Moderne und der Gegen-
wart. Zudem ist die Kunsthalle das zentrale Ausstellungsinstitut aller städtischen Museen
und widmet sich immer wieder auch der Ikonenmalerei und der Kunst der Naiven und
Outsider.
Rückblickend zeigt sich, dass der junge westen der deutschen Kunst nach 1945 wichtige
Impulse gab und mit ihm Recklinghausen zu einem zentralen Ausstellungsort für die
im Westen Deutschlands arbeitenden Künstler wurde. Die Genese der Künstlergruppe
und ihre Auseinandersetzung mit der Abstraktion machte sie zu einer Keimzelle des
deutschen Informel und ließ die Städtische Kunsthalle zu einem Fokus der zeitgenössischen Kunst werden.   Hans-Jürgen Schwalm

KUNSTHALLE RECKLINGHAUSEN ❙ GROSSE-PERDEKAMP-STR. 25–27 ❙ 45657 RECKLINGHAUSEN

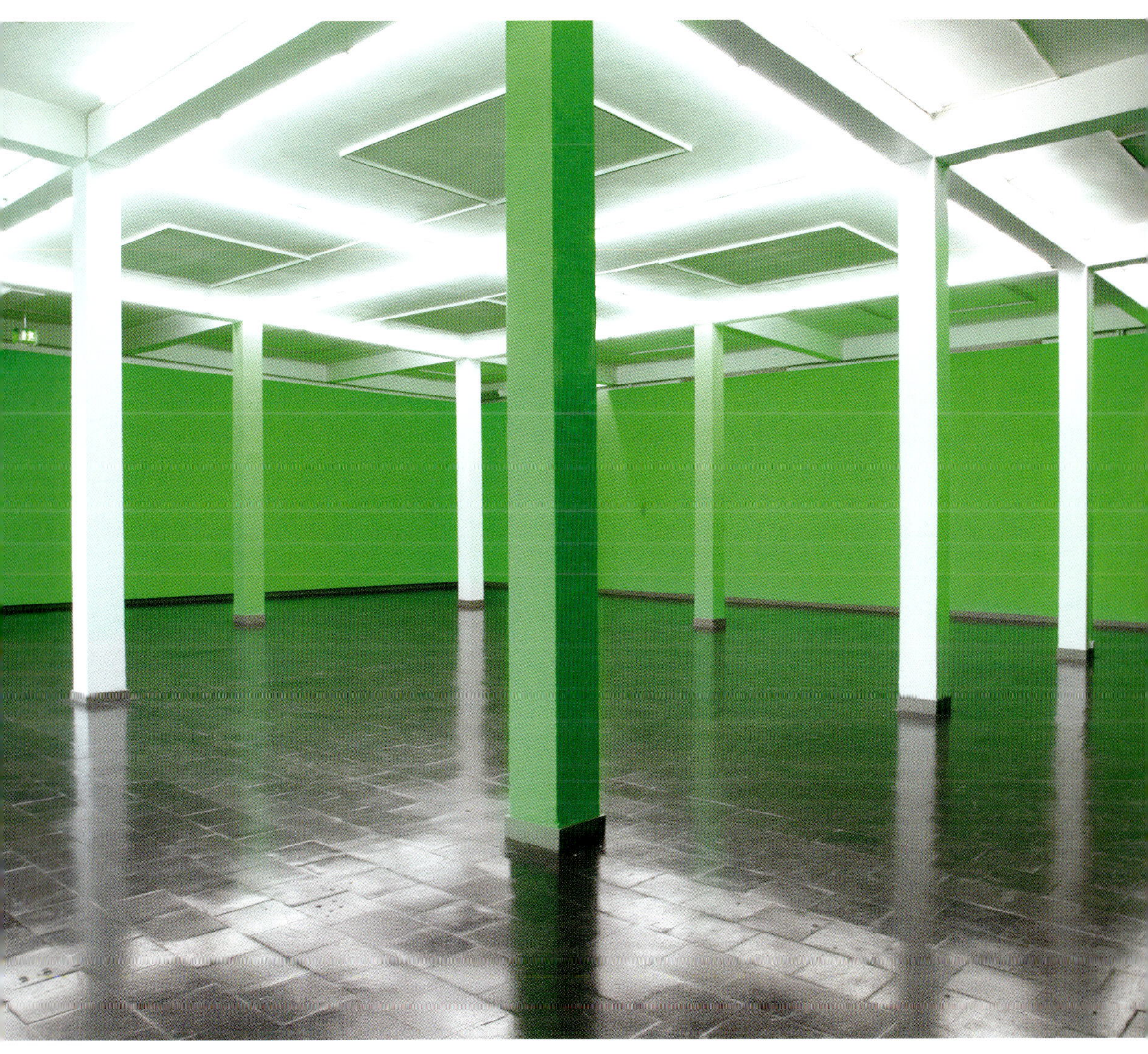

Das Zentrum für Internationale Lichtkunst Unna verfügt international über ein einzigartiges Profil. Die 2001 gegründete Sammlung konzentriert sich auf die Präsentation von Lichtrauminstallationen, die heute zu den avanciertesten Formen zeitgenössischen Kunstschaffens zählen. Tief unter der Erde, in den labyrinthischen Gängen, Kühlräumen und Gärbecken eines ehemaligen Brauereigebäudes, das heute zu den wichtigen Ankerpunkten auf der Route der Industriekultur gehört, findet die Lichtkunst eine Präsentationsfläche, wie sie faszinierender und wirkungsvoller nicht sein könnte. Zwölf der international renommiertesten Lichtkünstlerinnen und Lichtkünstler haben eigens für diese Räume Installationen erarbeitet und dauerhaft eingerichtet: Mario Merz, Joseph Kosuth, James Turrell, Mischa Kuball, Rebecca Horn, Christina Kubisch, Johannes Dinnebier, Keith Sonnier, Jan van Munster, François Morellet, Christian Boltanski und Olafur Eliasson.

Die Integration zeitgenössischer Kunst in die historische Bausubstanz eines aus dem 19. Jahrhundert stammenden Brauereikomplexes basiert auf der Idee des Dialogs von Licht und Raum. Jedes der Werke generiert eine einmalige Verbindung von zeitgenössischer Kunst und historischem Baukörper. Auf Grund der Verschiedenheit der Räume und ihrer labyrinthischen Anordnung sind individuelle Einzelräume entstanden, die sich zu einem einzigartigen Raumgefüge verbinden.

Das Präsentations- und Sammlungskonzept des Hauses setzt zweierlei Schwerpunkte: Die Einzelinstallation als exemplarische Position der Lichtkunst und Lichtkunst als Raumkunst. Die Auswahl der Werke fokussiert sich auf künstlerische Positionen, die als Einzelinstallationen exemplarisch wesentliche Entwicklungsaspekte der Licht-Raum-Kunst markieren. Sie präsentiert die ganze Spannbreite der installativen Lichtkunst: von konzeptuell-minimalistischen Positionen über experimentelle Erweiterungen durch akustische und projektive Dimensionen bis hin zu poetischen Verdichtungen und dekonstruktivistischen Zersetzungen der Licht- und Raumwahrnehmung.

Eine Sonderposition in der Sammlung nimmt das Werk von James Turrell ein. Es ist die einzige Installation der Sammlung, die in den architektonischen Raum hinein einen Lichtraum baut, der programmatisch zugleich die Materialisierung des Lichts und die Entgrenzung des Wahrnehmungsraumes betreibt.

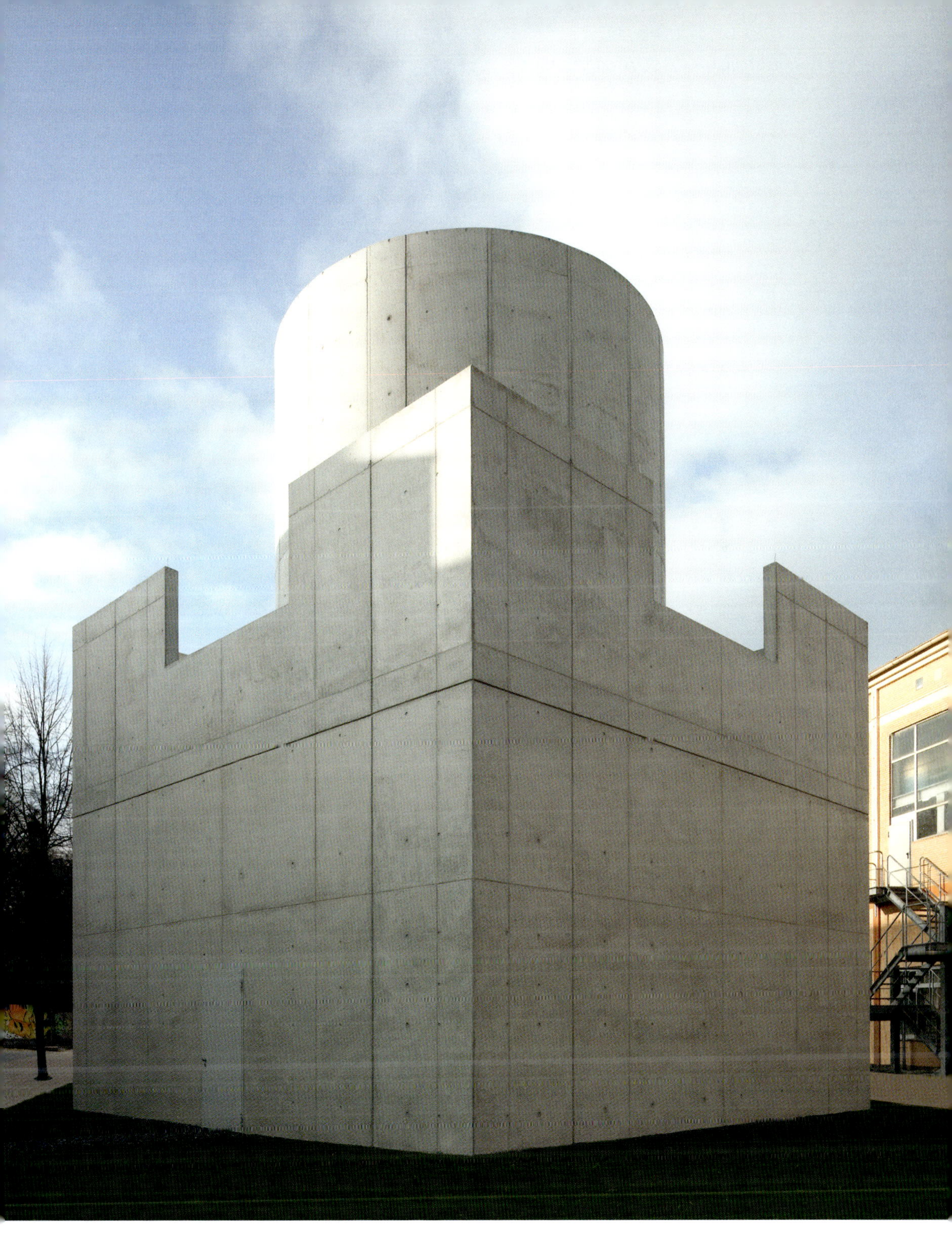

Mit der Errichtung eines *Sky Space* von James Turrell hat sich die Sammlung 2009 architektonisch in den Außenraum erweitert. Neben der *Fibonacci*-Reihe von Mario Merz, die am Schornstein der Brauerei weithin sichtbar den Standort des Museums signalisiert, trägt der *Sky Space* von Turrell den inhaltlichen Fokus der Sammlung nach außen – die exemplarische Verbindung von Licht, Raum und physischer Wahrnehmung.

Das Sammlungskonzept des Zentrums bindet die Erfahrung von Lichtkunst in ihrem Kern an das physische Erleben von Raum. Indem die Betrachter die Lichträume durchschreiten, erleben sie neue Dimensionen des Lichts, deren Wahrnehmung sich an der Schnittstelle von Raumdefinition und -entgrenzung bewegt. Der Umstand, dass jedes der präsentierten Werke speziell an diesen Ort und seine besonderen architektonischen Gegebenheiten gebunden ist, macht das Zentrum für Internationale Lichtkunst zu einem singulären Beitrag zur zeitgenössischen Installationskunst.

Ergänzt wird der Ansatz der ständigen Sammlung durch Wechselausstellungen, die aktuelle Positionen der Licht-Raum-Kunst präsentieren. Das konsequente Zusammenspiel avantgardistischer Positionen mit den Kernpositionen der ständigen Sammlung macht Licht-Raum-Kunst als eine zukunftsorientierte Kunstform sichtbar, die technologische Innovation in ästhetische Erfahrung verwandelt. Ziel dieser Sammlungs- und Ausstellungskonzeption ist die systematische Erarbeitung einer Sammlungsperspektive, die die konsequente Erneuerung und Veränderung der Licht-Raum-Wahrnehmungen erforscht und umzusetzen sucht.

Als ein Kompetenzzentrum mit internationalem Anspruch und Veranstaltungsort für Symposien und Workshops bietet das Haus einen künstlerisch und wissenschaftlich fundierten Rahmen für aktuelle Ausstellungen und Diskussionsplattformen zur Lichtkunst.

Ursula Sinnreich

ZENTRUM FÜR INTERNATIONALE LICHTKUNST UNNA ▎ LINDENPLATZ 1 ▎ 59423 UNNA

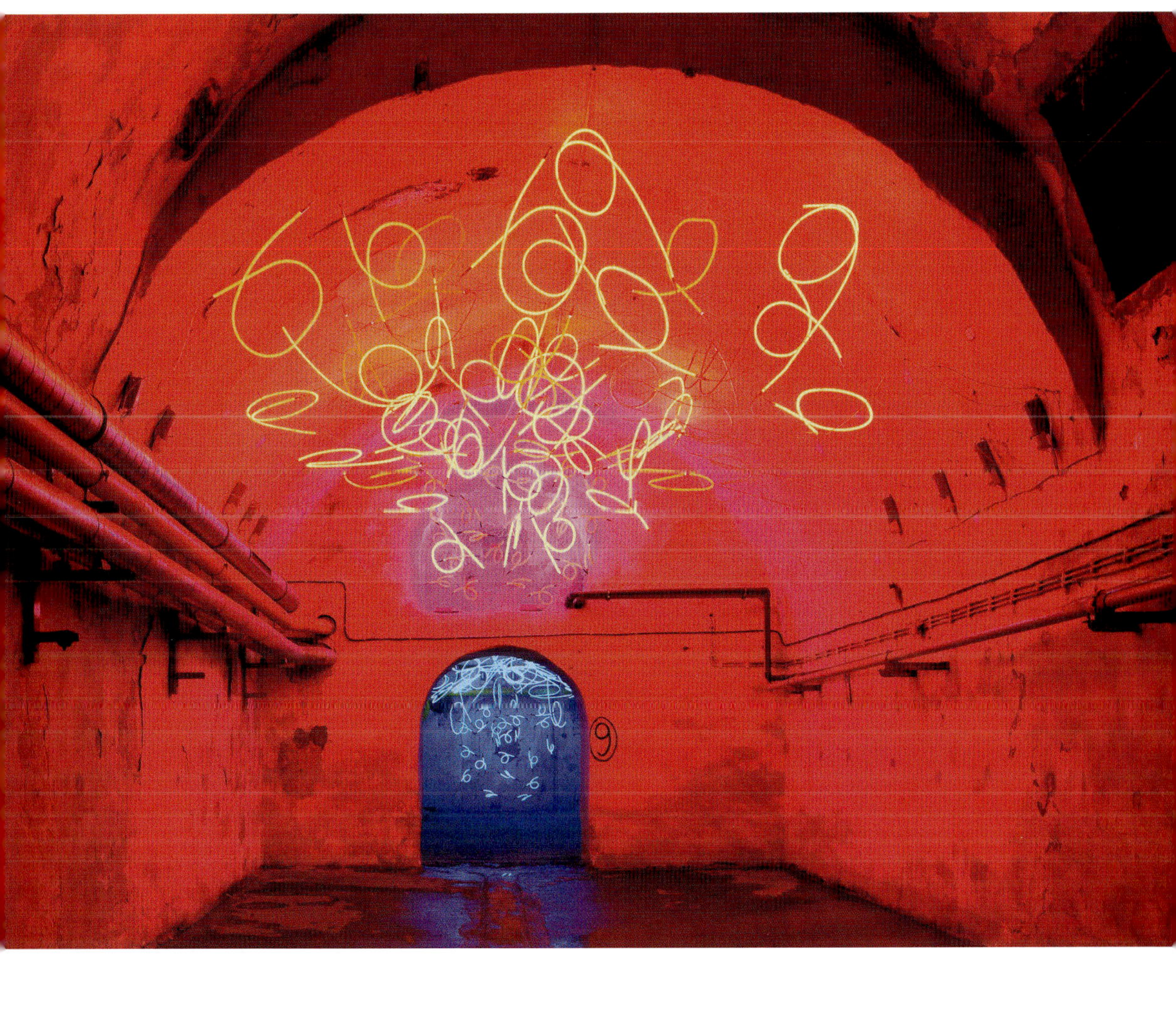

Das Märkische Museum der Stadt Witten verfügt über eine Sammlung mit rund 4000 Werken deutscher Malerei und Grafik des 20. Jahrhunderts. Einen wesentlichen Schwerpunkt bildet die Kunst des Informel, in Wechselausstellungen werden aktuelle Entwicklungen in der deutschen und internationalen Gegenwartskunst vorgestellt.

Das Museum geht in seinen Anfängen auf den 1886 gegründeten Verein für Orts- und Heimatkunde in der Grafschaft Mark zu Witten zurück. Dieser begann mit dem Aufbau einer Sammlung heimatgeschichtlicher Exponate, in denen sich die unterschiedlichsten Interessen des Wittener Bürgertums spiegelten. Als bedeutende Einzelstücke sind in diesem Zusammenhang die Holzstatue des Erzbischofs Engelbert von Berg (13. Jahrhundert) und die so genannte Strünkede-Gruppe, ein barockes Grabmal, sowie eine umfangreiche Münzsammlung geistlicher Territorien aus dem deutschen Sprachraum zu nennen.

Zwischen 1909 und 1912 errichtete man für die Sammlung einen Museumsbau (1952 wiedereröffnet), dessen Grundriss auf dem einer dreischiffigen Kirche basiert. Von 1985 bis 1988 wurde das Museum um einen Anbau erweitert, der das Prinzip der offen konzipierten Räume aufnahm, um die dialogische Struktur der Sammlungspräsentation mit modernen Mitteln fortzusetzen. Seit 1944 wird das Museum durch die Stadt Witten verwaltet. Der erste Museumsdirektor Emil Noelle (1937 von den Nationalsozialisten abgesetzt und von 1946 bis 1953 erneut im Amt) verband die heimatgeschichtliche Sammlung mit Ausstellungs- und Sammeltätigkeiten zur zeitgenössischen Kunst. Im Weiteren etablierte Dr. Wilhelm Nettmann (1953–1978) die Wechselausstellungen als wesentliches Instrument zur Förderung zeitgenössischer Kunst. Dieser Ansatz wurde in den Folgejahren verstärkt zur Erweiterung der Museumssammlung verfolgt und durch die Publikation von Werkverzeichnissen ergänzt.

In der Gegenwart vermittelt das Märkische Museum einen Überblick über die Entwicklung deutscher Kunst seit 1900. Im Zentrum steht die Sammlung zum deutschen Infor-

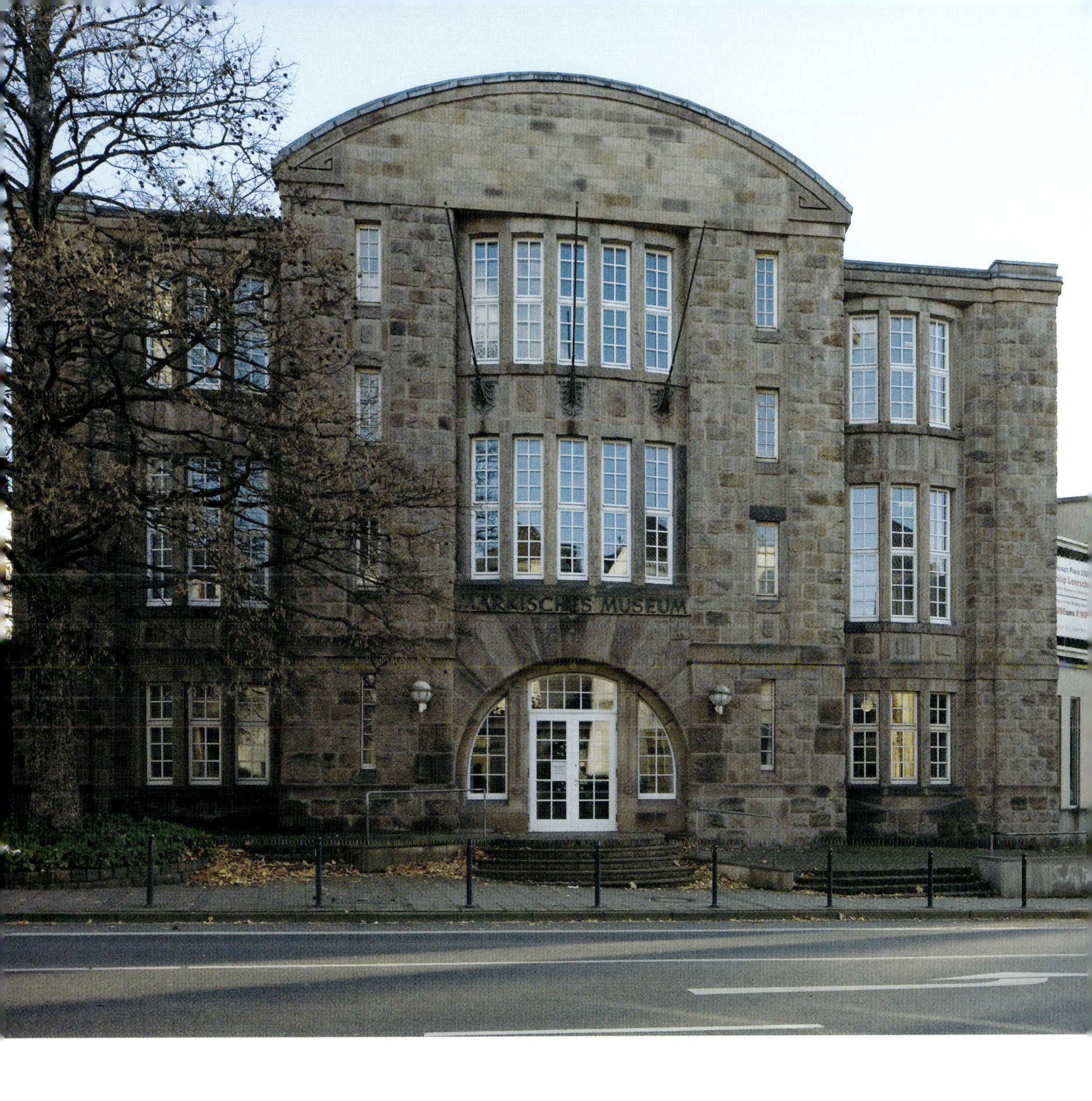
MÄRKISCHES MUSEUM

mel, die zu den größten ihrer Art zählt und in der die wichtigsten Protagonisten wie zum Beispiel K.O. Götz, Hans Hartung, Gerhard Hoehme, Emil Schumacher und Fred Thieler vertreten sind. Die Entwicklung der Abstraktion, wie sie sich im Informel manifestiert, wird durch verschiedene Schwerpunktsetzungen ergänzt, wie surreale Tendenzen der Nachkriegszeit, aber auch in Gestalt von Werkblöcken, so von Willi Baumeister oder Carl Buchheister. Aufgrund der hervorragenden Exponate können mit der Neupräsentation der Sammlung ab 2010 Voraussetzungen und Entwicklungen der Abstraktion in Deutschland sichtbar gemacht und diskutiert werden.

Der Aufbau der Kunstsammlung begann in Auseinandersetzung mit dem Expressionismus. Zu den wesentlichen Vertretern im Märkischen Museum gehören beispielsweise Ernst Ludwig Kirchner und Emil Nolde. Dabei galt ein besonderes Interesse den westfälischen Expressionisten. Die Berücksichtigung westfälischer Künstler findet sich ebenso im Bereich der Neuen Sachlichkeit. Mit Werken des Kritischen Realismus der 60er- und 70er-Jahre findet die gegenständlich geprägte Entwicklung eine Fortführung. Gleichermaßen dokumentiert die Sammlung exemplarisch verschiedene Strömungen geometrischer Abstraktion und deren Weiterentwicklung mit Werken von Josef Albers, Leo Breuer, Adolf Luther oder der Düsseldorfer Gruppe ZERO.

Neben der Sammlung stellen die Wechselausstellungen und die Vermittlung zeitgenössischer Kunst einen wesentlichen Schwerpunkt dar. Hierbei werden zudem Bezüge zwischen Sammlung und aktuellem Kunstgeschehen initiiert und so in einem offenen Dialog Wechselbeziehungen von vergangenen und zukünftigen Entwicklungen hergestellt.

Erik Schönenberg

MÄRKISCHES MUSEUM, WITTEN ▍ HUSEMANNSTR. 12 ▍ 58452 WITTEN

■ WOLF VOSTELL ❚ B-52 – STATT BOMBEN ❚ 1968 ❚ SIEBDRUCK MIT DAUERLUTSCHERN IN HOLZSCHAUKASTEN ❚ BLATT: 89 X 124 CM ❚ MUSEUM OSTWALL IM DORTMUNDER U ❚ ABB. S. 117
■ WOLF VOSTELL ❚ LA TORTUGA ❚ 1987/93 ❚ DAMPFLOKOMOTIVE IN BETONWANNE UND ANDERE MATERIALIEN ❚ 480 X 2390 X 510 CM ❚ SKULPTURENMUSEUM GLASKASTEN MARL ❚ ABB. S. 138
■ AI WEIWEI ❚ COLORED VASES ❚ 2006 ❚ 39 NEOLITHISCHE VASEN (5 000–3 000 V. CHR.) IN FARBE GETAUCHT ❚ MUSEUM DKM | STIFTUNG DKM, DUISBURG ❚ ABB. S. 170
■ BEN WILLIKENS ❚ ZELLENTÜR NR. 7 ❚ 1973 ❚ ACRYL AUF LEINWAND ❚ 180 X 130 CM ❚ LUDWIGGALERIE SCHLOSS OBERHAUSEN ❚ ABB. S. 128
■ TOBIAS ZIELONY ❚ ARAL–1, AUS DER SERIE »TANKSTELLE« ❚ 2005 ❚ C-PRINT AUF PAPIER ❚ 48 X 72 CM ❚ MUSEUM OSTWALL IM DORTMUNDER U ❚ ABB. S. 179

TEXTABBILDUNG S. 15
RICHARD SERRA ❚ BRAMME FÜR DAS RUHRGEBIET ❚ 1998 ❚ WETTERFESTER WALZSTAHL ❚ 1450 X 420 X 13,5 CM ❚ GEWICHT CA. 67 TONNEN ❚ INSTALLIERT AUF DER SCHURENBACHHALDE, ESSEN/GELSENKIRCHEN